九星培训师

——从TTT到ETT的进阶修炼

侯志宏 管 奇 王 琪◎著

中国铁道出版社有限公司

CHINA RAILWAY PUBLISHING HOUSE CO., LTD.

图书在版编目（CIP）数据

九星培训师：从 TTT 到 ETT 的进阶修炼 / 侯志宏，管奇，王琪
著. —北京：中国铁道出版社有限公司，2023.1
ISBN 978-7-113-29641-4

Ⅰ.①九…　Ⅱ.①侯…②管…③王…　Ⅲ.①企业管理 – 职工
培训 – 教材　Ⅳ.① F279.232.921

中国版本图书馆 CIP 数据核字 (2022) 第 169164 号

书　　名：**九星培训师——从 TTT 到 ETT 的进阶修炼**
JIUXING PEIXUNSHI：CONG TTT DAO ETT DE JINJIE XIULIAN

作　　者：侯志宏　管　奇　王　琪

责任编辑：王　宏　　　　　　编辑部电话：（010）51873038　　　　电子邮箱：17037112@qq.com
封面设计：宿　萌
责任校对：安海燕
责任印制：赵星辰

出版发行：中国铁道出版社有限公司（100054，北京市西城区右安门西街 8 号）
印　　刷：北京联兴盛业印刷股份有限公司
版　　次：2023 年 1 月第 1 版　2023 年 1 月第 1 次印刷
开　　本：710 mm×1 000 mm 1/16　印张：14.25　插页：2　字数：259 千
书　　号：ISBN 978-7-113-29641-4
定　　价：69.80 元

序　言

　　《九星培训师——从 TTT 到 ETT 的进阶修炼》是中国培训师研究院高级研究员侯志宏、管奇、王琪三位导师根据中国培训师研究院"九星培训师"版权课程联合编写的一部培训界的重磅专业书籍。本书结合三位导师培训实际经验与学员反馈意见，从"会讲课、能研发、精运作"的三大角度、九个层级，即初级讲师（1~3 星），中级讲师（4~6 星），高级讲师（7~9 星），系统阐述了做一名"三栖型培训师"所需要的知识、技能及工具图表等，秉承了中国培训师研究院"选拔讲师、培育仁师、输出导师"的使命，体现了研究院"爱国、担责、传道、优术"的基本价值观，践行了研究院"共建、共创、共享"的理念，为研究院"打造职业培训师的梦工厂"的愿景构架了独特的中国本土创新培训理论教材。

　　我作为一名职业培训界的"老兵"，有近 20 年的培训经验，也见证了中国培训市场的发展历程。近年来，全国培训市场开展以市场为需求、以有效性为追求的培训。由此，我对中国传统文化中的"师道尊严"有了新的理解。"师道尊严"不能肤浅地理解为师之个人的地位神圣，"尊严"不是别人给你的，不是金钱地位或者强权势力就能得到的，"尊严"一定是靠培训师自己的努力而获得。所以，对"师道尊严"该加入这样的理解公式：

$$师道尊严 = 人品 + 产品$$

　　做人，人品为先；做事，产品为重。从培训业而言，人品是通过展现个人的道德品质而见到，产品是通过展现个人的实用课程而感知。两者皆好，才能获得尊严。没有谁会因那人的人品好而去接受他不好的产品；反之亦然，人品不好的人，也同样不可能让人接受他的好产品。所以我们说：师道尊严来自"人品 + 产品"。

　　人品——红色引领，诚信塑魂。中国培训师研究院积极践行社会主义核心价值观，提出诚信文化建设。一是保护知识产权，维护原始人的培训产品和创新成果；二是倡导诚信责任，主动倡导培训行业发展诚信品牌先驱；三是开展诚信教育，在培训过程中推动宣导诚信品牌教育；四是建立诚信机制，共同制定诚信条例，有章可循、奖罚分明；五是创建诚信品牌，以自身行为来塑造职业讲师诚信形象。以党建聚合工程为生命线，坚持走"以红色信念为主线、以蓝色教育为主题、以绿色生态为主轴"的三色之路，专注打造培养红色经理人的摇篮。通过 163ETT（Exchange the Trainer to Train）导师训练营选拔讲师、培育仁师、输出导师，为中国诚信文化的创新、传播提供人才及思想的助力。由此创立的"三师"诚信文化节，深受业内广泛好评。

产品——不做第一，就做唯一。本书是中国培训师研究院的研究团队的成果之一，十余年来训练营培训职业培训师有 5677 人，参与各类研发的有 120 余名专家、学者和讲师。目前研发了九星培训师、九级班组长、九道主力军、九段白领族、九段领导力、九层经理人、九阶责任力、九度加速器、九种思维力、九项工作法等十大"九"字号系列"163 品牌课程"及"管理就这几招"、"红色沙盘"等全国热门课程，所有课程都是以"吴群学 163 法则、模式、系统"为工具，体现出产品的特色亮点。

反复提及的"163"，是研究院研发课程的有效标识，也是当年我申报登记了"吴群学 163 法则、模式、系统"的成果版权。

163 法则，是经过大量的调研与应用，在"二八法则"的基础上得出一个东方思维式创造性的结论，即 1：6：3。凡事都是一分为三，不是简单的"二八定律"。有富有穷，一定有不富不穷的；有左有右，一定有不左不右的；有努力的有不努力的，一定有努力与不努力之间的。三者的比例数值大约在 1：6：3。

163 模式，是依据 163 法则建立的，在中国培训界形成独特的培训结构化优势效果，受到客户的广泛赞誉，有人盛赞为"东方智慧"，并亲笔书法赠予我。所谓 163 模式用语言阐述就是三个层级，第一层级是理念部分，是课程的主题、主旨，即贯穿始终的一个中心思想；第二层级是操作部分，是培训提供的技能、技巧、技术，按照解决问题的"上下左右前后"的六个方面对应出六个方法；第三层级是注意部分，将主旨意识与操作方法对接落实在三个平台上，或遵循三个原则，或输出三个结果。简言之，一虚六实三维。

163 系统，由 163 法则统领下形成的，其主要思想和理论有宏观性、开放性、有机性、组织性、持续性，形成了完整的系统思维、系统模型、系统工具的综合应用。一个课程的 163 模式，就是 163 系统，它们不是并列组合关系，而是有内在逻辑的系统关系，缺一不可。

这本书将"吴群学 163 法则、模式、系统"贯穿于课程体系设计的全过程。相信读者能够从中体会"163"的灵性，感悟"163"的智慧，创造"163"的成果，分享"163"的喜悦。——只要你愿意，从人品到产品的晋级，都将给你带来"师道尊严"的荣誉。

中国培训师研究院院长、163 法则创始人　吴群学

合肥包河滨湖卓越城

2022 年 9 月

前　言

　　培训师是成人达己、成己为人的职业，也是一个幸福快乐的职业。《孟子》中有"君子三乐"的说法，即人生中有三件最快乐的事："父母俱存，兄弟无故，一乐也；仰不愧于天，俯不怍于人，二乐也；得天下英才而教育之，三乐也。"孟子将培训教育当作人生三乐之一。有人听你讲课，且你的授课内容能帮助到别人，那自然是快乐幸福的事情。

　　要想成为一名培训讲师，必然要经历一番痛苦的修炼。王国维先生在《人间词话》中描述人生必经的三重境界：第一重境界"昨夜西风凋碧树，独上高楼，望尽天涯路"；第二重境界"衣带渐宽终不悔，为伊消得人憔悴"；第三重境界"众里寻他千百度，蓦然回首，那人却在灯火阑珊处"。人生如此，培训师的成长亦如此，必须经历不断修炼的过程。

　　要想成为一名培训讲师，TTT（Training the Trainer to Train）是必修课程，但学完了 TTT 并不代表你就能马上成为一名培训师，因为培训教学是一门大学问，融合了教育学、心理学、逻辑学、语言学、演讲学、脑科学等众多学科。我们必须认识到：培训是一个行业，每个行业都有自己的行业生态；培训师是一个职业，每个职业都有自己的生存法则。理论上，人人都能成为培训师，但若以为有点工作经验，参加 TTT 的培训学习就能转型成为培训师，那便低估了这个行业的残酷性。只有系统地了解培训行业生态，了解培训师的胜任力模型，不断精进、不断实践成长，才有可能成为一名优秀的培训师。

　　如今的培训行业生态也已经"内卷"非常严重，我们认为一名优秀的商业培训师不仅要会讲课，更要懂实践与营销，要把自己打造成为"三栖型培训师"，即会讲课、会营销、能辅导落地。如今多元化的时代，最有价值的是多面手。一个维度比的是长度，两个维度比的是面积，三个维度比的是体积，这是多维度的长板修炼术。

　　传统的 TTT 培训课程偏重于讲师授课技巧与课程开发两大模块，原来一些没有企业工作经验的人参加了 TTT 培训也能转型成为一名培训师，但如今越来越发现，企业培训更注重讲师有实战经验，越来越多的企业要求讲师不仅要能授课，还要能在授课后辅导学员落地实施，能真正见到成效，这也许是众多企业在经历了多年的培训管理工作实践后，变得越来越理性的缘故吧。同时，如今商业讲师也是过剩的时代，早已不是酒香不怕巷子深的时代，优秀的商业讲师不仅要会讲课，还要会营销，尤其是在如今个人 IP 崛起的时代，人人都是自媒体，人人都能成为传播者，作为一名讲师若能借助自媒体等平台，来提升自己的品牌知名度，是一仵非常有必要的事情。但却不能过度包装，俗话说：内容决定形式。如果光会营销，讲师自己没有真本事，那也是走不长远的。

ETT 培训师培训课程是传统 TTT 课程的升级版，由中国培训师研究院研发，致力于选拔仁师、培育讲师、输出导师为宗旨，以"九星培训师"为核心课程体系，以"诚信、专业、精进"为素质要求，综合培养讲师的九大能力：规范能力、呈现能力、掌控能力、萃取能力、开发能力、设计能力、督导能力、咨询能力和营销能力，九星培训师培养体系模型图如下所示。

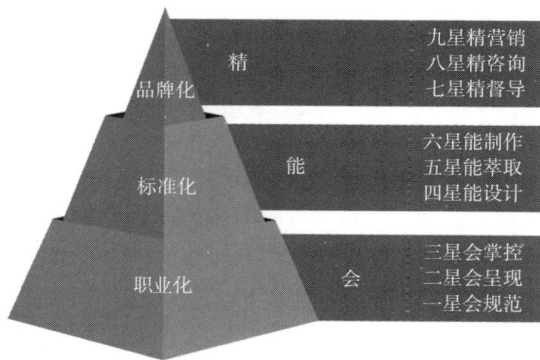

九星培训师培养模型图

"ETT 培训师培养——九星培训师"课程将"吴群学 163 法则"贯穿于课程体系设计的全过程，实战实效，更注重体系性与综合性设计，更加注重培训师综合能力的培养与职业素养的提升。

我们认为新时代要想成为一名优秀的商业讲师，必须要做好以下五点：

第一，具有讲授一门好课的能力。作为培训师至少应该拥有一门有竞争力的核心课程，该课程能够成为你的王牌课程或版权课程，才能让培训师在市场上立住脚。

第二，具有较好的综合能力。包括具有演绎各类课程的技巧、营销能力、辅导落地能力等，同样一门课，不同的培训师讲，呈现出的效果完全不同，培训师需要通过巧妙的授课技巧和个人魅力深深吸引学员，这是讲师的基本功。同时要有较好的商业营销能力与辅导落地能力，要尽量让自己成为一名实战型的讲师。

第三，要学会打造个人品牌。个人品牌也就是培训师的个人 IP，它能够大大增强培训师的商业价值与品牌知名度。

第四，保持不断学习与开放链接。互联网时代是万物互联的时代，"开放"与"链接"是时代趋势，更是成为高手的战略。开放与链接意味着打破封闭、及时建立与外部的链接，要不断走进企业、深入行业，向行业高手学习、向企业家学习、向身边的人与事学习，不断精进与修炼，最终让自己成为高手。

第五，不断精进与思考总结。培训师的商业价值往往呈现"价值递增"的规律，培训师从业时间越长，其商业价值越高，但这必须源于培训师本身的价值增值。这就要求培训师不断精进、不断思考总结，把经历转化为经验，把经验转化为价值。

市场上有不少关于培训师学习的书籍，与之相比，本书有如下特色：

一是内容丰富。本书紧紧围绕中国培训师研究院研发的"九星培训师"课程为核心内容，即一星会规范、二星会呈现、三星会掌控、四星能设计、五星能萃取、六星能制作、七星精督导、八星精咨询、九星精营销。内容丰富全面，是培训师成长的"小百科全书"。

二是工具实用。本书提供了大量的原创工具、表单，这些工具都是经过讲师多年的实践打磨提炼形成，拿来就用，方便上手。

三是兼顾可读性与实操性。每一章节几乎都是按照"问题—原理—案例—工具"的思路来展开阐述，科学地将理论、案例、方法融于一体，理论由浅入深，案例来源真实，方法切实可行，力求对大家有所帮助。同时书中有较多运用故事的叙述手法，用生动有趣的案例故事来说明复杂的道理，提升可读性。

四是体系性设计。将"吴群学 163 法则"贯穿本书内容设计，结构清晰，逻辑严明，有别于市面上传统书籍的写法。

感谢参与九星培训师研究与应用的领导与老师们，他们是中国培训师研究院院长、163 法则创建人吴群学先生，海轩工商院的胡群连、张佐臣、朱金华、傅智承、祁真、姜秀珍、张玉、余青春、丁俊枝、唐秀、杨兰、夏颖、胡骏函、王柔媛、杨晓娟等老师。在此更感谢以往采购我们"九星培训师"课程的众多企业。

由于能力与水平有限，书中难免会有不足之处，还请各位读者朋友指正，以便再版时修正（电子邮箱：18360282@qq.com）。

本书适用读者对象：

- 商业讲师
- 自由培训师、直播培训师
- 企业内训师
- 咨询师、企业顾问
- 有志于成为讲师的朋友

侯志宏　管奇　王琪

2022 年 8 月

目　录

第 1 章　一星会规范：起步突破三道关口

1.1　培训认知关口突破 / 2

　　1.1.1　培训师的职业认知 / 2

　　1.1.2　培训师的角色定位 / 3

　　1.1.3　培训师自我认知与发展路径 / 5

　　1.1.4　培训师自我成长的道、法、术、器 / 8

1.2　培训风范关口突破 / 10

　　1.2.1　上台着装与授课礼仪要求 / 10

　　1.2.2　培训师行为风范修炼 / 12

　　1.2.3　培训师气质修炼 / 13

1.3　培训语音关口突破 / 14

　　1.3.1　培训师语言突破"五要素" / 14

　　1.3.2　培训师声音美化"四层次" / 16

　　1.3.3　培训师语音训练关口突破 / 17

第 2 章　二星会呈现：优化提升三个呈现

2.1　培训师台风呈现 / 24

2.1.1　如何化解上台紧张情绪 / 24

2.1.2　培训师自我授课风格塑造 / 26

2.1.3　培训师授课肢体语言呈现 / 28

2.2　培训师课堂互动呈现 / 30

2.2.1　课堂互动力提升"163 心法" / 30

2.2.2　课堂七级互动管理技巧 / 32

2.2.3　大场景互动技巧应用 / 34

2.3　培训师提问解答呈现 / 35

2.3.1　问答力提升四原则 / 35

2.3.2　问答力内容提升六大技巧 / 37

2.3.3　课堂常见问题现场应对策略 / 38

第 3 章　三星会掌控：课堂控场三大法宝

3.1　课堂控场的"月光宝盒" / 43

3.1.1　宝盒之钥匙：打造优秀的培训场域 / 43

3.1.2　宝盒之框架：课堂规则与纪律的建立 / 46

3.1.3　宝盒之心脏：经营学员的注意力 / 47

3.2　课堂控场的"三板斧" / 49

3.2.1　第一板斧：主动造场法 / 50

3.2.2　第二板斧：时间把控法 / 51

3.2.3　第三板斧：内容把控法 / 53

3.3　课堂控场"金手指" / 54

3.3.1　金石为开：激发学员课堂好奇心 / 54

3.3.2　手到擒来：课堂异常处理技巧与点评技巧 / 56

3.3.3　指点江山：课程完美收官三步骤 / 58

第 4 章　四星能设计：精妙构思成课程

4.1　主题设计：聚焦学习痛点 / 62

4.1.1　主题设计需求调研 / 62

4.1.2　主题选择三个焦点 / 65

4.1.3　主题命名的两重心法 / 67

4.1.4　主题目标设计思路 / 70

4.2　结构设计：梳理课程逻辑 / 71

4.2.1　结构设计的常见问题 / 71

4.2.2　宏观逻辑总分总 / 73

4.2.3　中观逻辑三条线 / 78

4.2.4　要点展开方式 / 79

4.3　内容设计：丰满课程血肉 / 82

4.3.1　内容设计常见问题 / 82

4.3.2　内容要点加工方法 / 83

4.3.3　要点强化设计 / 85

4.3.4　教学活动设计 / 88

第 5 章　五星能萃取：深度萃取成经验

5.1　理解经验萃取 / 92

5.1.1　知识管理 SECI 模型 / 92

5.1.2　库伯学习圈理论 / 93

5.1.3　戴尔经验塔理论 / 94

5.2　经验萃取的价值 / 95

5.2.1　对个人的价值 / 95

5.2.2　对组织的价值 / 96

5.3　经验萃取的步骤与应用 / 97

5.3.1　第一步：条件准备 / 97

5.3.2　第二步：追问细节 / 98

5.3.3　第三步：经验加工 / 101

5.3.4　组织萃取后的经验应用 / 103

5.4　典型案例开发 / 103

5.4.1　典型案例的特征 / 103

5.4.2　典型案例的作用 / 104

5.4.3　典型案例的开发实操 / 105

第 6 章　六星能制作：精美制作化成果

6.1　锦上添花：课程 PPT 制作 / 111

6.1.1　PPT 页面构思技巧 / 112

6.1.2　PPT 素材搜集技巧 / 115

6.1.3　PPT 智能操作技巧 / 119

6.2　课件成果：学习资料三件套 / 123

6.2.1　讲师版 PPT / 123

6.2.2　课程大纲 / 125

6.2.3　学员手册 / 128

6.3　视频成果：视频微课制作技巧 / 130

6.3.1　视频微课制作要求 / 130

6.3.2　视频微课脚本制作 / 132

6.3.3　视频微课制作软件 / 134

第 7 章　七星精督导：九个动作做好督导

7.1　正本清源：培训督导的认知与流程 / 138

7.1.1　培训督导的认知与价值 / 138

7.1.2　培训落地之督导九式 / 143

7.2　训前督导：学习前明确方向 / 145

　　7.2.1　以终为始：明确督导目标 / 145

　　7.2.2　稳中求进：制订督导计划 / 146

　　7.2.3　先声夺人：开启训前督导 / 148

7.3　训中督导：过程指导见成效 / 150

　　7.3.1　流程把握：教学全过程督导 / 150

　　7.3.2　细节关注：有效地带教与反馈 / 151

　　7.3.3　监督到位：持续的学习监督与辅导 / 155

7.4　训后督导：落地转化提升绩效 / 157

　　7.4.1　工作有法：引导学以致用 / 157

　　7.4.2　推进有方：促进训后转化 / 158

　　7.4.3　明确核心：聚焦绩效提升 / 159

第 8 章　八星精咨询：九项能力做好咨询

8.1　培训师升级与咨询师认知 / 162

　　8.1.1　培训师为什么要学习咨询技巧 / 162

　　8.1.2　咨询师的核心能力与项目开展流程 / 163

8.2　通点博面，全面诊断 / 166

　　8.2.1　洽谈力：有效洽谈，争取信任赢得项目 / 166

　　8.2.2　学习力：通点博面，快速了解项目情况 / 168

　　8.2.3　诊断力：深入调研，有效挖掘项目问题 / 170

8.3　系统设计，反复推敲 / 172

　　8.3.1　分析力：找准症结，快速分析问题本质 / 172

　　8.3.2　创新力：突破瓶颈，有效解决项目难题 / 174

　　8.3.3　规划力：深思熟虑，有效设计解决方案 / 177

8.4　步步推进，系统辅导 / 178

　　8.4.1　沟通力：重视沟通，争取多方力量支持 / 178

8.4.2 博弈力：冲破阻力，打通方案推进渠道 / 180

8.4.3 执行力：有效辅导，不折不扣执行到位 / 183

第 9 章　九星精营销：九个维度做响品牌

9.1 找准定位，提升讲师个人影响力 / 186

9.1.1 定位力：找准讲师独特个人定位 / 186

9.1.2 标识力：做好统一品牌识别系统 / 188

9.1.3 故事力：讲好讲师个人品牌故事 / 189

9.2 塑造价值，提升讲师品牌影响力 / 192

9.2.1 产品力：精心打磨好讲师的课程 / 192

9.2.2 价值力：用一流的价值赢得影响 / 195

9.2.3 创新力：不断学习保持持续创新 / 198

9.3 品牌运营，提升讲师渠道影响力 / 200

9.3.1 传播力：利用多种渠道宣传品牌 / 200

9.3.2 口碑力：维护好讲师的市场口碑 / 202

9.3.3 运作力：多个层面运营讲师品牌 / 204

参考文献 / 207

附　　录 / 208

第1章

一星会规范：起步突破三道关口

任何行业都有其标准与规范，更有需要遵循的底层规律。作为一名培训师，充分了解培训行业的特征、正确定位自我角色、有效规范自我行为，对提升自我的专业素养与能力非常重要，这样才能更好地体现自我职业价值。

1.1 培训认知关口突破

俗话说："视界决定境界"，一个人的认知决定其行为，而行为决定其结果。千里之行，始于足下，作为一名培训师，首先要在认知上进行有效突破。

1.1.1 培训师的职业认知

培训师是一个入门容易，做到精深与通透却很难的职业。作为一名培训师，应充分了解自我角色定位与自我职业使命，才能真正实现自我突破。在众多行业中，似乎只有教育领域的从业者才被人们直接定位为"师"这一职业层级，因而作为培训师理应担当更高的职业使命。

1. 培训的价值

关于培训的价值，有人曾做过一个生动的比喻，那就是把培训工程比喻为防洪工程：投进去一亿元，表面上看不出太大的效果，仿佛只是花钱，创造不了直接的经济效益；但如果省了这笔钱，随着泥沙越积越多，河床越来越高，一旦洪峰来了，就可能造成决堤，损失的可能就是几十亿元，甚至上百亿元。

因此，企业的培训工作非常重要，它有如下几项重要价值。

一是使新员工尽快适应其工作岗位。俗话说：没有经过训练的士兵走向战场将必死无疑。而新员工尤其是大学毕业生进入工作岗位后，如果没有经过有效的培训，就犹如没有经过训练的士兵一样，也将必死无疑。通过培训一方面能快速提升新员工的工作能力，让其快速适应岗位；另一方面能有效让新员工感受到企业的文化与领导的关心，从而提升留存率。

二是提升员工能力、改善员工绩效。通过培训可有效提升员工的能力，从而改善员工的绩效。据有关资料显示，工人的教育水平每提升一级，技术革新者的人数就平均增加 6%；而受过良好培训教育的管理者创造和推广现代管理技术，则有可能降低生产成本 30% 以上。

三是增进员工对组织的认同感和归属感。通过培训能让员工深刻感受到企业文化与组织的关心，让员工感受到家的温暖，从而提升员工对组织的认同感和归属感。

四是促进企业人才队伍建设。人力资源已成为企业的第一资源，通过培训可有效为企业打造人才队伍，保障企业人才供应的质量。

五是促进组织变革与发展，使组织更具有生命力和竞争力。针对组织变革的培训，可以端正员工对改革的错误或模糊认知。人们常常会本能地抵制变革，一个熟悉、稳定的环境能给人安全感，即使它不是很好，甚至有许多问题。但如今的社会变化越来越快，外界的商业环境、国家政策、市场都在不断地发生变化，组织唯有不断变革创新才能让自己立于不败之地。通过培训可有效促进组织变革与发展，从而使组织更具生命力和竞争力。

2. 培训师的职责

韩愈《师说》云："古之学者必有师。师者，所以传道受业解惑也。人非生而知之者，孰能无惑？惑而不从师，其为惑也，终不解矣。生乎吾前，其闻道也固先乎吾，吾从而师之；生乎吾后，其闻道也亦先乎吾，吾从而师之；吾师道也，夫庸知其年之先后生于吾乎？是故无贵无贱，无长无少，道之所存，师之所存也。"这段话揭示了培训师"传道、授业、解惑"的职责和义务，也就是说为师之人必须通过履行其职责和义务，才能实现其职业价值。

由于培训师输出的是一种无形的产品，其价值的高低一方面来源于产品本身的价值，另一方面在于是否能帮助客户解决问题。这就需要培训师有高质量输入与持续打磨产品的能力，更重要的是有能帮助客户解决问题的能力。培训师的价值会随着时间、环境、客户等因素而产生很多变化，所以要求培训能够充分了解客户需求，准确把握学员在工作中遇到的真正问题，提供针对性的课程和服务。过去靠一门一成不变的课程讲很多年的时代已经过去了，如果培训师再不摆脱"包治百病"的江湖郎中形象，那么等于搬起石头砸自己的脚。提升培训师的职业认知对于培训行业的健康发展，培训师的形象改变以及培训师队伍的发展起着重要的作用。

1.1.2　培训师的角色定位

培训师作为培训实践过程中的主导者，是一个集"编、导、演、促"四重角色于一身的职业，如图 1-1 所示。在培训实施的过程中，培训师充分扮演好不同的角色，是保障培训效果的重要基础。

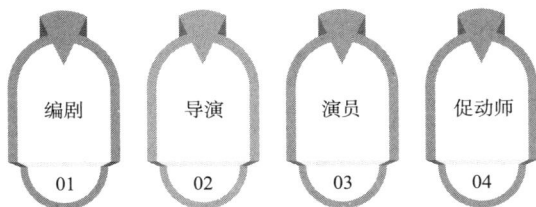

编剧	导演	演员	促动师
01	02	03	04

图 1-1　培训师的"四重角色"

1."编剧"角色

培训师首先是"编剧"的角色，即培训课程的设计者，指培训师在每次培训实施之前，都必须预先以学员的需求、培训的目标为指引，对培训课程的主体内容和实施思路进行整体设计与编排，包括以下几点主要工作。

（1）在充分了解培训需求与目标的基础上，明确培训课程的主题方向。

（2）对课程主题价值与核心理念的梳理与提炼。

（3）快速搭建课程框架，填充课程内容。

（4）快速收集课程所需素材，包括图片、案例、视频、音频、互动游戏等。

（5）进行培训形式与授课方法的设计。

这个过程犹如电影制作"编剧"的角色，一部好的电影往往源于好的剧本。同样，一场好的培训必须从好的培训课程设计开始，包括针对性的课程主题设计、实用性的课程内容设计、丰富的课程素材匹配等。确保每一堂培训课程"主旨明晰、血肉丰满"，从而让学员产生学习的兴趣，所谓"有料才能有味，有味才能有效"，最终实现良好的培训效果。

2."导演"角色

其次，培训师要扮演好"导演"的角色。指在培训课程实施过程中，培训师根据已经设计好的课程内容，切实对接学员在课堂现场的表现与反馈，组织并掌控好各项培训活动的进程，把课程内容借由合适的培训方法与手段，变成培训师与学员之间达成良性互动的重要载体和纽带。具体任务主要包括以下几项。

（1）准确把握课程内容与学员现实需求之间的有效共鸣点。

（2）主动调整与课程内容相匹配的课堂氛围。

（3）及时发现课堂现场的异动情形并适度调整课堂进程的节奏。

（4）引导并激发学员主动学习的内在驱动。

只有培训师率先、切实做好以上各项工作，才有可能让一堂培训课程得以顺利实施。正所谓"动静相依、携手成长"，一堂真正有意思的培训课程，就是培训师与学员相互学习、共同成长的过程，古人所说"教学相长"正是此意。

3."演员"角色

接下来，培训师充当的就是"演员"的角色。我们知道，一堂培训课程在实施过程中，培训师作为课程内容的传播者，必须对课程内容进行生动有趣、形象再造的有效演绎。这样才能更好地吸引学员投入到课堂现场。基于这一角色，培训师需要做好以下几件事情。

（1）依据不同类型的内容选择相匹配的演绎形式或呈现手段，以保证内容与形式的互动协调。

（2）将抽象的理性内容转化成具象的感性形象。

（3）充分运用语言与非语言的演绎手段，着力建构以课程内容为基础的画面感。

（4）以"身体力行"为理念，恪守职业操守，树立良好、正面的职业形象。

4."促动师"角色

接下来，培训师要扮演的角色是"促动师"。何为促动？就是指促进行动。培训师要能带领学员一起成长，促进大家实践，从而做到学以致用。在培训实施中，促动是行动学习实施的关键。促动师相当于行动学习的灵魂人物，是行动学习的设计专家，通过促进学习者聚焦真实问题，展开有步骤、有架构的讨论，促进人们共享信息、达成共识，形成有效的行动方案、计划和承诺，并予以有效执行。基于这一角色，培训师需要掌握常规的促动培训技术，比如聚焦式会话、团队共创、群策群力、世界咖啡等。

综上，培训师要充分做好"编、导、演、促"四重角色，让培训课程"有理、有趣、有料"，让学员"有所思、有所得、有所悟"。这既是培训师的职业职责所在，也是其本质价值所在。需要进一步强调，"编、导、演、促"四重角色并没有孰轻孰重，只是在培训实施过程中的不同时间环节会有所侧重。

俗话说："台上一分钟，台下十年功"。培训师的"编、导、演、促"这四重职业角色，并非一朝一夕就能做好，唯一可行的改善路径，就是在实践中不断历练、不断积累，持续成长、持续精进。

1.1.3　培训师自我认知与发展路径

培训师职业一般分为三个层级：培训师、专业培训师、职业培训师。培训师是指在企业内部从事本岗位相关专业知识和专业技能传授与辅导职责的内训师，对其培训技能以及专业领域相关联的其他知识体系的积累和沉淀，并没有太高的要求，一般又称这类培训师为"初级培训师"或"见习培训师"。在初级培训师的基础上，对其进行专业的 TTT 授课技巧培训，再加上一定的授课实践磨炼，他们会具备更高的专业水平和培训技巧，这类培训师可以称之为"专业培训师"或"企业中高级培训师"。而职业培训师是以培训为职业的培训师，又称"商业培训师"，对他们有更高的要求，需要其有丰富的知识与行业经验、高水平的授课技巧与课堂应变能力，以及能对商业课程的结果负责。

培训师的发展是一个厚积薄发、水滴石穿的过程。电影《一代宗师》把成为高手之路分为三个阶段：见自己、见世界、见众生。第一阶段是"见自己"：你得理解自己的优势与劣势，持续地走出舒适区，提高自己的能力；第二阶段是"见世界"：你得去实践，得开始理解时代的趋势、行业的规则，去跟各路高手过招，慢慢地你自己也成了高手；第三阶段是"见众生"：高手当久了，输赢胜负之间，你终于理解，要把自己学到的、理解到的、坚持的都传播出去，帮助更多的人。

1. 第一阶段：正确认知你自己，找准定位

作为培训师的第一阶段修炼就是"见自己"，你要了解你自己的性格、能力优势、经验优势以及天赋潜能。老子在《道德经》中曰："知人者智，自知者明。胜人者有力，自胜者强。"每个人都有着独特的优势和劣势，正确认识自己是升级自我的起点。

我们来看一则寓言故事：

有一只蝎子想过河，但是它不会游泳，这时它看到一只青蛙游了过来，蝎子便叫住了青蛙："嘿，青蛙先生，请把我捎过河吧。"青蛙说："不行，你可能会蜇我，到时候，咱俩都会淹死。"蝎子说："我怎么会蜇你呢，那样我也会淹死的。"

善良的青蛙经不住蝎子的再三哀求，终于答应了。游到河中央，青蛙突然感觉背上被蜇了一下，它知道完了，哀怨地回头问蝎子："天哪，你为什么要蜇我呢？"蝎子说："我实在忍不住了呀。"

于是它们双双沉到河里淹死了。

这个故事告诉我们，在蝎子的身体中似乎有一种预先编好的"程序"，会自动发挥作用。人也如此，我们每个人都有着天生的性格、优势与劣势。

我们要明白一个事实：并不是所有的人都适合做培训师。培训师虽然是一个入门起点低，但做到精通却很难的职业，要求你有着丰富的知识和行业经验、较好的表达能力、乐于分享、有激情、责任心强等，更重要的是坚持不断学习与沉淀。

同时，作为培训师又可以选择不同的发展路径，有的老师只讲 1~2 门课程或一个领域的课程，而有的老师能讲多门课，甚至多个领域的课程。所以，想成为一名培训师，就要正确认识你自己，找准定位、找准授课领域与授课风格非常重要，这是培训师自我成长与发展的基础。

2. 第二阶段：坚持学习与实践，不断沉淀

作为培训师的第二阶段修炼就是"见世界"，要求培训师不断学习、沉淀能力与行业经验。培训师是一个终生学习的职业，你要给别人一碗水，自己必须有一桶水，甚至你自己是源源不断的自来水。《论语·为政篇》曰："知之为知之，不知为不知，是知也"，作为一名培训师必须要有实事求是的精神，承认自己的"无知"，才能真正拥有"真知"，所谓"三人行，必有我师焉"，其实培训是一个教学相长的过程，学生在向培训师学习，培训师同时也在向学生学习。

作为一名培训师尤其是一名职业培训师，必须不断提升自己的八项核心能力：精准的课程开发力、逻辑严谨的表达力、精益求精的学习力、全面系统的思考力、知识资源的整合力、有效经验的总结力、收放自如的自控力、积极链接的营销力，如图 1-2 所示。

图 1-2　培训师的八大基本能力

其中，精准的课程开发力与逻辑严谨的表达力是培训师的基础能力，因为"课程设计与开发"和"现场的培训实施"是培训师的两项核心职业职责。精益求精的学习力与全面系统的思考力是培训师的基本要求，学习力是万力之源，思考力是万力之本。《论语》曰："学而不思则罔，思而不学则殆。"培训师只有通过不断学习与系统思考，才能将所学知识、技能变成培训师自己的东西，这样才能避免在授课过程中人云亦云，沦为知识的"搬运工"。

知识资源的整合力与有效经验的总结力能提升培训师的综合水平，一名优秀的培训师一定是知识管理的高手与不断总结的高手，作为一名培训师，学习的速度、资源整合的速度一定要比学员快，行业经验一定要比学员丰富、视野要更宽广。

训练收放自如的自控力是培训师综合素养提升的重要途径。培训师的自控力包括时间管理能力、情绪管理能力、欲望管理能力和健康管理能力，对于职业培训师来说，时间就是效益，身体是革命的本钱。只有做好有效的时间管理、情绪管理、欲望

管理与健康管理，才能让培训师达到撑节有度、收放平衡的状态。有人说职业培训师是一个很自由的职业，不用按部就班、准点准时到企业去上班，但自由的前提是高度自律，只有当我们实际从事了职业培训师这项工作，才能真正领会这个行业的艰辛，因为这项工作需要不断学习与高度自律。

积极有效的营销力是塑造培训师品牌、增加培训收入的重要途径，如今的时代早已不是曾经"酒香不怕巷子深"的年代，再好的产品也需要包装，再好的培训师也需要品牌营销。

3. 第三阶段：持续升级课程与个人品牌，不断输出

作为培训师的第三阶段修炼就是"见众生"，要求培训师持续升级课程与个人品牌，不断输出，帮助更多的学员与企业成长。培训师是一个越分享越富足的行业，费曼学习原理说："教是最好的学"。教相当于主动学习，增强了你对知识的吸收率，通过输出倒逼输入，更好地进行知识内化。

讲师在不断打磨课程的同时，也是在提升自己对相关领域知识的理解力、整合力与重构力；讲师在面向学员授课的同时，也是在验证知识的有用度，从而更加理解哪些知识是真正有价值的，哪些知识是有问题的。所以，培训师要坚持不断学习与打磨自己的课程。笔者发现有部分职业培训师长年持久地讲一门课，他们自以为对这门课程相关领域的知识已经烂熟于胸，没必要再学习与持续打磨，结果发现自己讲这门课时全然没有当初的激情，纯粹当成一种赚钱的任务性工作，这是一种可悲的现象。笔者认为作为一名职业培训师不是因为你的天赋与才华有多高，而在于你不断坚持学习与不断输出；能帮助企业解决问题、能帮助学员提升工作绩效的培训师才是优秀的培训师。况且学习是无止境的，老子说："知不知，尚矣；不知知，病也。圣人不病，以其病病。夫唯病病，是以不病。"知道自己还有所不知是高尚的，不知道却自以为知道的盲目自大，是病态的。

1.1.4　培训师自我成长的道、法、术、器

"道"是方向、规律、指导思想；"法"是方法、路径与策略；"术"是技术层面的操作方法；"器"是有形的物质或工具。做任何事物首先要明确方向、掌握规律，其次要善于运用有效的策略、方法与工具，正所谓"工欲善其事，必先利其器"。

1. 培训师自我提升的道、法、术、器

我们来看一个培训师自我提升的模型，基于现在、未来、产品、能力四个维度，

我们把培训师自我提升要做的事规划为四个象限，分别是前瞻思考、明晰目标、打磨产品、能力迭代，如图 1-3 所示。

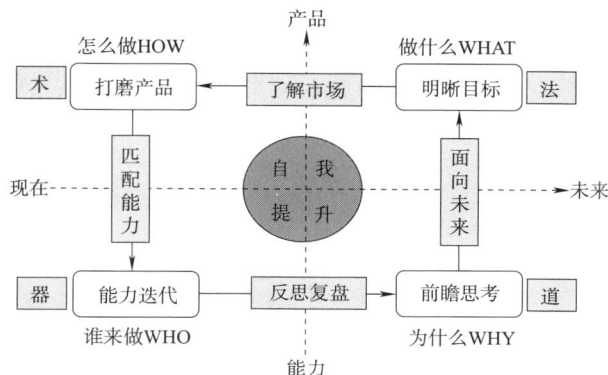

图 1-3　培训师自我提升的道、法、术、器

前瞻思考是解决"为什么"的问题，明晰目标是解决"做什么"的问题，打磨产品是解决"怎么做"的问题，能力迭代是解决"谁来做"的问题。也就是前瞻思考是"道"，明晰目标是"法"，打磨产品是"术"，能力迭代是"器"。从前瞻思考到明晰目标是面向未来、寻找机会的过程；从明晰目标到打磨产品是了解市场、以客户为导向的过程；从打磨产品到能力迭代是培训师能力升级、提升应对市场能力的过程；从能力迭代到前瞻思考是不断反思复盘、迭代认知的过程。如此整个框架就形成了培训师以客户与市场为导向、以提升自我能力为核心的成长之路。既关注现在，又面向未来；既关注自我产品，又关注自我能力提升。

2. 培训师积极响应市场的道、法、术、器

我们仍然来看一个四维象限模型，基于产品、讲师、学员、市场，我们把培训师积极响应市场要做的事划分为四个角限，分别是把握趋势、匹配需求、课程开发、课程交付，如图 1-4 所示。

把握趋势是解决"为什么"的问题，匹配需求是解决"做什么"的问题，课程开发是解决"怎么做"的问题，课程交付是解决"谁来做"的问题。即把握趋势是"道"，匹配需求是"法"，课程开发是"术"，课程交付是"器"。从把握趋势到匹配需求是了解市场、响应市场的过程；从匹配需求到课程开发是针对性开发产品的过程；从课程开发到课程交付是讲师实施授课、提供结果的过程；从课程交付到把握趋势是总结复盘、前瞻思考的过程。如此整个框架就形成了培训师积极响应市场的一个完整闭环。

让培训师既关注自己的能力，又关注自己的产品；既关注市场客户要求，又关注学员的需求。

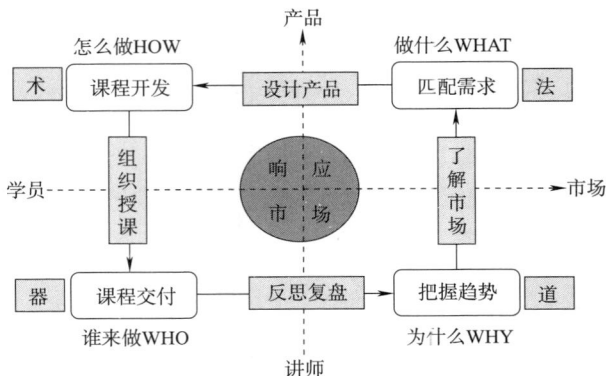

图 1-4　培训师响应市场的道、法、术、器

1.2　培训风范关口突破

要成为一名优秀的培训师，个人形象非常重要，因为我们的一言一行都在向学员们传递着信息，这些信息包括"专业""不专业""有修养""没修养""为人师表""毫无师容"等，所以培训师的形象塑造能力被称为培训师的重要能力。

1.2.1　上台着装与授课礼仪要求

俗话说："人靠衣装马靠鞍"。培训师的着装第一可以体现自信，很多人一定有这样的感觉，每当我们穿着比较讲究的时候，感觉走路都昂首挺胸、自信无比。同样，当我们培训师穿着很职业的时候，在讲台上的感觉也将显得更专业、更自信。第二可以体现培训师的修养，俗话说："相由心生"，我们的一颦一笑、一举一动、一言一行都在向外界传递我们自身的修养。当拥有职业的穿着、正向的语言、适合的举止时，这种良好的个人修养会让学员感觉很舒适，也就更愿意主动配合你。第三能体现培训师的专业，也可以理解为"腹有专业气自华"，当我们有着夯实的专业基础时，我们的言行举止中都会有意无意地透出从容不迫，这会让学员更易信服和被引领。第四可以营造相互尊重的良好氛围，"你敬我一尺，我敬你一丈"，当我们无论是从外在穿着，还是从一言一行，抑或是自身专业知识都让学员们备感舒适和信服时，他们会感受到被尊重，自然而然地也会尊重培训师，从而营造出良好的培训氛围。

　　既然塑造专业形象对培训师如此重要，那么我们应该如何塑造我们的专业形象呢？首先来了解形象不专业的表现有哪些，一般来说，常见的不专业形象有这样几种情况：第一，穿得太随意。比如培训师上课时穿着牛仔裤，甚至是破洞牛仔裤，这会让学员感觉培训师不重视本次培训，也不尊重他们。第二，穿得太暴露。比如裙子过短、衣服领口过大或过低等，这会让学员感觉授课的老师很轻浮、不严肃，甚至有可能成为学员课后的笑谈。第三，穿得太另类，比如太空服、五颜六色拼接的服装等，这会让学员感觉培训师很特立独行，不是一类人，难以接近。

　　那我们该如何塑造良好、专业的着装形象呢？

　　首先，要遵循两个原则：第一，符合原则。即我们的着装要符合我们所讲的课程背景及我们授课的企业背景，也要符合我们所面对的学员特色，这样才能给学员留下良好的第一印象。第二，自信原则。自信是形象的"外衣"，拥有自信的培训师一出场即能给学员从容自如、气宇不凡的好印象。

　　其次，在以上两个原则的基础上，我们要规范着装，规范的着装能更好地体现培训师的职业化和专业化。笔者提炼出培训师的着装建议表，男培训师着装要求见表 1-1，女培训师着装要求见表 1-2。

表 1-1　男培训师着装要求

男士着装	男士要求	要　　点
外套	深色系	尽量避免花哨
衬衣	纯色、长袖	避免花衬衫
领带	红色、蓝色基调	最好与企业文化颜色相近
首饰	最好没有	最多婚戒一枚
皮鞋	和外套颜色接近	注意着装的上下协调性
袜子	和鞋子颜色接近	男士避免白袜子

表 1-2　女培训师着装要求

女士着装	女士要求	要　　点
外套	颜色不限	尽量避免太绚丽
衬衣	合适搭配	纯色为主
丝巾	简约不宜过长	最好与企业文化颜色相近
首饰	三件以内	耳饰以耳钉为主
皮鞋	和外套颜色一致	注意着装的上下协调性
袜子	深棕色、浅灰色丝袜为佳	有备用袜，避免破洞尴尬

1.2.2　培训师行为风范修炼

除了塑造专业形象，还有一个重要的方面是提升讲台风范。如何提升讲台风范，我们先来看看讲台失去风范有哪些具体表现，具体归纳为以下五个方面。

（1）表情上的失范：具体表现为表情太过严肃，全程无笑容；或者表情僵硬，没有什么变化；又或者表情太过丰富，让人觉得缺少一定的严肃性。

（2）眼神上的失范：具体表现为眼神游离、迷茫、缺乏力度、闪烁、乱转、看天花板或者看地板，不敢与学员对视等。

（3）站姿上的失范：具体表现为站得很随意，双手或单手插裤兜，斜视观众；站立时长期面对某个小区域，或者经常性背面对着学员。

（4）手势上的失范：具体表现为手的姿势不佳，小动作太多，手的移动速度过快或者幅度过大。

（5）步伐上的失范：具体表现为行走的区域超过规定范围，步速过快，或者频繁性来回走动等，这些都会影响培训师的整体风范。

在了解了讲台失范的表现后，我们就有了提升讲台风范的方向，总结为四大原则，如图 1-5 所示，笔者又称之为提升培训师行为风范的"四件宝"。

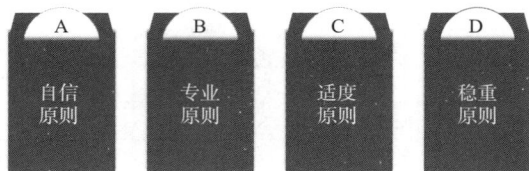

图 1-5　培训师行为风范修炼四大原则

一是自信原则。自信的人自带光环，熠熠生辉，举手投足间透着大气、谦逊、从容、淡定，所以自信是提升讲台风范的第一原则。

二是专业原则。培训师的专业度越高，课程将越系统化，既有理论，又能落地，如此一来，更有讲台风范。

三是适度原则。所有的东西，适度才是最好的，有的学员喜欢正式一点的课堂，有的学员喜欢活泼一点的课堂，所以培训师要根据学员的喜好合理运用不同的教学方法，展现不同的教学风格，才能更好地体现出讲台风范。

四是稳重原则。稳重是培训师讲台风范的基本，说话内容太跳跃或太无厘头时都会让人感觉表达方式不符合培训师身份，如此会影响讲台风范。

1.2.3　培训师气质修炼

曾有人说过，你的气质里藏着你走过的路，你读过的书，你爱过的人。

气质是每个人相对稳定的个性特点和风格气度。它酝酿于内，发之于外，它受先天遗传影响，更源于后天的培养。气质是一种特有的、不可以模仿的、内在的、由精神到举止的修养。气质有些是天生的，但后天培养很重要。高雅的气质令人赏心悦目。

每种职业的人士都具有不同的气质，那么作为一名培训师，应该在五个维度的基础上修炼自我气质。

1. 正气

正气是一个培训师必须具有的最基本的气质，也是一个公民最基本的素养。从某种意义上来讲，培训师也是一个公众人物，他的一言一行都会影响到学员。一个有正气的培训师，才会使学员肃然起敬，才可以培养出有正气的学员。培训师有正气，才能顶天立地，仰无愧于天，俯无愧于地，于天地之间坦荡自如。一个有正气的培训师，才能走出对蜗角虚名、蝇头微利的计较，才能坚定自己做培训的信仰，用教育的理想实现理想的教育。正气是一个人灵魂的底色，是一个人永远可以高贵活着的资本，是一个人的脊梁。

2. 书卷气

俗话说："腹有诗书气自华。"一位培训师除了课堂工作外，还应该把读书作为自己的第二职业。不管是为了专业发展还是为了修身养性，培训师都应该是全世界最爱读书的人群。"教者，上所施下所效也。"一个培训师的学习氛围直接决定了学员的学习氛围，否则学员的学习肯定包含着太多的无奈与应付。在阅读中我们的人生境界会逐渐提高，我们的气质会更加清新脱俗，我们会从有文字的书开始，学会阅读没文字的书，阅读社会万象、芸芸众生。

3. 锐气

锐气是指培训师那一往无前的气概。教育本身是一件非常艰辛的事业，筚路蓝缕，荆棘丛生。培训师只有具备了一往无前的锐气，高歌猛进，才能穿越丛林，踏平坎坷，不断从此岸向彼岸迈进，从失败向成功迈进。教育又是一件需要与时俱进、求变求新的事业，而要变革教育，比教育本身这件事还要难，因为它要面对的是保守的思想、定势的思维、不得不受冲击的既得利益。在这些有形和无形的巨大阻力面前，只有满腔的锐气，才能让我们蔑视一切困难，无惧明枪暗箭，高举教学改革的大旗，冲向光明和理想的教育高地，让学员快乐高效地学习，让老师幸福而有尊严地教课。

4. 和气

古人云："礼之用，和为贵。"和是一种人生的态度，是一种人生的修养，更是中国人的一种大智慧。面对人生的不如意，我们一定要保持一个平和的心态，既要看穿人生不如意事十之八九的真相，又要以平和之心应对难缠之事。只有保持和气，我们才能心生更多智慧、化解更多难题；只有保持和气，我们才能拥有更多朋友、消除更多"敌人"；只有保持和气，才能为我们的课堂营造一个更加愉悦的学习氛围，才能让快乐和幸福永伴。

5. 才气

才气即一个人内在才华、才情的自然对外流露。教书育人是培训师最基本的才气，但这个基本之外，如若能修炼一两项其他才华，则更能吸引学员的学习兴趣，增加自身的魅力。对于培训师而言，写一笔好字，作一篇好文，画一幅丹青，唱一支动听的歌曲，跳一支优美的舞蹈等都不失为一种才气。这些才气可以让我们的教学锦上添花，且这种才气将吸引和带动很多类似特长或潜质的学员全面发展，为其人生增添更多精彩。

1.3 培训语音关口突破

从某种意义上说，语言是培训师的第二张脸。那培训师的语言又有哪些特征呢？我们又该如何修炼才能做到口吐莲花、出口成章呢？

1.3.1 培训师语言突破"五要素"

培训师语言突破要从五个核心要素入手，分别是语言的结构、脉络、内容、语气语调、情感，笔者形象地把它们分别称之为语言的"骨胳""神经""肉""血液"和"精气"。

1. 语言的"骨胳"——主体结构有力

砌房子应先打地基，再做主体框架，最后封顶或做房檐。写文章、讲课、做课件也是如此。可将其分为三段式，做到"凤头、猪肚、豹尾"。中间部分是主体，要确定支柱。没有框架的房子只能是堆砌，堆砌的房子是不牢固的，是没有力度的，是经不起风吹雨打的。所以，培训师语言的第一要诀是谋篇布局，"谋定而后动"。

2. 语言的"神经"——主线清楚，脉络清晰

文章、课件要有"一根筋"，这根筋就是中心思想，要贯穿始末。要想做到全文如行云流水般一气呵成，就要注意素材的前后顺序、过渡衔接。没有主线的语言就只能是前言不搭后语、想到哪里说到哪里，胡编乱侃。培训师在组织语言时，一定要紧紧围绕主线进行开枝散叶，做到犹如散文，形散而神不散。当文字无法清楚地表达脉络时，可借助流程图、模型图、鱼刺图等。

3. 语言的"肉"——有内容，有内涵

语言要吸引人必须要有内容，有内涵。空洞无物、清汤寡水、陈词滥调、一成不变的炒剩饭是没有生命力的。要做到有内容就需要多方面、全方位的收集素材，旁征博引，引经据典，用数据说话，举实例验证。思想可以是高度的概括、总结或提炼，或是推陈出新，旧瓶装新酒，从不同的视角、不同的层面看待问题，分析问题。

4. 语言的"血液"——表达方式多样化

没有血色的脸会显得苍白无力，要做到语言"面色红润万人迷"，就要使语言的表达方式多样化。千篇一律的陈述句、修饰太多的长句会使人乏味、乏力，学会合理地使用长句、短句、反问句、疑问句、夸张句、排比句等，使各种句式交替出现，错落有致，长句要连贯，短句要精悍，反问、疑问要注意语气，夸张、排比要加强气势，这样才能使整个语言浑然一体，各种句式交相辉映从而夺人耳目。除了句型丰富多样，还要做到内容精彩纷呈。名人名言、耳熟能详的广告语、朗朗上口通俗易懂的谚语、唐诗宋词、"之乎者也"都是"装饰""点缀"语言的不二选择。当然不能为了"之乎者也"而"之乎者也"，否则就会被人嗤之于做作、穷酸、迂腐和书生气。对语言的润色要做到不动声色、不着痕迹，宛如傍晚时树林里轻轻掠过的一缕清风，让人觉得清新自然、心旷神怡。

5. 语言的"精气"——情感丰富

惊涛骇浪比波澜不惊更会使人心潮澎湃。再美丽的语言如果只是平铺直叙，也会让人审美疲劳。培训师应根据背景、情节和表达的需要或急促或缓慢，以达到一张一弛或欲擒故纵的效果。除了声音抑扬顿挫以外，还应做到情景交融。"人非草木"，培训师适度地煽情是可取的。激情澎湃处一个紧紧握住的拳头，愤世嫉俗时一双咄咄逼人的目光，忧心如焚时一个愁眉不展的额头，情到深处时夺眶而出的盈盈泪光，都会是使原本平淡无奇的培训课堂更加生动和引人入胜。值得注意的是，煽情是适度的，是收放自如的，是"随风潜入夜，润物细无声"的，入"戏"太深，致使场面失控是

得不偿失的。

当然，真挚情感的流露或激情四射是需要对课程内容的成竹在胸、深信不疑和对培训事业由衷的热爱。吐词清楚、发音准确不可或缺，剔除大量不合时宜的惊叹词、俗语、俚语更不可小觑。要做到以上五点，看上去容易，实则需要日积月累、循序渐进，多看、多写、多讲、多练。

1.3.2 培训师声音美化"四层次"

培训师在讲课的时候，声音到底该如何表现？这是没有定论的。但是，如果一个好的培训师，发音不够清晰、准确，语音语调不是很恰当，甚至带有深厚的地方口音，讲课、听课的效果势必会受影响。培训师的声音美化分为四个层次，分别是有清晰度、有辨识度、有穿透力和有感染力，如图 1-6 所示。

| 1 | 2 | 3 | 4 |
| 有清晰度 | 有辨识度 | 有穿透力 | 有感染力 |

图 1-6　培训师声音美化"四层次"

1. 有清晰度

培训师的普通话不一定要很标准，但一定要清晰自然，只有让别人听清楚你在说什么，才能让别人听懂你的表达。有一些刚出道的培训师，把演讲和培训混在一起了，其实这是两种不同形式的表达类型，如果把演讲的方式套用到培训当中，会让学员极不自然，有矫揉造作之嫌。同时，要让发音清晰地吐出来，一定要清楚地咬准每个字。每个字共分为三个部分，字头、字腹和字尾，咬住字头，拖住字腹，保持字尾中气份量，这样的发音听起来字正腔圆，有丰满的感觉。想让你的语言自然，可从以下两个方面着手修炼：第一，不要太过于模仿其他培训师的风格，因为模仿过多，就会丧失自我风格，源于自己的内在风格才是最自然、最真实的风格。第二，要保持语速平稳，具有流畅感。如果能在表达上具备流畅感，可快速树立专业成熟讲师的形象。

2. 有辨识度

当我们的声音自成一派比较稳定的时候，就会形成自我的语言风格。这样一来，我们的语言就有了辨识度。培训师是需要靠语言的分享表达呈现课程的，关于说话这件事情要不断地精进，永远都有成长空间。

3. 有穿透力

所谓穿透力，主要包括：声线的宽域大小、发音的紧松力度、重中低的调整。声音是通过你的声带振动后，再通过物理空间传播到学员耳朵里。所以，控制声音发音传播过程中的音效是每位培训师的必备技能。在很多专业音乐厅里，对调音师的要求极高，培训师的音效同样如此，比如你的声线、力度、音量是三大核心要素。提高腹部中气是增强声音力度的有效方法，声音有力度，说明你精神状态好，也能很自如地调整音量大小。所以，培训师要经常去做一些有氧呼吸的运作，比如慢跑，或者坚持在水盆里闷气练习。声线的宽域大小，可以定期采取放开发声法实现，在一些人少宽阔之地，比如公园、海边放开声音，发出"啊、呀、嗯、嘻、呶、哈、呵、哦……"，分别以高中低音结合长中短音，进行重复演练。

4. 有感染力

很多培训师一谈到感染力，就说是要抑扬顿挫，这是一种比较片面的看法。感染力更多体现在情感式话语的表达之中，体现出快速急促、抑扬顿挫、延绵不绝等风格。所以，抑扬顿挫只是语言感染力的一种而已。要让自己的语言有感染力，可以找一些经典散文和名人演讲稿练习，首先了解文章情境和背景，把它融入朗读的过程中，可以快速，或者保持中速，也可以尝试慢速，一直练习至有感觉为止。

1.3.3　培训师语音训练关口突破

俗话说："台上三分钟，台下十年功。"培训师在讲台上有影响力的声音，靠的是在台下的不断练习。一般来说，平常人的呼吸量约为 500 毫升，讲话的时候增加到 1 000~1 500 毫升，有些职业培训师可高达 1 500~2 100 毫升。优秀的培训师在讲台上的呼吸能做到有足够的气息量，这些都是台下、幕后苦练的结果。

1. 气息训练

没有气息，声带不能颤动发声。但只是声带发出声音是不够的。想要声音富于弹性、耐久，需要源源不断地供给声带气流。我们可以用一些气息控制的方法，来控制气流，进而控制声音。

（1）胸腹联合呼吸法

胸腹联合呼吸法是培训师在工作时应该掌握的方法，吸气后两肋扩大，横膈膜下降，小腹微收。这种呼吸活动范围大、伸缩性强，可以使气息均匀平衡，理想的状态是做到"吸气一大片，呼气一条线；气断情不断，声断意不断"。

训练气息，不能在饱腹的时候，否则容易造成胃下垂。有句话叫"饱吹饿唱"，不过对于培训师来讲，不能太饿，否则没力气讲几个小时。进行呼吸练习的时候，笔者建议大家还是在空腹的时候进行比较好。

【练习方法】

慢吸慢呼，要求站稳，双目平视前方，头正，肩放松，像旷野呼吸花香一样，慢慢吸足气。要感觉到腰腹之间充气膨胀，气入丹田，但是要收小腹。保持几秒后，轻缓呼出。

快吸慢呼，快速短促地吸气，并保持气息；呼气时缓缓呼出，配合声音，平稳均匀。培训讲课过程经常用到这个方法。

（2）强控制练习

要求气要吸得深并保持一定量，呼气要均匀、通畅、灵活。强控制练习需要一点声乐练习知识，要体会膈肌和腹肌的作用，发声的时候气息是下沉的。参考练习诗词：岳飞《满江红》，陈然《我的"自白"书》。

（3）弱控制练习

一是吸气深呼气匀，缓慢持续地发出 ai、uai、uang、iang 四个音。

二是夸大声调，延长发音，控制气息。

比如，花红柳绿 H—ua、H—ong、L—iu、L—v（发音时，声母和韵母之间气息拉长，要均匀、不断气）。

三是通过夸大连续，控制气息，扩展音域。参考练习诗词：李白《静夜思》，孟浩然《春晓》等。

气息控制训练可以把握"深、通、匀、活"四字方针，注意气息和内容的结合。

在讲课过程中，想让气息顺畅，除了要对自己培训的材料非常熟悉外，有必要考虑在一些用词吐字的地方，考虑气息支持该怎么处理。好的处理可以帮助我们提高讲课效果，尤其在增强感染力、说服力上更加有效。

2. 口部肌肉训练

口腔灵活说话才利索。有没有感觉早晨起来说话没有下午或者晚上那么顺当？当然了，嘴巴肌肉休息了一晚上，当然没那么灵活。所以要学做口腔体操，帮助我们更好地使用嘴巴。

（1）口的开合练习

张嘴像打哈欠，闭嘴如吃苹果。开口的动作要柔和，两嘴角向斜上方抬起，上下唇稍放松，舌头自然放平。做这个练习，可以克服口腔开度的问题。

（2）咀嚼练习

张口咀嚼与闭口咀嚼结合进行，舌头自然放平。

（3）双唇练习

双唇闭拢向前、后、上、下，以及左右转圈，双唇打响。

（4）舌头练习

舌尖顶下齿，舌面逐渐上翘。

舌尖在口内左右顶口腔壁，在门牙上下转圈。

舌尖伸出口外向前伸，向左右、上下伸。

舌在口腔内左右立起。

舌尖的弹练，弹硬腭、弹口唇。

舌尖与上齿龈接触打响。

舌根与软腭接触打响。

3. 共鸣训练

我们都有这样的体会：越在嘈杂的地方，我们说话越大声，结果声嘶力竭，自己嗓子累得要命。其实培训的时候也有，如为了让学员都听到，尤其人多的时候，我们会不自觉地提高音调嗓门，不久就有"失声"的感觉。

其实好的用声者，使用声带上的能量只占总能量的 1/5，而 4/5 的能量用在控制发音器官的形状和运动上面。在产生共鸣的过程中，共鸣器官把发自声带的原声在音色上进行润饰，使声音圆润、优美。科学调节共鸣器官可以丰富或改变声音色彩，同时起到保护声带的作用，延长声带的寿命。

我们在培训的发声中，多采用中声区，而中声区主要形成于口腔上下，这就决定了用声的共鸣重心在口腔上下，以口腔共鸣为主。在这里笔者稍微提一下共鸣腔，一般提到的共鸣腔有头腔、鼻腔、口腔、胸腔，这四个共鸣腔是最基本的。培训中除了口腔共鸣为主之外，胸腔共鸣是基础，可以加多一点，如果有高音的时候，增加呼吸量，发挥一点鼻腔、头腔的作用更好。

要想声音圆润集中，需要改变口腔共鸣条件。发音时双唇集中用力，下巴放松，打开牙关，喉部放松，提颧肌、颊肌，笑肌在共同运动时，嘴角上提。可以通过张口吸气或用"半打哈欠"感觉体会喉部、舌根、下巴放松，这时的口腔共鸣会加大。在打开口腔的时候，同时注意唇的收拢。

（1）口腔共鸣训练

口腔共鸣发声最主要的一点，是发声的时候鼻咽要关闭，不产生鼻泄露。通过下列练习大家可以体会一下，基本都是以开口元音为主：ba、da、ga、pa、ta、ka、peng、pa、pi、pu、pai。

普通话的四个声调，准确的叫法是第一声阴平；第二声阳平；第三声上声；第四声去声。我们在进行声音训练的时候，多用阴平声调进行，这样有利于体会声音和气息。

（2）鼻腔共鸣训练

鼻腔共鸣是通过软腭来实现的，标准的鼻辅音 m、n 和 ng 就是这样发声的。有人觉得鼻音重显得声音好听、有厚度，但是过多的鼻音有如感冒，是不好的。发 a、i、u 的音，加点鼻腔共鸣体会加鼻辅音 ma、mi、mu、na、ni、nu。

（3）胸腔共鸣训练

胸腔的空间及共鸣能量大，发出的声音有深度和宽度，声音更浑厚、宽广。"a"元音直上、直下、滑动练习。

（4）头腔共鸣、腹腔共鸣

基本在说话过程中用不到这两个共鸣。头腔共鸣可以观看声乐视频中，演唱者发高音时，体会声音从眉心发出的感觉。基本来说，做好胸腔、口腔、鼻腔共鸣，演讲、培训绰绰有余。

很多专职培训师走南闯北每天讲课，如果像平时那样用声说话，嗓子肯定受不了。笔者曾经问过一个声音很浑厚、很有磁性的老师关于他的发声与气息，当时他的回答是，他以前学过几年美声唱法，所以培训时他运用一点腹式呼吸法，结合胸腔共鸣，使嗓音可以保持长久的圆润浑厚，声音穿透力也更好。

4. 声音弹性训练

声音具有伸缩性和可变性，这就是声音的弹性。有了弹性的声音才能适应思想感情的变化，也才能适应讲课内容的需要。

声音弹性的训练比较简单，可以用以下两种方法：

（1）扩展音域，加大音量，控制气息。练习时，注意声音的高低、强弱、虚实、刚柔、厚薄、明暗等变化。

（2）夸张声音，加大运动幅度，用丹田气发声。

快板是最明显的例子，想象说快板的演员发声的状态，自己找一段快板试试，体会声音的弹性。

5. 吐字归音训练

普通话音节分为声母、韵母、声调，也可叫作字头、字颈、字腹、字尾、字神。在这里，我们不对这些具体音节的发声要求作阐述，大家可以从这些字眼看出，要想使发出的声音具备"大珠小珠落玉盘"的效果，吐字归音是要从张嘴、运气、吐气、发声、保持、延续到收尾进行一系列控制，所以不要随便，也不必拘谨，培训师做到吐字清晰就基本够了，想更上一层楼，就要勤于练习。

吐字归音的练习，基本都是通过绕口令进行的。从系统训练的方法来说，它通过不同声母、韵母的发声位置、气息和韵尾，可分为：双唇音、唇齿音、舌尖中音、舌根音、舌面音、翘舌音、平舌音；开口呼、齐齿呼、合口呼、撮口呼。在这里推荐一些绕口令给大家参考练习：

白石白又滑，搬来白石搭白塔。白石塔，白石塔，白石搭石塔，白塔白石搭。搭好白石塔，白塔白又滑。

四和十，十和四，十四和四十，四十和十四。说好四和十得靠舌头和牙齿，谁说四十是"细席"，他的舌头没用力；谁说十四是"适时"，他的舌头没伸直。认真学，常练习，十四、四十、四十四。

要想让学员接受自己，除了必要的知识外，一些生动的语言、表情、表演等，也是吸引他们的因素。

6. 嗓音保护

培训语言要准确、鲜明、生动，富于表现力和感染力。我们不能像平时说话那样，在培训的时候要根据学员、培训内容的不同，用不同的声音色彩进行处理。

为了使学员都能听到、听清，培训师往往都会加大音量（除非借助话筒音响等设备），用声时一定注意气息运用，让声音更加饱满、浑厚，穿透力更强，并有效保护嗓子。

在播音课程里，有"情取其高，声取其中，气取其深"的说法。其实在培训过程中，这三者的关系也是如此。

有些讲师在培训前，要么过度紧张，要么满不在乎，没有"情"怎么有"义"、怎么感染别人呢？所以有必要提前让自己做好准备，调整情绪，早一点进入状态，发挥良好的精神。

有的人发声时状态、姿势不正确，比如下巴太用力、用嗓子喊，或者胸部拘谨，导致发出的声音挤、捏、窄，沉闷、暗哑。培训的时候，我们要做到：高音不喊，低音不散。只有把气、声、情互相配合、巧妙运用，才能让我们的声音吸引学员，同时又能保护我们的嗓子。

保护嗓子的方法：

（1）坚持锻炼身体，游泳和长跑是最有效的方法，使用正确的方法坚持练声，循序渐进。

（2）练声时，声音由小到大、从近到远、从弱到强、由高到低，避免一开始就大喊大叫损伤声带。

（3）保证充足的睡眠是保护声带的最好方式。

（4）生病尤其感冒的时候，尽量少用嗓，此时声带黏膜增厚，容易产生病变。

（5）女性培训师在生理周期或者其他原因鼻、咽、声带充血的时候，禁止练声。

（6）尽量少吃辛辣刺激性食物，油腻、甜黏、冷热刺激的食品也是嗓子的杀手，烟酒也要避免。

（7）坚持用淡盐水漱口，可以消除炎症并保护嗓子。

（8）中药：胖大海 + 冰糖，还有金嗓子喉宝、西瓜霜、清音丸等，都是不错的护嗓"神器"。

也许你说话有地方口音，也许你的音色不够圆润，也许你用嗓过度声音嘶哑，也许你同一个课程讲得太多没有新意……不妨科学系统进行声音的训练，让培训真正做到"有声有色"。

第 2 章

二星会呈现：优化提升三个呈现

　　培训师的呈现方式与学员的接受方式之间的契合度往往很微妙，如果这两者相背离，那么培训多半惨淡收场。在这方面比较成功的当数易中天，同样是讲历史和文学，但由于他所采用的呈现方式比较现代，因而获得了成千上万的受众。为此，当学员在培训现场表现出消极、不屑甚至对抗情绪时，多半不是因为他不愿意接受知识本身，而是不能忍受培训师过于传统和枯燥的呈现方式。

2.1 培训师台风呈现

许多刚出道的培训师都会问到关于培训风格定位的问题：

我应该具备什么样的风格？

我最适合哪种风格？

我应该向谁学？

其实，我们不用刻意追求或模仿其他培训师的风格，而只有形成自己本色的风格，才真正属于你自己。

2.1.1 如何化解上台紧张情绪

我们说面对陌生的环境和人，其实再有经验的老师也会或多或少有一点紧张。那更多时候我们可以这样说，如果一个老师连紧张的状态都没有了，没有那种微微紧张的状态，也会变成老油条。所以适当的紧张其实可以使我们投入更大的热情，调取我们潜意识当中更多的能量。当然过度紧张也会影响发挥，通常会出现以下十种症状：心跳加速、口干舌燥、出虚汗、手发抖、两腿发软、心神不安、不敢正视、词不达意、盼望结束和大脑空白。一般情况下，出现两至三种症状都属正常现象，但是，同时出现五种或以上的症状就表示过度紧张，以至胆怯，这样就会影响到授课的质量。

培训师紧张的原因一般有以下几点：

①担心自己的课堂表现。比如课程讲得是否专业？逻辑是否清晰？

②担心学员的反应。比如学员会不会不喜欢自己的授课风格？学员会不会挑刺？

③担心课堂出意外。比如设备会不会出现故障？会不会有人闹场？

④担心大家不满意。比如学员不满意，参加培训的单位不满意，培训组织单位不满意。

实际上，如果我们一直持续紧张，所担心的状况才更有可能发生，当我们克服了紧张，这些状况反而会较少出现。根据多年的培训经验，笔者总结出以下应对紧张的方法。

1. 融会贯通法

紧张背后的原因，其实是我们在生和熟之间还没有达到真正的融会贯通。这时我们应少去想一些负面的状态。很多人往往想做一件事情的时候，思前想后，考虑越多，行动力越差，结果自然就越差。所以我们可以经常去想象一些积极正面的东西。你可以想象自己在讲台上面是多么大方，多么流畅，多么受学员欢迎，一举手一投足多么有风采，以及自己在讲台上的自我实现，滔滔不绝，多去分享自己的经验，去帮助别人的过程是多么的快乐。如果你经常这样想，你自己都能够被自己陶醉，那自然而然，你的紧张状态就降低了。

2. 角色定位法

角色定位的意思就是我们要丢掉虚荣，放下身段与我们的学员去建立平等交流的一种关系。很多时候，如果你把自己端得太高了，那很可能就会很累。尤其不要有我是这个领域里面做得最好的，或者顶级之类的想法。我们在课堂当中就是真诚用心去分享，千万不要把自己当成神。如果你要把自己当成无所不知，无所不能，如同把自己放在火上烤，那紧张一定是必然的。所以如果有一天某学员提出一个问题，那很可能是自己未知的领域。如果你没有上述包袱，就会很真诚地告诉学员：坦白讲这个问题我也不清楚，因为培训师本身就是一个终身学习终身成长的职业。

3. 生理舒缓法

开讲前调节自己的呼吸，做一个深呼吸，就像在嗅一朵散发着淡淡幽香的兰花，直到出现大脑一片空白的感觉时，这一招对于大脑缺氧大有好处。同时，让自己的全身肌肉放松，真正做到身心放松，提醒自己不要紧张，转移自己的注意力，调节自己紧张的情绪。

4. 心理诱导法

回想自己过去最得意的一件事，给自己积极的心理暗示。比如，自己在众多的竞争者中脱颖而出，今天能站在讲台上，一定能行。或者想象这次课程中有那么多精彩点，想象讲课成功后赢得大家热烈的掌声，那是一件多么美好的事情。

5. 身体活动法

在上场授课前做一下身体的伸展运动，这样可以达到放松心情、缓解紧张的目的。

6. 专家造势法

上场授课时，先利用专家的话或介绍自己时适当交代自己的专业背景来引发学员的敬仰之心，从而降低自身的紧张感。

7. 引起共鸣法

培训师一上场就抛出一个问题，这个问题与在场的学员息息相关，以此引起共鸣，加强与学员的互动，在共鸣和互动中，紧张感很快就会消失。

8. 超量准备法

尽可能多地准备课程相关资料，一是以备不时之需，二是让自己处于繁忙之中，没有时间去胡思乱想和紧张。

9. 思维导图法

培训师在上场前将整堂课的课程框架用思维导图的方式画出来，并且深深地印在自己的脑子里，这样就能做到胸有成竹，即便是出现意外状况也能轻松应对。这是克服紧张的最好方法。

2.1.2　培训师自我授课风格塑造

传统上将培训风格划分四种类型（即教士风格、教练风格、演艺风格和学者风格）。这种分法更侧重于培训师的视角，主要以课堂现场训练手法的外在特征为参考标准，应该说有一定的道理。但是，显得过于简单笼统，所以我们今天站在学员的角度，以学员学习过程的感受和学习的结果两个维度为参考，将培训风格分为以下几种类型。

1. 空谈道理型

空谈道理型的培训师流于课程内容的表面，学员听下来感觉很有道理、很正确，甚至有无从辩驳之感。但是，在具体实践中，仍然不知所措、无从下手，根本无法找到行为改善的切入口。

2. 工具堆砌型

工具堆砌型的培训师因为从事行业多年，的确总结了一些有实际效果的技巧。于是，唯技巧是从，似乎只要掌控了他提供的技巧，天下一切事情都能轻而易举地解决。在有些课程中，有的老师会宣称他有多少"秘籍"，诸如：一堂课让你脱胎换骨；课前上台战战兢兢，课程结束让你收放自如。笔者从来不否定有些技巧的确可能有"立竿见影"的效果。但问题在于，如何能够持续让技巧产生正向效果的支撑呢？我们知道，按照"冰山模型"理论的观点，技巧只是表面能够被人"看见"的部分，真正重要的是那些"看不见"的部分，对技巧起着不可或缺的作用。

3. 精深学术型

精深学术型的培训师，大都因为培训师拥有较为渊博的知识，但是缺乏"深入浅出"的理念和技能。此类型授课风格的确能够将课程内容进行深层次地解剖，而且逻辑关系也能抽丝剥茧，层层递进，但是，由于过分"学术化"，使得学员感叹"够不着""听不懂"，显得有些"高冷"。

4. 引导启发型

引导启发型的培训师是经由一段时间的实践历练，无论在学识上还是在培训的专业技能上都已经有所沉淀，对课程内容的理解和把握，无论在高度、深度和宽度上都有一定的层次，并且能够娴熟地运用各种培训手段和方法，引导并启发学员进入自主思考的状态，并经由课程内容的点化，让学员"听明白，懂方法，有做法"。

并不是说哪一种就一定是最好的培训师风格，其实风格会随着我们不同的人生经历，不同的学习成长，慢慢养成一些心理认知习惯，呈现出来的一种讲台的表现。所以大家只要知道哪些性格、哪些风格更适合自己就行，同时我们还要知道如何去调整自己不足的那一部分。我们学的目的是内化，真正地提升自己，变成自己想要的那个风格。培训风格是通过长期历练形成的，犹如酿酒，经久乃形成。

培训师风格的自我塑造有以下几个要点，如图 2-1 所示。

图 2-1　培训师风格塑造要点

第一，解决个性化和标准化的问题，标准化是前提。在规范化、标准化的前提下，找准自己的个性。而如果先把个性作为前提，这是不正确的，是一个错误的战略，就好像我们小时候练毛笔字，首先要描红描绿，然后你才能选择是学颜体还是柳体。如果你什么都不练，就练狂草的话，肯定练不出一手好字来。没有专业的训练，就只能做"江湖好手"，始终成不了"大内高手"。"江湖好手"就像程咬金、李逵，就会那么两三板斧。所以，首先要定标准，在标准掌握之后，再上升到个性化风格。

第二，轻松但不轻薄。讲课要轻松幽默，但不要低级趣味。如果轻薄，就像江湖卖药的一样，这样的培训师是不会受人尊敬的。

第三，平实而不平庸。平实，就是你讲的内容其实用性要很强，绝不讲空洞的东西，而且讲的东西还不应是炒别人的冷饭。作为培训师，如果人云亦云，就没有自己的风格了，一定要努力做到在这个行业里讲的这门课程，就数自己讲得最好。

那么，到底哪一种风格好呢？没有标准答案，每种风格都有不同的应用场合。培训师要根据自己的特点来确定自己的风格，不要刻意去模仿别人。比方说，明明是一只鸡，却一定要学浮水，那肯定不如鸭子。我们在选择类型的时候，以自己的本色风格为主，然后杂糅一些其他风格的元素，让自己的培训变得更加精彩。

2.1.3 培训师授课肢体语言呈现

作为一名培训师，向学员传递信息时，不仅可以通过声音，还可以配合大量的肢体语言去感染别人，达到理想的效果。比如，在举了很多例子，最后总结的时候，如果不自觉地揉眼睛、摸鼻子，会让人感觉你心里没底，甚至在撒谎忽悠人。进行开场白的时候，有意无意地挤压嘴唇，抚摸脸颊，不断搓手，给人的印象是很紧张，有压力。所以培训师要根据自身情况，因时因地调整肢体动作，在讲述案例、故事的时候，可以利用肢体语言去辅助表达，全情投入。

通过一个人不经意间的动作，往往会识破他的内心世界，判断他此时的状态，是否在撒谎，可见肢体语言的重要性。肢体语言又称身体语言，它通过身体各部分能为人所见的活动来进行表达和交流，也可称之为体态语或无声语言，它主要包括眼神、表情、手势、动作及姿态等。美国心理学家通过实验得出这样的结论：信息的效果 =7% 的文字 +38% 的音调 +55% 的面部表情及动作。因此，培训师的肢体语言在教学过程中是非常重要的。培训师的肢体语言呈现可做如下训练。

1. 眼神呈现

在授课过程中，我们要避免出现以下情况：

①只进行了扫视，却没有眼神对接。

②只与少数学员眼神交流。

③盯着学员的前额或头顶，或只看天花板、地板、投影仪、白板，而不与学员眼神交流。

眼神交流的注意要点：

①开场与结尾用环视，目光所到之处即为能量所到之处。

②尽量与每位学员都有目光交流。

③目光交流的范围应覆盖全场。

④目光在每位学员身上应持续 3 秒或持续到一个意图表达完整之后。

2. 表情呈现

表情是指表达情感、情绪，是人们对于情感体验的反应动作。它与语言声调、身体姿态配合，传情达意，被称为无声语言。如果说眼睛是心灵的窗户，那么表情就是心灵的镜子，尤其是面部表情，细微多变、丰富复杂，是人们个体表达、传达情绪情感的最原始和最直观的表达，它能表达丰富而又复杂微妙的情感。面部表情正是培训师与学习者情感交流的"媒介"。一般情况下，以下这些表情是培训中应该经常呈现的：

①亲切平和的表情。表现为情绪平和，不温不怒，不慌不乱，不卑不亢，自信从容，轻松快乐，心态自然，和颜悦色，眼神注视，面带微笑，和蔼可亲，体现培训师专注工作、敬业爱岗的工作态度，也体现培训师的人格魅力、豁达的人生态度和宽厚仁爱的教育情怀。

②鼓励赞扬的表情。培训师在与学习者交流的时候，用一个肯定的目光、一次赞美的微笑、一个精炼的手势，向学习者传达鼓励和赞扬，体现了培训师善于在培训中发现学习者的优点和进步。美国教育家杜威曾经说过：人类天性中最深切的动力是"做个重要人物的愿望"。培训师的鼓励和赞扬正是符合了学习者的这一心理需求，而且可以打开学生的思维大门，增强自信，积极思考，更愿意跟随老师努力学习。

3. 站姿呈现

对于培训师建议的站姿要求：

①双脚呈立正的姿势，双脚并拢（若课堂氛围比较轻松且要求没那么严格时也可采取双脚与肩同宽），收腹挺胸，给人以站如松的感觉。

②双手掌心朝上，在一条水平线上端着，位置处于腰部往上一点（男生以皮带为界线，女生以腰带为界线），给人以乐于分享的感觉。

③微笑是课堂沟通最好的钥匙，在课堂中我们要一直使用，能给人如沐春风的感觉。

④如果一个培训师在讲课的时候，一只手握着话筒，另外一只手始终垂着，会给学员产生一种这个老师没有准备好的感觉，比较拘谨，有失专业风范。

4. 手势呈现

对于培训师手势呈现的建议。

①多不要少。手指向哪个方向时，要用手掌，而不能用单个手指。

②要曲不要直。无论是整个手臂还是手掌，都要略保持弯曲状，不要伸太直，不然显得太僵硬。

③要同不要异。双手的动作应该协调一致，不要反差太大。

5. 步伐呈现

对于培训师步伐呈现的建议。

定点：在上课时要有活动范围，不要满场跑。一般来说，培训师授课时的活动范围与培训师的知名度成反比。

定区：培训师的活动区域主要有两个：

一是讲桌后面。

二是黄金分割点（靠近讲台正中央的位置为黄金分割点）。

进退：让学习者答题时要缓慢前进，让道给学习者时则尽量正面后退。

2.2 培训师课堂互动呈现

有数据表明，人一天当中的精力饱满度是不一样的，上午九点左右为 90% 以上，然后逐渐下降，到中午十二点时跌至 10% 左右；下午一点半，精力饱满度回升至 20% 左右，接着至三点钟缓慢上升达到下午的峰值 50% 左右，然后又开始下降，到下午五点时跌至 10% 左右。所以，要想完美地展示一天的课程，再好的课程内容，再专业的培训师，如果没有用互动来刺激以提升学员的精力饱满度，培训效果都将大打折扣，所以为保障课程效果，我们需要提升互动能力。

2.2.1 课堂互动力提升"163 心法"

精力曲线反映了学员在上课中打不起精神、注意力不集中的客观原因，还有一些其他原因也会导致学员在上课中打不起精神，比如培训师授课没有新意、缺乏幽默、语言无感染力、授课方式太古板等，也会导致学员对课程不感兴趣，这是造成学员不愿意听课的主观原因。

无论是客观原因还是主观原因，都让我们明白了必须要提升课程的互动力，这样才能让课程更丰富、生动、有趣，让学员能充分吸收课程的精华。

课堂上缺乏互动会呈现出以下五种情况。

第一，培训师唱独角戏，体现在培训师不敢远离讲台，也不关注学员的反应，只顾自己讲课，讲完课就算完成任务。

第二，课堂气氛沉闷，体现在整个培训现场气氛非常沉闷，学员难以参与其中。

第三，教学方法单一，体现在培训师的教学方法太单一，学员很快就疲倦了，失去了对课程的兴趣，将精力转移至自己感兴趣的事情上面去了，甚至消极怠课。

第四，课堂无激励措施，体现在课堂中学员积极回答老师的提问或积极参加相应的互动后，培训师没有采取任何激励措施，比如语言上或行动上的激励等，导致学员们的热情渐渐消退，课堂变得沉闷无趣。

第五，学员处于消极状态，当大部分学员处于消极状态时，肯定是我们的课程内容没有吸引到学员或课程缺乏互动没能调动起他们的积极性。在这种情况下，我们一定要通过精彩互动和变换教学方式等手段将学员调动至积极状态。

当出现以上五种情况时，就说明课堂现场缺乏互动，培训师须立即进行教学方法的优化，增加或优化互动环节，以促使学员全身心地参与到培训课程中，从而取得理想的培训效果。

有互动的培训会激起学员的兴趣，并且让学员愿意全身心参与其中。无论是从培训氛围上，还是从培训内容吸收上，都能达到更理想的效果。

如何去实现精彩互动呢？我们有一个"互动163心法"：

"1"表示大约每10分钟让学员参与一次互动活动。

"6"表示大约每60分钟让学员休息一次。

"3"表示大约每30分钟变换一下教学方法，如图2-2所示。

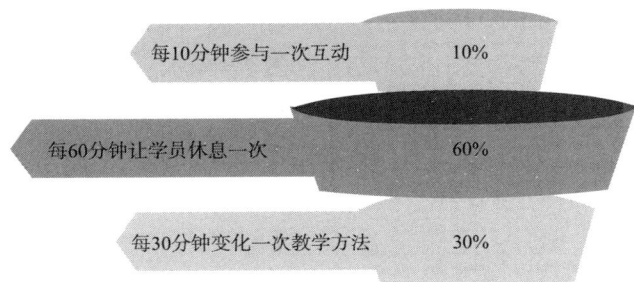

图 2-2　培训互动 163 心法

互动是否精彩取决于三个要点，"动心""共情""同行"，如图2-3所示。

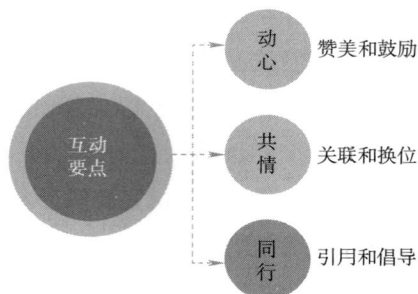

图 2-3　互动三要点

"动心"是指通过培训师对学员的赞美和鼓励，让学员的心思放在课堂上，从而愿意参加培训。

"共情"是指培训师站在换位思考的立场上，采取相应的方式、方法跟学员们产生关联，达到共情的效果，让学员感觉到培训都是为他们自身好，从而更愿意深度参与其中。

"同行"是指培训师通过示范和倡导，带领学员一起实战和练习，达到同行的效果，让学员们感觉到课程的内容切实有效，可以运用到实际工作和学习中，从而求知若渴，积极参与培训课程并共同维护课堂纪律，形成良好的课堂氛围。

2.2.2　课堂七级互动管理技巧

在选用互动方法时，最先考虑的一个因素是时间，虽然时间越久，互动得越深入，但是课程时间是有限的，因此要根据实际情况来进行选择。所以，根据互动所用的时间长短，我们将互动分成了七个等级，如图 2-4 所示。

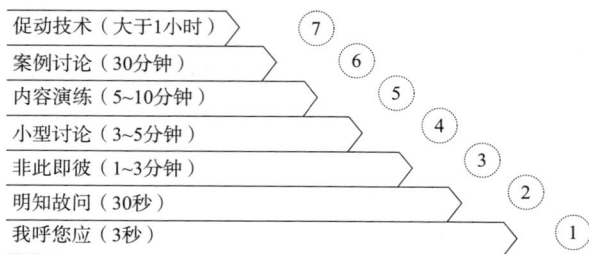

图 2-4　课堂七级互动技巧

一级互动为"我呼您应"，时间长度约 3 秒，属于语言引导互动法的一种。"我呼您应"的意思为培训师在看到学员有注意力不集中现象时立刻高声问候大家，学员听到问候时进行规范统一的集体答复。当然这个互动的台词要在上课前提前约定。比如笔者在上课时就经常采用如下方法，当看到有学员注意力不集中时，笔者就会高声问候"Hello"，这时学员们会集中抬头看向笔者答复"Hi"。

二级互动为"明知故问"，时间长度约 30 秒，属于合理提问法的一种。基本句式是"刚刚探讨的某事宜，对于我们大家来说重要吗？"学员们的答复基本是"重要！"，因为我们本身在探讨的就是一个重要的事宜。采用这种互动方法一是活跃课堂的气氛，二是加强学员的记忆。

三级互动为"非此即彼"，时间长度为 1~3 分钟，也属于合理提问法的一种。基本句式为"刚刚我们探讨的两种情况，A 情况是……B 情况是……，哪一种是正确的呢？""A（B）情况"，学员们一般会这样回答，因为本身就是对培训内容的复述，学员自然很容易回答。采用这种互动方法既能活跃课堂气氛，又能帮助学员加深记忆。

四级互动为"小型讨论"，时间长度为 3~5 分钟，是活动互动法的一种。可以针对一个话题让学员自由讨论，讨论过后，培训师再进行总结，这样能让学员体会得更加深刻。

五级互动为"内容演练"，时间长度为 5~10 分钟，是角色扮演法的一种。比如针对一个谈判场景，让学员分别扮演甲方和乙方进行演练。这种互动效果会非常好，无论是参与角色的人员还是旁观人员都会留下深刻的印象。

六级互动为"案例讨论"，时间长度为 30 分钟左右，属于多种互动方法相结合的一种方法，先发放案例资料，然后让学员们进行探讨，之后让学员们进行演示，当然在演示的过程中可以加入分组竞争，一整套流程走下来用时较长，如果是多个团队，时间将更长。所以在团队太多的情况下，只能针对性地挑选几个团队进行演示，以免时间过久影响课程的整体进程。

七级互动为"促动技术"，时间长度大于 1 小时，可以是促动技术法中的任何一种方法。促动技术法是互动性非常强的一种方法，深受学员的欢迎，但是在使用时要特别注意两方面要素，第一个要素为课程时长允许使用此方法；第二个要素为培训师自身的控场能力足够强，因为促动技术法基本上是全员参与，稍有不慎就很难将学员的注意力都吸引过来。

2.2.3　大场景互动技巧应用

对于一百人以下的小课，我们有很多互动方法可以用，但是对于百人以上的大课，一方面人多嘴杂心思多，另一方面受场地限制，互动很难开展，那如何保证不冷场呢？下面有一些常用的技巧推荐给大家，如图 2-5 所示。

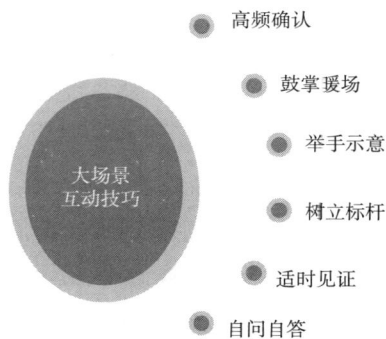

●　高频确认
●　鼓掌暖场
●　举手示意
大场景
互动技巧
●　树立标杆
●　适时见证
●　自问自答

图 2-5　大场景互动技巧

1. 高频确认

"对不对？""是不是？""认不认同？""好不好？""能不能？""可不可以？"……这类技巧用在每讲完一个观点或一个知识点之后，会有很好的活跃气氛的效果。

2. 鼓掌暖场

"××说得很有道理，来，大家掌声鼓励！"经常鼓励跟我们互动的人会让这些积极参与的人有成就感，于是旁边的人也会跃跃欲试，使场面更加轻松、活跃。

3. 举手示意

"刚刚这句话非常重要，听明白的请举手！"一般来说，大部分学员都会举手，因为一旦不举手，就会给其他人造成自己反应慢跟不上节奏的认知。

4. 树立标杆

"我们要不要向成功的企业家们学习呢？要不要？一定要，对不对？向谁学呢？比如向任正非学。还有我们身边很多优秀的企业家们也值得我们去学习，对不对？"在这种情况下，既起到了专家借势的作用，也激发了大家的学习热情。

5. 适时见证

"你看××同学，自从学习了九星培训师课程之后学以致用，授课效果取得了很大突破。我们为他的学习精神鼓掌！"这样既起到了客户见证的作用，也起到了活跃气氛的作用。

6. 自问自答

"互动的作用是什么呢？没错！它至少有三个作用：第一个作用……，第二个作用……，第三个作用……，大家认同吗？"这样既起到了总结课程的效果，也起到了互动的作用。

以上是在大场景课程中可以采取的互动技巧，当然大家可以根据实际情况加以调整和优化。

2.3　培训师提问解答呈现

"师者，所以传道授业解惑也。""解惑"即通过问答的方式解开学员的疑惑。在培训的过程中，问答是不可避免会存在的，或者说没有"问答"的课程是不完整的课程。但是问答环节又是最挑战培训师专业度的，稍微处理不当就有可能影响整个课程的效果，

2.3.1　问答力提升四原则

在培训过程中，问答不当有如下几种情况。

1. 未设置问答环节

指培训师在进行课程设计时，没有将问答环节考虑其中，如此会导致两种情况出现：一种情况，在授课的过程中，学员有问题想寻求解答，因为培训师没有提前留出问答时间而占用了课程的时间，影响了整个课程的时间控制，甚至导致课程有头无尾或内容缺失；另一种情况，由于培训师未设置问答环节，课程结束就散场，学员可能存在疑惑却没有机会提问或课上的提问未能得到解答，从而影响了整个课程的质量及培训师的专业度。

2. 提问设计不当

指培训师在培训的过程中，通过提问法与学员进行问答互动或课程回顾，但是由于提问设计不当，例如问题太难或太抽象，而使学员不知道如何回答或不敢回答，从而造成冷场的局面。

3. 不能合理解答

指在培训的过程中，学员提出问题，作为培训师不能及时回答或者正确回答，抑

或是不能友好地回答，这些都被称为不合理。在这种情况下，培训师的专业度将大打折扣，并受到质疑。

4. 过程中场面失控

指培训师在与学员进行问答的过程中，由于提问或回答的不合理引起学员起哄，情况严重时场面失控，造成不可收拾的局面。

5. 问答后无鼓励措施

培训师在问答的过程中，对于学员的互动未加以鼓励或赞许，渐渐让学员丧失了互动问答的积极性，让课堂变得沉闷乏味，从而很难达到预期的培训效果。反之，培训师对学员的互动问答进行了相应的鼓励措施，即使只是一句感谢的话，也会让学员感觉很受重视，很有成就感，从而更愿意参与到课堂当中，这样培训的效果也会更好。

以上五种情况为典型的问答不当的表现，作为优秀的培训师，要避免这些情况出现在自己的课堂中。

其实，在培训过程中问答包括两个部分，第一部分是培训师问，学员答；第二部分是学员问，培训师答。无论哪个部分，培训师都需要机智应对。机智问答有以下四个原则，如图 2-6 所示。

图 2-6　机智问答四原则

1. 专注主题

在问答环节中，无论是问还是答，我们作为培训师必须遵守的第一个原则是专注于主题，任何偏离主题的问答，即便再精彩对课程也是没有帮助的。

2. 掌握主动

在问答环节中，作为培训师一定要掌握主动权，不能被学员牵着鼻子走，一方面因为培训时间有限，不能让学员随意拉长时间；另一方面，掌握主动更有利于建立培训师的专业形象。

3. 保持友好

在问答环节中，无论学员有什么样的情绪，作为培训师一定要遵守的一个原则就是保持友好、面带微笑，这样才能做到为人师表。

4. 控制时间

问答环节的时间弹性非常大，特别是当学员积极性高时，争先发言、提问等情况将更加一发不可收拾。这种情况对调节课程气氛来讲是有利的，但是对于整个课程的完整性来讲却会面临一个挑战，那就是时间够不够用。所以我们在进行课程设计时，一定要充分考虑到这一点，将问答的时间控制在提前设置的范围内。

2.3.2　问答力内容提升六大技巧

好的课程是设计出来的，好的问题也一样，针对问题内容的设计，我们需要注意以下几个事项。

1. 尽量设计让对方说"Yes"的内容

一般情况下用封闭型问题，比如：项目订单是不是很难拿到啊？想不想学一些方法来帮助自己更快地拿到订单呢？想不想花两个小时来学会这种方法呢？对此我们得到的回答一般都是"Yes"。

2. 将心理暗示放入问题中

比如"接下来的十分钟对大家来说非常重要，所以我先提几个问题来跟大家探讨一下，可以吗？"对此，学员一般会给出肯定回答，并认真参与问答环节。

3. 将"假如与假设"放入问题内容中

比如"假如你是案例中的这个经理，你会怎么做呢？""假设你碰到这种情况，你该如何处理呢？"此举的目的是打破学员的自我保护机制，让他们更能说出自己心中的想法。

4. 在提问题前有打预防针的内容

比如"这个课程，大家会很辛苦，因为你们不仅烧脑，还要费体力，过程中我们有很多参与环节、互动环节、提问环节，尤其是提问环节，可能需要大家更多地参与和付出……"这样做的目的是让学员提前做好心理准备，不排斥回答问题。

5. 在提问题时有给出合理理由的内容

比如"我们为什么会探讨这一类问题呢？因为……，所以大家一定要重视。"这样做的目的是让学员更加重视提问环节，确保问答环节的内容质量。

6. 合理运用 ORID 促动法进行内容设计

ORID（Objective Reflective Interpretive Decisional）是一种促动技术，它可帮助人

们思考问题，提升提问力，如图 2-7 所示。

图 2-7　ORID 促动技术

ORID 分为四个层面：

一是数据层面（Objective）：关于事实和外部现实的问题。提问举例：你看到、听到、读到、学到了什么？

二是体验层面（Reflective）：立即唤起个人对数据的反应等问题，这是一种内在的反应，有时是情感或感受，隐藏的想象或与事实的联想。无论何时，当我们遇到外部的现实冲击（数据或客观事实），都在经历内在的心理反应。提问举例：对于以上内容，你的感觉或感受是什么？

三是理解层面（Interpretive）：挖掘出意义、价值、重要性和含义的问题。提问举例：对于前述内容，你从中受到什么启发呢？

四是决定层面（Decisional）：引出决定，使对话结束，让人们能够对未来做出决定的问题。提问举例：对于这个情况，你会采取什么行动呢？

通过以上四个层面的问题，能让我们从学员的感知、反应、判断、决定角度将培训的理论知识引导到学员的实际行动中，是一种非常有效的提问方法。

2.3.3　课堂常见问题现场应对策略

精彩的培训是准备出来的。培训师的授课水平四大进阶为：讲顺、讲好、讲精、讲活，简称"顺好精活"。这便需要培训师在日常生活当中多积累、多沉淀，不断拓宽自己的知识面和知识含量，这样才能不断提高自己的控场应变能力和实战经验。

常见的现场应变情景及对策总结如下。

1. 内容错漏：镇定自若，巧妙纠正

在培训中，我们经常会出现讲着讲着忘了、想不起来了等现象。有的培训师一般情况可能忘记 20%，如果是新课程会到 30% 到 40%。这种情况怎么解决呢？镇定自若、

超量准备。治疗遗忘最好的办法是台下超量准备。

如果没有充分准备，上台后忘了怎么办？这个时候可以求助学员，你的学员是最好的资源。有的老师就是这样，一个内容讲四个问题，讲着讲着，第三个问题想不起来了，他紧接着讲第四个问题，第四个问题没讲完呢，第三个问题就想起来了，这时候他怎么做？他说，对不起啊，各位同学，第三个问题刚才老师忘了，我现在给大家讲。

2. 气氛沉闷：问题研讨、插入活动

气氛沉闷通常表现为以下情景：有人睡觉。有的时候会因内容而导致，例如内容很理论、枯燥，所以前期要有设计。一旦课堂上沉闷，怎么办呢？培训师可以提问、研讨、插入活动。如果研讨还不管用怎么办？可以插入一个游戏，安排大家站起来做游戏，有肢体的活动，排斥了疲劳感，调节了培训气氛，大家在游戏中哈哈一笑，精神就会振奋。

3. 学员质疑：具体分析，主动引导

学员质疑也是常遇到的问题，如果他质疑的内容是课堂的部分，又有充裕的时间，可以给他解答，如果没有时间的话，可以先冷置，放在课下解决。比如"你的问题有几种答案，我不知道哪个答案更适合你，我下来和你分享。"

4. 高手出场：真诚请教、教学互动

课程中遇见"高手出场"，首先我们有必要分辨清楚"真"高手和"假"高手。所谓"真"高手的必要条件是"德艺双馨"，在专业领域有一定的造诣，又在为人处世和待人接物方面有较好的品性和修为。

假定这样确认标准合适，可以肯定，这一类的高手基本不会在课堂现场做出挑战培训师的行为，即便真的提出某些更深、更高、更为精到的见解，培训师也大可不必"伤心"和"难过"，因为古人告诫我们："弟子不必不如师，师不必贤于弟子"，只需秉持谦恭的、学习的态度接受即可。

如此分析下来，真正刻意让培训师为难和尴尬的挑战，必定是"假"高手，至少在"德"层面，当事学员就已经"输了"一局。接下来，培训师要做的事情也就变得极为简单，只需要"示弱"即可，因为这种类型的挑战，当事学员的真实动机是想以此激怒培训师，由此满足或平衡其某些因为不良情绪造成的心理需求。

也许有培训师会担心"示弱"会不会造成不良后果，根据笔者的经验和看法，此种担心基本属于"庸人自扰"，因为真正敢于示弱的人，恰恰表明其内心的强大，《吕

氏春秋》中有这样一句话："谦谦君子，自强而示弱，示弱而有终，有终而劳谦。"只要是发自内心的"示弱"行为，不但可以避免落入当事学员设置的陷阱，更有可能赢得其他更多学员的认同和赞赏。老子《道德经·第八章》记载："上善若水。水善利万物而不争，处众人之所恶，故几于道。居善地；心善渊；与善仁；言善信；正善治；事善能；动善时。夫唯不争，故无尤"。

我们经常强调，站着的是学生，坐下来的是老师。在讲某些问题时，有些学员的水准的确是超越培训师的，这时候就可以请他上台来。"好，我们请这位学友上来，就这个话题给我们做一个分享。"在他分享的过程中，也是培训师自我学习提高的过程。

参训者的问题是培训者的责任。"人无笑脸莫开店，人无度量莫为师"，学员形形色色，但是老师一定是职业化、专业化的。

不过，一问一答的形式，对培训师而言，还是相对被动。我们还可以主动应对课堂提问，最大限度地从问答中受益，在使用以下方法时，也可以根据培训课程和情境进行修改和调整。

1. 设置"提问盲盒"

在每个小组放一个纸盒，给每位学员发些空白卡片。如果学员有问题，就写下来放到盒子里。一节课讲完，培训师可以回收盒子里的问题并迅速浏览。如果发现有些问题的答案在资料或手册中已经被提及，或者依据经验某些学员应该知道答案，那么就可以把这些问题"抛出去"，让全班学员来思考，而培训师要做的则是认同鼓励与简单补充。这时候，培训师可以花点心思，梳理盒子中个别疑难问题的回答。如果时间还不够，那可以先交给各个小组集体讨论，探讨问题的答案，讨论的时间长短根据问题的复杂程度而定，最后再由培训师做出补充。

2. 搭建"问题驿站"

有时，学员会问出一些不错的问题，但提问时机不恰当，比如涉及课程后半部分的内容，我们可以通过设置"问题驿站"栏来解决。

给学员发一些便利贴，当培训师觉得应该迟点回答（如果过早涉及新内容，会让学员产生认知负担）时，可以让学员写下问题，贴到"问题驿站"栏。培训师可以设定一个回答该问题的时间，并在自己的课程大纲上做好记录（防止遗忘）。当讲到这部分内容时，培训师可以选择直接回答这个问题，也可以选择在讲完之后，邀请该学员或其他学员回答该问题。而对超出课程大纲的问题，因为在授课过程中不会涉及，即便培训师"忘记"，也大概率不会被发现，培训师可以在课间、课后单独对该学员进行回答，毕竟对其他学员理解课程内容不是必需的。如果实在不会，不答也行，但不建议如此。此外，要避免不懂装懂，坦言承认不足没什么大不了，可以对学员说明实情，约定待深入研究后再与其讨论。

3. 运用"交互提问"

"交互提问"的方式一般适合学员在某些领域有基础共识的情形下使用，例如，学员都是同类型技术专家、同级别管理者、或刚刚学完某课程，这种方式可以避免学员不断提出答案显而易见的问题。

第 3 章

三星会掌控：课堂控场三大法宝

　　培训师作为培训课程的主导者，理应承担营造课堂氛围的职责，为营造良好的学习环境发挥主导作用，积极调动学员参与并且融入课堂氛围中来。所谓"蓬生麻中，不扶而直；白沙在涅，与之俱黑"，再有"近朱者赤，近墨者黑"，都是指环境对人的影响和作用，课堂氛围就是影响学员改变的有效环境。

　　培训师要紧紧围绕培训的目标，营造总体趋向于"交流学习、互动分享、彼此平等、相互尊重、积极向上、充满善意、相伴成长"的课堂氛围，以期让学员通过培训而有所得、有所动、有所悟。

3.1　课堂控场的"月光宝盒"

培训师除了要有一定的专业能力、授课能力外，控场能力也是培训师综合能力的体现。培训中的"控场"是指培训师对培训场面的控制，包括对课程节奏、授课时间、会场设计、培训现场气氛、突发事件的应对等。培训师来到课堂现场，就要清醒地意识到：自己有责任奠定与课程主题相匹配的课堂氛围基调，并且基于此基调充分调动课堂现场的各种要素，共同营造良好的课堂氛围。笔者把课堂控场核心技巧形象地比喻为"月光宝盒"，通过有效地控场可以达到以下效果：

首先，课堂学习效率会更高。通过有效地控场，可以规避课程进行中出现的异常状况，以确保课程顺利实施，减少课堂中突发情况带来的影响。

其次，组织掌控所花费的精力和时间成本更低。在有效控场的前提下，无论培训师还是学员都可以更加专注于课程内容，不必为其他非课程内容耗费过多的精力和时间。

再次，学员的学习状态能够得以持续，从而让学员有更好的感知。

3.1.1　宝盒之钥匙：打造优秀的培训场域

所谓"培训场域"是指为了让学员理解、认同、记忆、应用所学知识而精心设计的独特空间。一个好的培训场域不仅会吸引学员参与到培训中，还能启发学员思考，从而有利于培训效果的转化。

1. 培训场域构建的四要素

培训场域的构建要注意以下四个要素，即环境、链接、能量和转化，如图 3-1 所示。

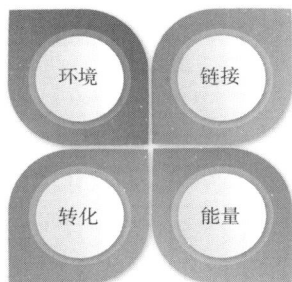

图 3-1　培训场域构建的四个要素

（1）精心布置培训环境，让学员融入

通过精心布置培训环境让学员有融入感。培训环境的布置可以让学员感受到组织方的诚意与用心，同时也能为培训主题服务。培训环境布置包括：桌椅摆放、现场音响、投影设施和现场布置等。培训桌椅按不同方式布置，可以适合不同形式的授课主题或授课风格；培训物料中的学员讲义、桌牌、条幅、挂图、引导图、KT 板等搭建的氛围都会影响学员的融入；现场音响和投影设施会在关键时刻起到意想不到的效果。比如，有时候你参加关于感恩类培训，莫名会被一些背景音乐或话语戳中泪点，这就需要音响设施的配合。

（2）构建培训链接，让学员融合

培训的重要价值不是向学员灌输知识，而是激发学员学习的兴趣与学习的自主性。如今，市面上有很多工作坊、引导式培训更多是通过引导与启发学员。培训师不再是答案的提供者，更多是问题的提供者，通过引导促进学员与学员之间分享交流。

同时，培训课堂还有一个重要的价值就是构建链接，让学员与老师进行链接、学员与学员进行链接。比如在课堂中岛屿式课桌摆放、以培训师为中心的圆形桌椅摆放等，这样的布置，不仅可以制造很多学员与学员交流的机会，也有助于建立老师与学员的链接。

（3）培训课堂能量管理，让学员参与

培训课堂的能量管理非常重要，能量高的培训课堂让学员感受到积极正向、有激情、有收获；而能量低的培训课堂让学员感受到压抑、无趣、受打击。作为培训师，要有培训场域能量的感知能力，努力搭建一个方便能量自由流动的场域。首先，要布置一个能让学员信赖放松的培训场域；其次，培训师要通过学员的肢体语言、面部表情、互动参与度判断当时培训场域人员的能量档位。当学员亢奋时是高档能量，学员低迷时是低档能量。高档和低档会不时切换，而在此过程中，培训师的角色非常关键，要能针对学员能量档位的变化，进行合理设计。

（4）培训场域辅助记忆，提升学员学习效果转化

帮助学员记住知识点，最好的方式是不断强化他的大脑皮层。换言之，在他能看到的地方多次重复出现，多次提及。其次，可以在培训现场设置一些引导图或教学地图，这些可以帮助学员加深记忆；并多引导学员进行研讨、模拟实践与分享总结等。

2. 场域打造的"三先三看"技巧

培训行业前辈说："不懂培训场域构建，就不能成为优秀的培训师"。好的培训场

域构建，不仅需要培训师与组织方进行精心设计，更要考虑到学员与培训主题的实际情况，因地制宜、用心去构建符合当下的培训场域。

笔者总结培训师在打造优质培训场域时要做好"三先三看"，即先到场、先协调、先沟通；看教室、看设计、看氛围，如图 3-2 所示。

图 3-2　培训场域构建"三先三看"技巧

（1）"三先"技巧，做到心中有数

首先，做到先到场。如果时间上允许，培训师最好提前一天到达会场进行查看，事先检查教具及设备是否能正常运转，以免培训期间出现故障。同时，授课当天先到场不仅能给参培学员良好的第一印象，又能让自己熟悉场地环境，消除紧张等不利情绪因素，还能让我们有一定的时间和学员之间进行交流沟通，获取更多的有利信息。

其次，做到先协调。到达培训现场如发现会场布置、音响投影设施不符合培训要求，要提前与培训组织方进行协调，如果实在不能协调到位，比如客户企业没有培训用音响，培训师可考虑自带"携带式教学音响"。

再次，做到先沟通。培训授课前要尽量与培训组织方、学员进行沟通，多了解组织方对培训的要求、学员的状况与需求等，做到有的放矢，根据组织方的培训要求与学员的需求，调整培训场域的设计与教学内容的设计。

（2）"三看"技巧，做到动态调整

一看教室。观察教室内课桌的摆放、教室的选择是否符合教学要求，如果课程主题与授课内容需要互动、研讨，那么桌椅的摆放最好设置为岛屿式，这样更有利于加强学员间的链接与交流。

二看设计。主要观察培训现场的布置，包括教材、桌牌、挂图、KT 版、横幅、海报的设计与布置，尽量做到细节完美，不符合要求的要及时进行调整。

三看氛围。包括两个方面，一是培训前观察教室的现场布置氛围是否符合课程主题，有问题及时进行调整；二是培训中培训师要根据课堂学员的状态及时变换授课形式，调整课堂氛围。

在培训氛围调整维度我们要做好两点：首先，培训主题讲授之前，要学会有效的暖场，让学员接受培训师，同时激发学员的学习兴趣。很多培训师一上台来就习惯性地直奔主题，看似重视时间，实际上学员的注意力和思维还没有转到讲师身上和培训中来，这样的培训效果会受很大影响。因为成年教育和学校教育是不一样的。在校的学生，他们已经有思维和习惯，只要进教室就意味着开始学习，所以不需要太多的开场白，直奔主题是对的，但是成年人已经离开校园多年，集中注意力是需要时间的。作为一名培训讲师，笔者十分重视培训前的暖场环节，暖场做到位了，学员们的求知欲被激发和调动起来后，接下来的培训工作就如鱼得水、轻松自如。

其次，作为培训师在课堂中要根据课堂状况及时调整授课方式，比如从讲授式变为研讨式、角色扮演、模拟操作、引导式教学等。其目的是时刻抓住学员的注意力，激发学员的学习兴趣，促进学员转化吸收。

3.1.2　宝盒之框架：课堂规则与纪律的建立

培训中培训师除了传道授业，还肩负起部分班级管理工作，良好的纪律管理有利于学员学习目标的达成，培训师掌握现代课堂纪律管理技巧非常关键。

1. 课堂管理的"破窗效应"

破窗理论原本是犯罪学的一个理论，认为环境中的不良现象如果被放任存在，会诱使人们仿效，甚至变本加厉。以一幢有少许破窗的建筑为例，如果那些窗不被修理好，可能将有人破坏更多的窗户。最终他们甚至会进入建筑内，如果发现无人居住，也许就在那里定居或者纵火。

古人曾说："千里之堤，毁于蚁穴"，这也从侧面说明了破窗理论的重要性。破窗效应带给我们的启示就是从小事抓起，从培训的每个细节做起，把握好细节对于我们做好培训工作起着至关重要的作用。在培训过程中需要注意学员上课时的一些"破窗"现象，比如学员玩手机、窃窃私语、打呵欠这些都是培训课堂中经常出现的现象，作为培训老师需要及时制止或者想办法把学员的注意力引导到课程中来，不然会导致其他学员效仿，培训就不能达到预期的效果。

2. 课堂管理的方法与技巧

课堂管理主要包括学员期望值管理、课堂纪律管理和约定管理。

（1）学员期望值管理

①讲述课程的目标及重要性。

②介绍课程的特点、适合范围。

③介绍课程的整体时间安排。

④定位学员角色，引导学员思考，以开放的心态参加学习。

（2）课堂纪律管理

①细则管理：为了确保正常的培训秩序，合理高效地利用培训资源，提高培训质量，需要制定细则。

②出勤管理：员工在培训期间必须严格遵守培训作息时间，提前 10 分钟到教室，课前签到，未在上课之前到者需要提醒。

③请假管理：因故不能参加组织培训的人员需要提前请假。

④学员课堂纪律管理：培训师要和学员约定课堂上需要遵守的纪律要求，按照约定规范自己的行为。

⑤奖惩制度：培训课堂需要制定奖赏和惩罚的机制，督促学员积极参加课堂活动。

（3）约定管理

①主办机构人员明确开场时间。（课堂公约）

②在课程前做个共同约定，并且需要得到学员认同。

③成立学习团队，分配学员角色，请学员自己来管理。

3.1.3　宝盒之心脏：经营学员的注意力

如何有效的去经营学员的注意力，根据公式：

$$学习效果 = 学习态度 \times 学习内容$$

我们发现在这样的一个公式下，同样是一个教室的学员，同样是一个培训师，最后产生的结果肯定不同。我们都说学习的有效性跟学员投入的时间有相关性。但如果上课心不在焉，花再多的时间都没用，关键是要让学员在学习上投入足够的注意力，有注意力的时间投入才是有效的投入。这就要求培训师能够牢牢地抓住学员的注意力。

如果你跟一个人谈话，你能否洞察到对方投入多少注意力在与你谈话？你能否觉察到他偶尔分心了？他把你的话听进去百分之几？他与你谈话过程中的情绪和状态又是什么样的？这些问题有助于你了解对方大脑的"内存"分配情况。

只要一个人处于清醒状态，他大脑的各个器官就同时在工作，而每个器官感兴趣的内容不同，处理加工信息的方式不同。那么问题来了，如果是你，你能抓住其中的几个？我们都知道人的大脑是非常勤奋的，各个器官一刻都不闲地工作，如果你给出的信息不能引起它们的兴趣，不能驱动它们有效工作，那么这些器官就会自己主动找事干，甚至开小差。开小差不是大脑懈怠的表现，恰恰是大脑很勤奋的表现。

所以，作为培训师要想把课讲好，就要深入到认知心理学和脑神经科学中去，要了解大脑的运作原理和各个器官的配合机理。教学策略就是要学会给不同器官不同方式的刺激，从而牢牢抓住学员的注意力，促进其对信息的吸收和转化，进而引导其付诸行动。

有经验的培训师能很好地抓住学员的注意力，说评书、相声的老艺人也能借助自己的生动表达牢牢抓住观众的注意力。而没经验的培训师常常会采用很单一的形式进行教学，学员的注意力很快就会失去焦点。如今的课堂，跟培训师争夺学员注意力的竞争对手极多，如微信、微博、游戏、短视频、搜索引擎……一不留神，学员就开小差了。

比较难掌握的是：在课堂上，培训师既不能让学员的大脑处于一种工作记忆负荷的状态，也不能使其负荷太低，造成自由散漫或开小差。大脑既害怕超负荷，又不能闲得慌。所以，这个地方就需要我们培训师要很好地去控制学员的认知负荷！

最早的时候，澳大利亚新南威尔士大学教育学院的心理学家斯威勒提出了认知负荷理论。认知负荷理论以工作记忆、意识与注意力以及建构主义等理论为基础，认为在认知的过程中人们要投入一定的心理努力，承载一定的负荷，占用一定的认知资源。简单地讲，学员大脑的加工能力是有限的，认知过程受限于学员大脑的加工能力。认知负荷又可以划分为内在认知负荷、外在认知负荷和连接认知负荷。内在认知负荷与学习材料的性质相关，由学习材料本身的复杂度决定，材料越复杂，内在认知负荷越大。外在认知负荷是由信息呈现的方式和学员需要学习的活动引起的，即教学形式与教学活动带给学员的额外认知负荷。连接认知负荷是学员把所学内容与已有知识结构建立连接、整合，促进自动化应用所需要的认知资源投入。这段可能相对比较枯燥，给大家举个简单的例子！

给小学三年级的学生讲微积分，你讲得再精彩他们也听不懂。这是因为"微积分"这一学习材料对小学三年级的学生来说内在认知负荷太大，学生不具备消化和吸收这一新知。

所以，在教学设计中常常使用"搭支架"的方式，把教学过程分成若干个台阶，降低学员直接消化和吸收的难度。

"搭支架"的核心原则是降低学员的内在认知负荷，原本"并行"的学习材料输入与转化变为"串行"。教学过程要采用磨豆腐的策略，磨一会儿就要加点豆子、加点水再磨，既不能让学员的阶段性认知负荷过重，过重则学员的困惑多，难接受；又不能让学员的阶段性认知负荷过轻，过轻则学员的注意力容易转移。

学员必须把讲师所授的知识和技能跟其已有的知识和经验进行连接，从而完成属于自己的知识建构。如果一个学员不能把讲师所授的知识同自己已有的知识和经验连接起来，对他来讲充其量是茶余饭后的谈资。这句话反过来讲，也就是没有人会罔顾其已有的知识和经验而无条件地接受外来新知。

组织和整合的过程是学员完成对知识建构的关键环节，而这个连接过程也必然造成另一种认知负荷。著名教育心理学家梅耶提出 SOI 学习理念，如图 3-3 所示。

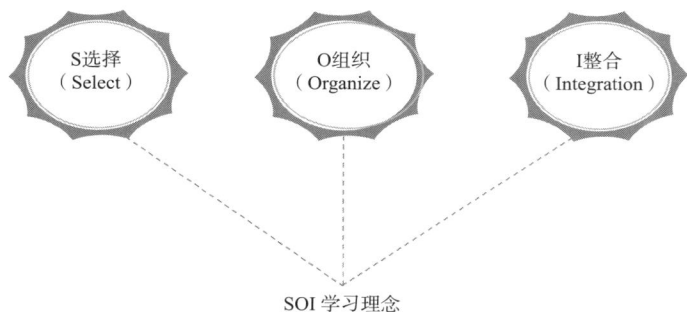

S选择（Select）　　O组织（Organize）　　I整合（Integration）

SOI 学习理念

图 3-3　SOI 学习理念

S 是选择，每个人都是选择性地感受客观世界。

O 是组织，感受完之后，还要把自己所感受的知识跟已有的知识和经验建立联系，组织在一起。

I 是整合，最后把新知整合到自己的认知系统中去，才完成一个完整的学习过程。

3.2　课堂控场的"三板斧"

课堂控场技巧是培训师的基本功，也是培训师综合能力的集中表现，既需要培训师有过硬的专业素养与授课技巧，又需要培训师有良好的应变能力。犹如召开一场新闻发布会，我们都知道在开新闻发布会的时候，其实也存在控场的问题。万一现场有人引发突发事件，这个时候一定会有应急的安保措施。一个非常正式的会议，这个所谓的控场就是把这些基本的东西做好。现场要安装摄像头，进门要安检，过程中有突发事件应对措施，其实这些都需要在掌控中，这叫掌握主动权。笔者将培训师主动控场总结为"三板斧"，分别是主动造场法、时间把控法、内容把控法，如图 3-4 所示。

图 3-4   培训师主动控场"三板斧"

3.2.1   第一板斧：主动造场法

在《孙子兵法》中有一条核心原则叫"致人而不致于人"，意思是掌握战争的主动权，而不受控于人。也就是说，在战争中谁掌握主动权谁就拥有了更多的获胜概率。作为培训师在授课过程中掌握主动权非常重要，能保障你课程的正常进行，减少突发情况出现。我们将这种主动权的掌握称为"主动造场"，通过主动造场让培训师在课堂中占领先机，赢得主动权。

1. 全力开场，彰显专业

万事开头难，培训师在授课开场的时候，一定要用百分之百的能量，把现场带动起来。培训师在开场授课时呈现出来的精气神以及授课内容，是培训师专业水平和职业素养的呈现窗口。也就是说，学员会根据培训师在开场的表现对培训师的专业水平和职业素养做出大致的判断，而这判断又影响着学员对培训师的信任水平和信赖程度。只有在赢得学员基本信任和信赖的基础上，培训师在后续课程进程中采用的各种手段和方法、实施的引导才能发挥作用，产生正向的牵引效果。

其实，根据大量的实践证明，我们培训师只要前面 15 分钟把课程开场做好了，后面的授课就会轻松许多。当然你不可能 24 个小时，或者两三天的课程都用那么大的能量，自己也受不了。所以我们一般是在开场的时候，用最好的状态、最高的能量，让学员迅速进入你的频道，这样就很容易带动起这个课程频率。

2. 借力造场，赢得信任

第二种方式就是要学会借力造场。一般在培训师授课之前都会有培训主办方领导进行课前讲话，培训师可以很好地借用领导的身份来营造"势能"。同时，我们可以要求培训组织方，在课程现场放置"培训师形象海报""横幅欢迎词"等来营造培训师的专业，或者通过主持人、主办方领导对培训师进行专业的介绍，来赢得学员的信任。

其实，培训师给学员授课跟做销售一样，取得学员的信任非常重要，信任是成功的关键。客户是否愿意购买销售员的产品很大程度取决于对销售员的信任，而学员是否愿意相信与接受培训师所讲知识或技能，很大程度上也取决于学员是否对培训师信任。

3. 顺力转场，做好预控

所谓"预控"就是预先掌握，具体来说，指培训师要预先判断课堂中可能出现的状况和来自学员的挑战，提前做好准备。同时，要事先奠定与课程主题相匹配的课堂氛围基调，并且基于此充分调动课堂现场的各种要素，共同营造良好的课堂氛围。

首先，要提升自我的觉察力。培训师要充分调动自己的视觉、听觉、直觉、感觉和知觉的功能，观察、察看、审察培训现场可能影响课堂进度的各种要素，尤其要对课程现场的主体（学员）察言观色，以期透过某些现象，警觉某些动作萌芽和趋势，并尽可能在尚未产生负面影响之前就采取有效措施予以规避。其次，要提高敏锐度，即预先采取措施，掌握趋势。做好以上两个环节的先决条件是培训师能够关注培训现场，并且聚焦培训现场的人和事。

3.2.2　第二板斧：时间把控法

授课时间的掌控对于培训师来说，是必要的技能，可以让学员直接地感受到培训师的专业性。时间掌控除了控制课程的整体时间，还包括控制课程的节奏，接下来，我们细分一下如何才能精确地掌控课程时间。

1. 课前筹划，充分准备

①课程结构分解：上课前，对课程内容进行备课，建议把课程分成若干个15分钟。就像 TED 演讲一样，每 15 分钟为一个话题。第一个 15 分钟用来吸引学员注意力，建立连接、介绍框架和激活旧知。

②结合 PPT 预计：通常 PPT 一屏的时长最少估计为 1 分钟即可。再重点的内容，也不建议讲解超过 15 分钟，如果作为一个培训师，15 分钟讲不清楚的事，估计再长时间也讲不清楚了。次重点控制在 10 分钟以内，非重点控制在 5 分钟以内。

③掌握固定素材的时长：比如视频素材，每个素材要精确到几分几秒，素材是否必须播放。视频素材一般不要超过 7 分钟，否则学员也会溜号。

④准备足够多的素材：素材包括故事的数量和版本，同样一个故事，可以讲 5 分钟，也可以讲 1 分钟，包括案例、故事、笑话在内。

⑤课程收尾处的故事：要有两个故事以上。如果时间足够，可以作为例证为学员补充。

⑥根据学员理解：关于课程是否需要展开讲解，需要看学员的接受程度，如果学员接受和反馈情况较好，可以继续进行。

2. 课中实施，把控时间

①预留足够的课堂互动时间：通常一个需要学员花 1 分钟时间呈现的互动，需要在计划中预留 3 分钟时间，因为这包括了学员上台、下台、讲师点评的时间。

②课堂意外的时间：正常情况下，一节课需要预留 10% 左右的课堂意外的时间。45 分钟的课，需要 5 分钟左右；90 分钟的课，需要预留 10 分钟。

③课程的内容形式：相同的培训模块根据培训时间的不同需要准备不同的互动方式，因为成年人的培训安排，相同的内容有时候是 3 天，有时候是 4 天，区别就在于互动方式不同。

④需要研讨的内容：可以请学员控制研讨与呈现时间，通常给学员 1 到 3 分钟时间讨论，安排学员计时，时间到需要提醒，讲师根据内容呈现决定是否继续。

⑤安排分组呈现：通常不需要所有组呈现，一般来说，有 3 个组呈现就可以了。呈现的组太少，说不到关键点；呈现的组太多，容易出现研讨结果的重复。

⑥课堂互动时间：要注意 7 分钟理论。连续讲授 7 分钟没有互动也属于比较冷场的情况，需要尽力避免。

⑦内容展开讲解：不建议超过三个例证，不要因为某个内容比较熟悉就进入"自嗨模式"没完没了地扩展讲。

⑧经常注意时间：在 PPT、电脑上，都有时间显示。但不要让学员看到你总看手表，学员会感觉到你在刻意赶时间。

⑨整体时间控制的口诀就是"有时间，多动；没时间，少展开"，总之，刻意控制时间，逐渐就有了时间观念，自然会有相应的生物钟，时间就会越来越好控制了。

⑩最后，再分享一招，如果实在没讲完，一定要征求学员的意见，并且告知学员还需要几分钟。

3.2.3　第三板斧：内容把控法

很多时候，培训师在授课过程中，喜欢面面俱到，又经常点到为止，讲到关键内容，突然戛然而止，或者重点不突出、讲授不深入。结果，学员听了之后，感觉大同小异，起不到培训应有的作用，也无法达到培训目的。笔者把课堂内容把控总结为内容设计"四要点"，如图 3-5 所示。

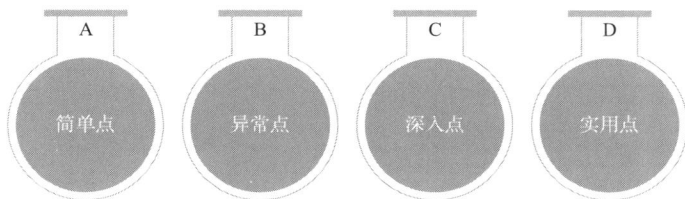

图 3-5　内容设计"四要点"

1. 简单点

所讲授的培训内容应通俗易懂，这是培训师授课的基本要求。如果授课内容过于枯燥或过于复杂，自然影响授课效果和学员的学习情绪。因此，培训师应时时刻刻把"简单点"这个要求刻在脑中、记在心中。当遇到相对枯燥、相对理论的知识点时，培训师务必自问自己如何用更简单的案例、故事、话语让学员快速理解掌握。当然，掌握这项技能需要培训师在日常生活工作中，多思考、多积累，从而形成丰富的知识库，能够懂得让知识进行有效迁移与高效转化。

2. 异常点

一部好的文学作品，一般都有跌宕起伏的故事情节，同样，在培训课堂中，培训师是就是一位导演，有必要把课程内容全方位设计，从而让内容兴趣点不断，让学员乐于接受。如果培训内容按照正常顺序和逻辑推进，容易让学员觉得平淡无奇，没有什么思考，更不会有所触动。这就需要培训师通过巧妙的课程设计，让培训内容时刻有"异常点"。一般而言，对于世间万物，都有阴阳两面，都有正反面，只是站在不同角度去思考。比如，在用人方面，通常都是用人所长。如果培训师只讲用人所长，这就是人云亦云，没有自己的见解。这个时候，突然讲一个"用人所短"的观点，会更容易提起学员胃口。比如，讲授企业文化内容，如果只讲企业文化的重要性和必要性，讲授其好的一面，学员可能就不太感兴趣。但可以讲一些不良文化带来的严重后果，学员估计更感兴趣，从而引入良好企业文化的形成需要时间、引导和培训。

3. 深入点

成人培训有很强的目的性，即解决实际问题和困难。如果仅仅就理论讲理论、就观点讲观点，就会让课程缺乏说服力。在整个培训设计过程中，培训师要做的事情就是：不管是半天的课程，还是一天的课程，一定要有几个深入剖析的观点，或深入实践的具体操作技巧；否则，学员收获甚少，或没有深刻印象的知识点，将影响培训效果。比如，当讲授到"用人所短时"，什么时候可以采用"用人所短"的管理方式呢？这就是管理科学与艺术的结合。一般而言，"用人所短"需要满足一定条件：一是以培养人才为目的，二是"所短"应有"所长"来弥补，三是"所短"不会影响大局，四是"用人所短"应在员工较为年轻的时候，年纪大了之后"用人所短"应慎重。通过层层深入分析，提出可操作性意见，就容易让学员理解和受用。

4. 实用点

授课内容一定要实用，务必结合实践，从理论到实践，真正成为可操作的技巧或方法。要达到实用，关键要在课堂上加以设计，并予以体现。比如，有老师讲授"心理学在教育培训中的应用"。培训老师讲了很多心理学知识和理论，也讲了很多例子，可自己在课堂授课，从来不用这些理论，也没有转化为实践和培训技巧。对于学员而言，最直接、最能够感受的是，培训师自己怎么应用，这才是关键，而不是说归说、讲归讲，自己却一点都不用。对于学员而言，学习最直接也最有效的方式是模仿，授课老师则是最直观的模仿对象。

3.3　课堂控场"金手指"

美国著名教育心理学家桑代克的研究表明：学习之能量，永不停止，成人的可塑性和可教性仍大。所以，教师在授课过程中，要努力向成人学员渗透一个观点，即他们具有巨大的学习潜力，且由于具有工作经验，学习能力更强，学习潜力更大，学习方法更为灵活。引导学员全面、正确地看待自己，正确认识自己的优势，勇于正视自己的不足，从而增强其自我效能感和对学习的信心，增强其对学习的积极性和主动性。

3.3.1　金石为开：激发学员课堂好奇心

好奇心对培养学生的问题意识有帮助，是学习兴趣的原动力，要想提高教学质量，需致力于激发学生的好奇心。

1. 明确目标，引导自主学

王阳明先生在龙场悟道后，在龙冈书院向学生提出了"立志、勤学、改过、责善"四条教条，规劝学生成圣成贤，并且把"立志"放在了四事之首。先生说："志不立，天下无可成之事。"意思是说志不立，如无舵之舟，无衔之马，人生会迷失方向，会失去目标，终日飘荡奔逸，终将一事无成。人活着总要面向未来、立身高一步的，能够找到生命中的增量，人就不会义气行事，不会为感性的烦恼所困。韩信甘受胯下之辱，张良星夜受书，皆如苏轼所言："其所挟者甚大，而其志甚远。"

心理学有一句名言：知道"为什么而活"的人几乎能克服一切怎么办的困难。引导学员的学习目标、激发学员的学习兴趣应是培训师授课的第一目标，帮助学员建立学习目标才能更好地引导其自主学习。

自主学习的热情应该来自自身的迫切需要，无论是大的人生目标的确立还是小的学科目标的明确，都能使学生产生"我要学"的渴望，培训师应根据不同学习者的情况帮他们明确目标，学习者才会使出最大的力量锻炼思维、发展能力，对知识的学习产生好奇心。

2. 设计问题，激发求知欲

很多伟大的创造往往来自伟大的提问。很多公司在解决难题之前都有着伟大的提问。优步最早要解决的问题是："为什么上班时间总打不到车？"，出租车公司的习惯性回答是高峰期嘛，车不够正常；而优步创始人的思考是，为什么路上还有很多空的车没有人坐呢？

在任何情况下，问"为什么"都可能是引起改变的第一步。如果能先于别人发现一个难题，你甚至都不需要完全解决这个难题，就可能创造一个新企业，甚至一个新行业。这就是提问的力量：一个好问题是你开始创造的第一步。

同理，好的学习开始也往往来自问题，梅里尔先生提出了著名的"五星教学"原理，该原理认为：要促进学习的发生，需要满足五个基本原则。分别是聚焦问题、激活旧知、示证新知、应用新知和融会贯通。可见聚焦问题是学习的第一步。通过聚焦问题，能快速聚焦培训的主题；通过设计问题，能有效激发学员的求知欲。

因此，培训师在学习开始前要聚焦核心问题，在课堂中鼓励学生敢于质疑，要有大胆提问的精神，更要准备促动学生深入思考的问题，学习者的好奇心是在一个个问题的思考和解决的过程中逐渐增强的。

3. 营造氛围，保护好奇心

培训师不应该片面强调课堂纪律而挫伤学员的好奇心，其实很多时候学员课堂插话、低声议论都是跟随教师思考的一种表现，培训师应该鼓励学员勤于思考、勇于讨论、敢于发言，不要用对错去衡量甚至打击学员，要保护好学员可贵的好奇心。培训师激发学员的好奇心可运用以下方法。

（1）制造悬念

把学员的注意力集中在没有明确答案的假设上，这样的学习任务能让学员在寻找挑战性问题的答案过程中得到满足感。比如，在上课之前不要马上讲授下面的内容，而是通过一个小活动（小故事、小游戏等）引起学员对课堂内容的好奇心。

（2）制造矛盾

在学员已获得一定的知识时，培训师可以补充介绍与原结论相反的信息，让学员意识到，问题比他们想象的更为复杂，促使其全面了解相关知识。

（3）让学员猜

培训师事先设计与课程主题相关的一些问题，让学员去猜测答案，问题要与重要知识有机结合，且能以此引发多种回答，以便大部分学员发现他们只回答对了一部分，如果学员的猜测错误，这将激发他们对正确知识的好奇心，促使其更为执着地追寻问题的解答。

（4）故意停顿

停顿是培训师一种有效的授课技巧，发挥强调重点、牵引情绪的作用。有时培训师故意停顿或抛出问题后停顿，能有效吸引学员的好奇心。

3.3.2 手到擒来：课堂异常处理技巧与点评技巧

在培训授课中，培训师要学会处理课堂中出现的"异常"问题，对学员在课堂中的表现给予有效的点评。这既是培训师应变能力的表现，也是培训师综合水平的体现。

1. 课堂异常情况处理技巧

在培训课堂现场，经常会出现一些"异常"情况，比如学员窃窃私语、现场混乱、接听电话、学员精神困倦、无所事事、学员挑战老师等，这时，需要培训师采取一定的方法来处理此类异常情况，以免给课程的顺利开展带来影响。

（1）学员窃窃私语

对于此类情况，培训师可走近到这类学员旁边进行授课，以起到"震慑"的作用；

或者变换授课方式，将"讲授式"授课转化为"研讨式"授课，鼓励这类学员上台来分享，这样一来就可以将私下的违规交流变成公众的正常交流。

（2）学员接听电话

对于此类情况，需要加强课堂纪律管理，以口头纪律强调、小组扣分等形式来解决。如果学员确实有重要电话需要接听，可要求其到课堂外去接听。

（3）现场混乱

对于此类情况，首先培训师应反省问题是否出在自己身上，是否授课有问题。其次，要迅速了解引起此情况的真正原因，然后有针对性地处理。如果有时是企业方客观存在的问题，比如领导安排学员其他重要工作，那培训师只能配合企业方。

（4）学员精神困倦

对于此类情况，首先培训师自己应及时反省，是否你的授课内容与学员关联度不大，或者针对性、实用性不强；如果非培训师授课问题，则要变换授课方式，以激发学员的课堂兴趣；如果只有少部分学员表现出此类情况，可在课间休息时，走到学员面前私下去了解学员是否最近工作或生活压力大导致。

（5）如何处理学员的挑战

我们要相信大部分的学员不会在课堂上恶意挑衅老师，当事学员一定有其原因，或者说学员当时有一定情绪。对于此类情况，首先我们要提供其发泄的渠道或机会，待其情绪逐步平复之后，再向其释放善意，对其刚才的不当行为表示充分的理解。

2. 培训"金手指"点评技巧

点评是一项重要的培训方法和手段，也是一个考验培训师专业功力的环节。在整个培训过程中，使受训者及时了解自己的训练成绩和进展状况，这不仅有助于激发学习动机，而且能够使学员及时发现自己在学习中的问题，同时，也可以使培训师及时发现培训中存在的各种问题，并给予帮助和示范。在培训过程中，对于学员的点评反馈需要一些技巧、掌握一些注意事项，笔者将其总结如下。

（1）肯定赞美

学员能够上台当众演示，绝大部分事前都是做了很多准备工作的，付出了时间和精力，怀着信心，任何人都希望自己的表现能够得到认同，所以需要先赞美、肯定学员的付出。

（2）准确点评

好的点评要能正确地指出不足之处，帮助改善，而不是乱点评，否则会让学员看不到自己的盲点所在，也让其他学员吸取不了他人的教训经验。点评的时候一方面需要培训师本身功力深厚，给建议的时候能够高屋建瓴；而在提建议的时候，方式方法也非常重要，或者和风细雨，或者一针见血，具体要根据学员的个人性格而定。

（3）反馈及时

点评反馈，时效性很重要。因为人的记忆都是有时效性的。不管是赞美、肯定还是提建议，及时的点评反馈，能让人立刻回想起刚才的表现，被点评人的认识会更深，对点评意见的认同度更高。

（4）清楚明确

点评反馈也是在说明一件事情或者一种情况，内容越具体、越明确，被点评的学员和听众就越清楚、越容易理解，培训师的点评就越有说服力。

（5）可操作性

点评是希望别人有改进的，那最好的方式就是能够给学员一个具有可操作性的方案，利用示范实例让其非常明确地知道应该如何做。

3.3.3 指点江山：课程完美收官三步骤

课程结束前，如能设计一个"总结"活动，把所教知识、技能贯穿并整合起来，使学员带走一套完整的概念或本领，如人所说："编筐编篓，全在收口"，这无疑是我们培训者和组织者的期望和追求！

收官来自围棋中的说法，围棋进入收官阶段，优势的一方未必就是胜利，虎头蛇尾、功亏一篑的事情时有发生；劣势的一方未必就是败者，翻盘逆转、反败为胜的例子比比皆是。培训收官通常需要做好三个步骤：课程完美结尾，引导训后转化，推进知行合一。

1. 课程完美结尾

课程结尾也是培训师授课的关键环节之一，我们可以运用以下几种方法来对课程进行有效收尾。

（1）回顾总结法

在课程快结尾的时候，培训师对培训内容进行总结回顾，引导学员对课程进行系统温习，或进行一些小测试，加强学员对于知识内容的理解。

（2）现场输出法

在授课最后环节，要求学员运用思维导图、ORID 法等方式，针对课堂学习内容，进行有效的总结输出，呈现视觉化的文字资料，然后派小组代表上台进行分享，以加强学员对课堂内容的理解与记忆。

（3）号召行动法

利用视频、典故、故事、游戏、音乐、启发式问题、名言等号召学员进行学习行动，把所学的内容应用到实践中去。

（4）感恩祝福法

在课程最后，给学员、领导、主办方、会务人员等送上诚挚的感谢和真诚的祝福。

2. 引导训后转化

培训授课结束不意味着培训过程就结束了，相反培训授课结束才是学员学习的开始。一场培训效果的好坏衡量标准不在于培训师授课现场得分的高低，而在于学员训后转化的效果得分高低。根据最为经典的培训评估模型——柯氏四级培训评估模型得知，培训评估可以分为四个层级，分别是：反应层评估、学习层评估、行为层评估与成果层评估。大部分企业把培训评估的重点放在老师的授课水平上，这叫反应层评估，也是浅显的评估方式。真正有效的评估应聚焦学员的训后转化，也就是学习层评估、行为层评估和成果层评估，至少要做到第二、三级评估。

同时，培训结束后，培训师应当协助培训组织方对学员课后的应用转化进行监督与辅导，通过线上或远程形式对学员在复习、实践应用中遇到的问题及时进行解答。

3. 推进知行合一

王阳明先生在《传习录》中说道："知行合一，止于至善。知是行之始，行是知之成"。告诫我们学习要知行合一，理论与实践相结合。学习的最终目的在于践行，我们来看一则故事：

在唐朝，白居易是杭州太守，因仰慕鸟巢禅师之名，进山拜访鸟巢禅师。

鸟巢禅师住在树上。白居易在树下说："师父，您住得这么高，太危险了。"

禅师在树上说："太守大人，您的危险更甚于我啊！"

白居易问："弟子位镇江山，怎么会有危险呢？"

禅师说："你在官场中，或得意于青云，或失意于穷途。得意则忘形，失意则生怨，难免怨恨憎恚、喜怒哀乐。种种烦恼，无息之时。又苦又累，怎么会不危险呢？"

白居易肃然起敬，问："请师父指点，什么是佛法大意？"

禅师说:"诸恶莫作,众善奉行。"

白居易不禁笑道:"这是三岁小孩也知道的道理。"

禅师说:"三岁小孩虽然能知道,可是八十岁老翁却做不到。"

白居易一想:是啊,知道的未必能行,学佛多年,不能身体力行,有什么用处呢?

第 4 章

四星能设计：精妙构思成课程

　　标准化课程开发好比建造一栋高楼大厦，要完成这座大厦，有三个重大环节：蓝图、施工、装修。在建造大厦方面，蓝图出了问题，就会严重影响到后面的建筑施工和房子装修。同样，课程设计在整个课程开发过程中，处于最重要的"蓝图"地位，因此，它是一个培训师首先要掌握的核心技能。

4.1　主题设计：聚焦学习痛点

业内普遍认可的建构主义教学思想倡导以学员为中心，以技术为手段，以解决问题为目标，意思就是从课程主题设计开始，需要聚焦到真实的需求。而需求有大小之分：组织需求下形成的主题属于大课程主题范畴，比如"战略转型""组织愿景"；岗位需求下形成的主题属于中等课程主题范畴，比如"跨部门沟通""绩效改进"；个人能力提升需求下的主题属于微课程主题范畴，比如"绩效面谈技巧""心肺复苏步骤"。

然而，在课程开发实践中，很多讲师开发的主题容易出现下列错误。

（1）主题宽泛

万金油式的课题，放之四海而皆准，其实什么问题都解决不了。造成主题宽泛的原因是，开发课程总是站在老师的角度，而没有站在学员的角度思考问题。站在老师的角度思考，容易想着世界上发生的"大事"，却看不见身边的"小事"。

（2）受众不清

受众不清的原因大多数是设计者在开发课程前，没有做任何需要调研，所以不知道受众是谁，更不知道受众的问题在哪里。

（3）任务模糊

"看书先看皮，看报先看题"，传播过渡的时代，每一个人的时间都在被各种信息干扰，黄金版面下的标题，如果不能精准地表达清楚所要讲述的核心内容，相当于广告白做了，连接不到读者的需求，勾不起读者的兴趣。任务模糊的原因往往是设计者课前调研不深入，还不清楚该讲什么内容。

4.1.1　主题设计需求调研

成人学习有一个显著的特点，就是有需求才学习。因此，作为讲师开发课程务必要站在学员的角度思考问题，那么怎么才能站在学员角度去思考，而不是闭门造车呢？课前的调研必不可少。调研进行得越深入，对学员的画像就越精准，课程的针对性也就越强。至于需求调研，市场上关于课程开发的书籍都会花不少篇幅去讲。这里，有必要澄清三个问题。

1. 需求调研有什么价值

一般来说，认真做好课前需求调研，可以为课程开发的老师带来以下不菲的价值。

（1）确定主题的受众

把培训当福利的企业，课堂上经常会出现一些啼笑皆非的现象，例如：某家大型央企，安排其学员在某个山庄里上课，环境优雅，老师也是大牌，可是学员约定"排轮子"去上课，上午是一波学员，下午又是另一波陌生的学员，而上午的学员一个都不在。请问这样的培训让老师情何以堪，更不用说培训效果了，如果仅仅看培训评估表，又全部都是满分。当然，这是最恶劣的极端情况，一般的企业在确定一场培训该不该举行的时候，至少也会通过志愿报名这种最简单的调研方式来安排培训。

（2）确定主题的任务

一个好主题下的标题，往往涵盖了所讲课程的关键任务，比如，某企业内训师开发的课程"从技术走向管理的五个转变"，为什么是五个，而不是六个。这种标准，书上说了不算，我们的受众需要才是硬道理。请问不做调研，作为讲师的你，怎么知道是哪五个？职场上，曾经有老师夸下海口，说自己的课程讲了成百上千遍，不需要更改。也许过去行得通，但是如今已经无法适应需求了。

（3）确定任务的案例

开发课程，每一个模块，如果仅有原理、方法、工具，就会显得枯燥乏味，讲师讲起来索然无味，听众听起来味同嚼蜡，因此，我们需要案例故事来做支持。讲故事总是少不了四大名著，举例子动不动就是张瑞敏、任正非，偶尔为之倒是无可厚非，长此以往，既不感动，也不生动。最好的案例是发生在学员自己身上的案例，最佳的故事是说我们自己的故事。如果你不是组织的一员，请问，不去采访调研，你怎么会知道这些活生生的案例故事？更有甚者，身在岗位上的内训师，即使讲跨部门沟通这种课程，也是盘古开天，上下五千年，这就更不可理喻了。

2. 需求调研怎么去进行

课程需求调研会涉及多方责任主体。具体来看，有以下几种情况。

（1）通用公开课程

这类课程，由课程开发者主导，主要调研内容是行业特点、市场需求量、学员特征、权威论文、同类课程等。调研方式主要是分析与主题有关的各种资料报道，发放网络问卷调查表。比如你要开发新生代管理课程，首先需要知道国内有哪些优秀老师在讲这类课程？水准怎样？市场上关于这类课程的书籍有哪些？你都看了多少？关于新生代最新权威分析报告有哪些？同样，抽样分析新生代群体的性格特征，也是很有必要的。培训行业里，有一个通用的说法，开发一门课程，首先要看十本以上的专著，听十个老师的同类课程，看十篇权威机构的相关论文，做十个区域受众群体的抽样调查。所以一门通用课程的开发，往往要经历"十月怀胎"，然后才是"一朝分娩"。当然，当下流行的版权课程认证，授课老师不是开发者，就省去了"十月怀胎"的痛苦过程。

（2）企业内训课程

职业老师被请到企业去讲某个课程，首先是培训管理者需要调研，从组织战略发展、岗位绩效完成情况、员工能力胜任状况等几个维度着手，确定哪些人需要这个培训，然后再匹配职业讲师。反过来，职业老师在接到培训需求后，也要开展行业调研，了解企业特点，并通过各种方式了解学员关于课题的认知水平如何。在这个过程中，职业讲师与培训管理者应充分沟通、信息共享。

（3）企业内部课程

这种课程多数属于企业内训师团队开发，数量较大，课程时间一般都是 30 分钟、1 小时、3 小时的系列课程。由于内训师属于公司内部员工，对行业、公司、受众的基本情况相对比较了解，要做的调研主要是向某个主题的岗位专家进行经验萃取，因此，现场采访、召开专家讨论会，都是较好的调研方式。

3. 需求调研有哪些方式

有效的需求调研方式比较多，比如：资料分析法、问卷调查法、电话访谈法、当面采访法、焦点小组法、现场观察法、案例分析法、抽样调查法、测试法……不胜枚举。这些方法如何使用、步骤如何，读者百度一下，操作细节，了然于胸，这里便不再赘述。在调研过程中，具体使用什么方式，往往因人而异、因事而异、因时而异，而且不同的方法各有优缺点，各有针对性，需要结合起来使用。如表 4-1 列出了不同性质课程的参照方式。

表 4-1　需求调研主体与内容

课程性质		调研主导者	主要调研对象	三要调研内容	主要调研方法
公开课		职业讲师研发团队	行业协会成员、领域专家、准学员群体	行业特征、市场容量、竞争对手、学员特征、课程内容、经典案例	资料查阅、问卷调查、抽样调查、同行交流
内训课	职业讲师	职业讲师培训管理者	公司高层、人力资源管理者、岗位管理者，岗位员工	公司战略发展、存在问题、学员状况、预期目标、经验做法、现场案例	资料分析、问卷调查、电话访谈、当面采访、焦点小组、现场观察、抽样调查、测试法
	内训师	内训师	岗位专家	具体做法、深层原因、正反案例	焦点小组、当面采访、现场观察

4.1.2　主题选择三个焦点

课程开发前，如果完成了需求调研，老师对学员群体以及存在的问题就有了基本了解。但是，很多时候，组织及学员可能面临着一系列的问题。这些问题有些可以靠培训来解决，比如学员知识层面的差距、学员能力达不到岗位要求、学员态度出了问题等；但有些问题是无法单独依靠培训来解决，比如资源不足、环境影响等需要靠咨询辅导和管理手段来解决。而且，一个培训主题一次性也只能解决一类问题，如果是微课题，一次性还只能解决一个问题点，不过多个微课程模块，可以构成大课程，或者构成系列微课程，这样也能解决某一类问题。所以，我们这里通过聚焦选点的模式，来确定微课程的主题。当微课程的主题确定好了，大课程的主题便顺理成章，水到渠成。

1. 新点

新发生的事件，对学员来说，很有兴趣，因为其中的来龙去脉，学员知其然，但不知其所以然；对组织来说，会有未知的试错成本，很有培训的需要。因此，无论是内训师还是职业讲师，立足于新点，开发课程主题是一个不错的选择。那么，哪些内容可以作为新点呢？

（1）新政策

一项新政策、新制度刚出台的时候，很多人要么观望，要么误解。你如果先人一步，在调研过程中敏锐地感知到了这一点，开发出新政策的解读，那么，你就可以享受新政策带来的培训红利。

前些年，有一个公开课程叫作"社保转嫁税务"，在公开课招生不景气的大环境下，确实产生一波不错的培训小趋势。

（2）新技术

就企业来说，要想增长必须创新，其中，技术创新必不可少。一项新技术出来，只有少数实验室人员掌握使用，但创造利润需要大多数人精通掌握，于是，关于新技术的课程主题就有了广泛的用武之地。

某电力企业有位学员，在参加笔者"九星培训师之视频微课开发"的过程中，站在新技术的角度，设计了一个叫作"铵油炸药的前世今生"的课题主题，参加国家能源行业融智杯微课比赛，获得了三等奖，可以说，选题功不可没。

（3）新业务

新技术导致新点市场，新点市场带来新业务。新业务与市场接轨时，哪些人需要了解、推广新业务需要什么技巧、介绍新业务可以讲什么文化故事等，作为市场营销人员，对这方面的需求，可以说是迫在眉睫。

2. 重点

如果你的岗位工作没有新点，当然也可以选择工作任务重点作为开发的方向。你的工作任务重点有很多的话，同样，一次性也只能选择一个点，开发一个主题课程。那么，哪些任务属于课程开发的重点呢？

（1）关键过程

完成某项任务，为什么你的效益比别人高，一定是因为你把握了关键的环节和节点。把这些环节梳理出来，成为关键的步骤，这就是任务的重点。所以有人说，人生如棋，成败就是那么关键几步。

（2）核心要点

很多时候，完成某项任务，解决某个问题，不一定能够梳理成有先后顺序的步骤，而是有程度之分的要点。比如，你身为领导的秘书，有一次领导讲话两小时，你从中就可以提炼出讲话的要点，这些要点，经过你的加工整理，成为一个小课程，就是围绕讲话重点设计的课题。

3. 痛点

当然，除了新点、重点之外，我们也可以选择"痛点"。解决问题最怕不痛不痒，无病呻吟。开发课程，围绕痛点做文章，能够起到一针见血的效果。在实际岗位工作中，以下这些情况都是痛点，提供给开发课程的读者供参考。

（1）设备故障

你的岗位工作总是需要用到很多设备，站在设备故障的角度来开发课题，使用价值立竿见影。

（2）容易犯的错误

如果你是管理者，在管理过程中经常会犯一些错误，事后你进行归纳整理成某个场景下少走的弯路，能够让你的听众减少犯错的成本。

（3）问题分析

复杂问题总是千头万绪，你作为解决过类似问题的人，有现成的经验，从提出问题，到分析问题，再到解决问题，你都有独特的方法。站在这个角度来选题，面对遇到类似问题的学员，有很强的指导意义。

4.1.3　主题命名的两重心法

从需求调研开始，一旦完成某个焦点的选择，就确定了课程的主题方向，这个过程属于你自己的思考过程。你的主题如何被看见，答案是把主题以标题的形式写出来。但是一个不起眼的标题，往往不能够起到精准投放的效果，对接不到真正有需求的学员。因此，标题设计是课程设计的首要大事，千万不能马虎。正式讲标题设计心法之前，请先看几组标题，凭借经验与直觉，你觉得哪个好，为什么？如表 4-2 所示。

表 4-2　两组标题优劣对比

A 组标题	B 组标题
如何成为一名优秀的共产党员	成为一名优秀共产党员的四次精神洗礼
PPT 制作的六个小技巧	P 出威力——六招让 PPT 替你说话
三个方面做好上班安全检查	三从四 "得" ——班前自身安全检查三个维度

1. 标题设计要满足精准性

好标题的设计，首先要满足精准性。空洞的标题，往往贪大求广，人云亦云，甚至言过其实，不知所云。笔者在指导企业内训师课题演讲过程中，就发现很多这样的标题，比如 "执行你也做得到" "班组长软实力" "财务自由你也做得到" 等，很有意思的是，凡是这样的标题，其设计的内容也是泛泛而谈、不着边际。精准的标题，一定是言之有物的。只要一看标题，就能够快速判断自己该不该去听这门课程。课程的标题要想精准，可以从以下四个方面思考。

（1）对象清楚

你的这个课程是给哪些人讲的，如果你思考过这个问题，那么，最好在标题上就能够让人感知到。最简单的办法就是把受众的身份特征、职业特征、岗位特征、工作场景的关键信息写到标题里去。例如 "非财务人员的财务管理"，之所以有效，就是因为不是财务工作的人员，也会感觉到这个课程应该没有很专业，所以，自己也要去学一学。

（2）内容明确

你的主题究竟要传递什么东西，最好在标题里体现出来。同样是高效能人士修炼，"如何做一个高效能人士" 就没有 "高效能人士七个习惯" 主题好，理由是前者更像是一个黑匣子，没有对课程的内容范围进行界定；后者更像是一个仪表盘，预示着接下来课程的内容将从习惯这个角度来修炼成高效能人士，而且还是七个习惯。明确内容最好的办法是在标题里体现出数字，比如 "三个步骤" "四个锦囊" "五项修炼"，这是一般人的习惯用法。比如，"练好三功过廉洁关"就是一门针对公司领导干部廉法教育开发的微课程。

（3）体现价值

你的课程若有干货价值，当然最好在标题里也得体现出来。对于成年人来说，价值无非就是两个方面，趋利避害和对自己是否有好处。我们可以使用一些包含价值的词语，比如，"魅力女性出门三项装扮法则"，其价值就在于为女性提供了一项出门纠结犹豫的解决方案，价值感就会跃然纸上。

（4）互为解释

这是针对双标题来说的，必要的情况下，双标题更有吸引力。但是在设计双标题时，务必要弄清楚主副标题各自的使命。主标题一般讲方向，而副标题一般讲方法，比如"防微杜渐——现场不安全因素的五个源头"；主标题也可以是目标，副标题则就是实施了，如"化敌为友——难缠客户情绪化解三步策略"；主标题一般要虚一点，可以是一个成语、一个口号，那么副标题则要实一点，可以是步骤或心法。最忌讳的是，主标题与副标题有重复的字词，比如主标题有赚钱二字，副标题里也有赚钱二字，这就不是互为解释，而是互为抄袭。

2. 标题设计要尽量艺术性

标题做到了精准性，可以说达到了 90%，但是正如成语所说："行百里者半九十"，特别是在一些主题演讲的比赛上，能出彩的往往是艺术性的加分。

在中铁某局的一次微课大赛上，有位同学的作品叫作"我们不是蜘蛛侠——高空安全作业预防七步骤"，显然看到这个标题，你会怎么认为？有这样的思考，内容又会差到哪里去，想不获奖都难。

那么，如何才能让标题体现出艺术性呢？这里提供四种常见的方法，但值得注意的是，艺术性一定要建立在精准性的基础之上，否则就成了标题党，会让人厌恶。

（1）内容提炼

如果能够把你的课程内容，提炼成关键字，体现在标题上，既显示了主题的价值，更彰显了凝练的功力。很多英文字母式的标题就是这种形式，比如"企业案例编写 STAR 法则"，就是把案例编写的步骤分解为：先描述背景（Situation），再编写接到的工作任务（Task），接下来阐述采取的行动（Action），最后写出事情的结果是什么（Result）。当然也可以是中文内容提炼，比如这个标题，"精、准、狠——财务成本核算三字真经"。

（2）流行借用

借用当下最流行的影视媒体、网络语言，巧妙嫁接在自己的标题中去，能够起到让人眼前一亮、耳目一新的作用。时代气息扑面而来，自然受众就容易产生亲切感。不过值得注意的是，流行的东西往往容易过时，保鲜期一般都不会太长。

在某讲师班公开课上，有一位学员讲了她的苦衷，因为她是某银行负责入职培训的专员。每次入职培训，她的宣传标题都是"新员工入职培训"，她自己看到这个标题，都有点烦了，想从标题上优化一下。她当时刚好看了一场电影，名字叫《你好，李焕英》，于是她采用流行借用的方式，把自己的标题优化为"你好新同事——农行送给你的三件土特产"。想象一下，如果你是刚入职的新员工，看到这样的课题，是不是有一种特别期待的感觉呢？

（3）谐音双关

汉字的音节少，同一个音节的语意就特别丰富，平均每个音节就有多种语意。借用同音字来表达意思，能够起到妙笔生花的作用。你只要稍微留意一下各种宣传标语，运用谐音双关的地方比比皆是。"使用公筷，引领当下新食尚""千礼之行，始于足下"，这些都是谐音双关的标语，幽默有趣，妙不可言。同样我们也可以把它巧妙地运用到课程标题里去。比如，"治锂有方——手机电池安全管理三个小窍门"。

（4）比喻类比

讲师要善于用比喻类比说事情，这一点，中国古代名著中多有表现，例如庄子在《逍遥游》中写道："北冥有鱼，其名为鲲。鲲之大，不知其几千里也"阐述大与小的区别。再如孟子用"揠苗助长"来说明事物的客观规律。以上例子都足以让我们借鉴。很多时候我们讲专业知识，站在受众的角度上，用比喻类比就是一个不错的做法。比如前文提到的标题，"我们不是蜘蛛侠——高空作业安全预防七步骤"。你是讲师，要善于使用比喻类比说事情，那就从标题开始吧！

相对来说，标题的艺术性比精准性更难运用，需要有意识地观察身边事物，展开联想，坚持使用成为习惯，有时候，就会灵光一现。下面这个学员的标题，就是用了多种艺术方法设计出来的标题："厉害了，我的哥——Word 软件操作三项精进"，显然，这个标题用到了流行借用，也用到了比喻类比，还用到了谐音双关。正如陆游诗歌所说："文章本天成，妙手偶得之。"

4.1.4 主题目标设计思路

课程的目标是课程开发者必须时刻考虑的问题，不仅整个课程需要目标，每个章节也需要目标，每个要点同样也需要目标。有了明确的目标，你就会清楚课程里面，哪些内容应作为核心要点，哪些内容是引导性材料；有了明确的目标，你就可以根据目标来安排教学活动，而不会为了游戏而游戏，为了演练而演练；有了明确的目标，你就可以根据学员的前后改变来检验学习效果，而不是以笑声、哭声、掌声来评估课程的有效性。读者发现没有，这里提到的目标都是有效的目标，很多时候，大家写出来的目标是无效的目标，如表 4-3 所示。

表 4-3　无效目标与有效目标

无效的目标	有效的目标
了解——企业人力资源管理的现状	陈述——企业人力资源管理的现状
掌握——风险的类别及处理方式	列举——风险的类别及对应处理方式
提升——全员工作改善能力	制定——份《改善开展的思路与措施》

很显然，表 4-3 中右边的目标才能起到目标该有的作用。那么诀窍在哪里呢？诀窍就在于描述一个目标时，用词很关键。有效的目标要写成行为动词＋宾语的形式。行为动词就是可以开展下一步行动的词，具体有哪些呢？不同类别的课程，对应着不同的行为动词。教育学家本杰明·布鲁姆把课程分为三类：即知识类课程、技能类课程、态度类课程。企业内训课程多数都是技能类课程，但是具体到课程的每一个模块，有些点可能是知识类，有些点又可能是态度类，整体又是技能类课程。甚至一个核心要点里面，既包含知识，也包含技能。所以笔者强调每一个点都要有目标，即使不写出来，也要放在心里，时刻指导我们的课程设计。

这里列出三类课程的行为动词表，供课程开发者参考，如表 4-4 所示。

表 4-4　三类课程行为动词表

知识类			技能类					态度类		
说出	描述	陈述	演示	运用	操作	模拟	示范	接受	改变	意识
列举	区分	定义	处理	设计	改编	组装	书写	承认	赞同	转变
解释	阐述	比较	开发	论证				参与	服从	愿意

在写课程目标时，不妨对照这个表，检验一下你的课程目标是否写对了。

"企业课程开发四步骤"是一个在电力行业多次训练的工作坊课程，显然它是一个标准的技能课程，但是，里面也有知识的成分。如果需要写出课程的整体目标，就可以参照这样的格式来写——知识目标：能够说清课程开发的关键四步，并描述每一步的关键环节。技能目标：设计自己的课题，萃取出相关经验，并画出课程的思维导图。

4.2　结构设计：梳理课程逻辑

课程结构设计是课程开发的难点，也是课程开发的重点。结构就像房子的框架、人体的骨骼，其起到的作用不言而喻。可以说课程结构的好坏，直接决定课程开发的成败。虽然课程结构会涉及逻辑问题，理解起来相对较难，但是一旦把握了结构设计的底层规律，在开发实践中，又会显得游刃有余、收放自如。如果只是知其然而不知其所以然，就会出现画虎不成反类犬的现象。

4.2.1　结构设计的常见问题

电视剧《觉醒年代》火遍国内，这部电视剧核心内容可以分三部分：旧中国的状况，是什么原因导致了这种状况，中国的先进知识分子该如何拯救它，这部历史剧之所以扣人心弦，就是因为在结构上使用了经典三问：WHAT（做什么），WHY（为什么），HOW（怎么做）。于是，很多 TTT 老师在教授学员开发课程时，优先使用 3W 结构。有一次，笔者给一家银行上课，组织方告诉笔者，这批学员上过其他老师的课程开发训练课，所以，他们提前做了一个课件。笔者看到大部分课程设计，都采用了这种结构，展示时，总有一种尴尬的感觉。比如讲信用卡销售技巧的课程，核心内容设计为：信用卡是什么，为什么需要信用卡，信用卡怎样销售；讲贷款产品的课程，核心内容设计为：极速贷是什么，为什么需要极速贷，怎样申请极速贷。

这样的设计有问题吗？没有问题，但是，就像正确的废话一样，没有力度。明明别人用得很好的结构，照搬到自己主题这里，就失去了灵魂。原因在于开发课程时，只是学习了结构设计的一些方法，而没有弄清课程结构设计的底层规律，所以只会照搬照抄，结果就不是太灵验。底层规律是方法背后的方法，在学习中，若不能抵达这个层次，结构设计上就会出现以下这些问题。

1. 结构不为主题服务

课程的结构支撑起了课程主题，比如说，你的课题是"普通人常用三大沟通技巧训练"，你的主体结构就应该是三种技巧并列或递进。然而，很多老师设计的课程结构如图 4-1 所示。

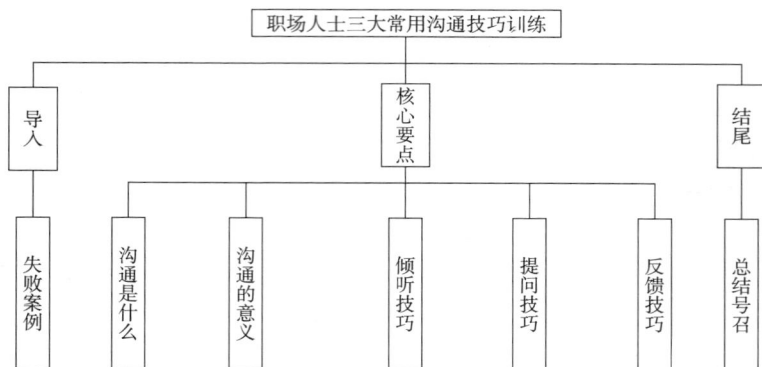

图 4-1　职场人三大常用沟通技巧训练课程结构

很显然，核心内容是三个技巧，至于"沟通是什么""沟通的意义"，可以要，但所放的位置不应在三个核心要点的一个层级上，至于怎么安排，后文会提到。

2. 结构松散没有力度

如图 4-2 所示的课程结构，有一种很强的迷惑性，很多老师都在使用，就是主体内容设计成 PRM（问题、原因、方法），看起来无懈可击，但这种结构，真正在讲课时，就会显得松散无力。讲完问题一二三，再讲原因一二三，就过去了半小时。还得确保原因一对应问题一，原因二对应问题二，原因三对应问题三，讲完原因，又过去半小时。你再讲方法，同样也得确保方法、原因、问题这三项相互对应，这样太复杂。所以，很多老师干脆设计成问题是问题，原因是原因，方法是方法，三层皮的现象就出现了。那么请问，这样的课程设计是在解决问题吗？究竟应怎么改呢？读者可以先思考一下，后文也会提到。

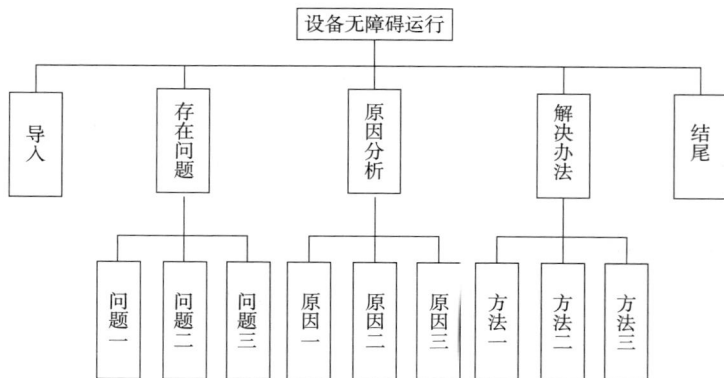

图 4-2　设备无故障运行课程结构

3. 结构残缺不完整

正常来讲，一个课程应该由三部分组成，即课程导入、核心任务、课程结尾，也就是通常所说的凤头、猪肚、豹尾。课程设计容易出现两类不完整的情况，一种情况是，整个课程设计无头或无尾。比如说，有的老师自我介绍后，就进入到核心的内容学习，这种开头，根本没有起到课程导入的作用；再比如，有的老师整个课程最后一个知识点讲完就结束了，没有正式的结尾来总结升华所讲的内容。另外一种情况是，整个课程结构完整，但具体到课程里面的某一个模块，就不完整了。课程的每一个模块也相当于是一个更小的课程，照样需要有导入、要点、结尾。

从上述课程结构存在的问题来看，每一位课程开发人员，很有必要弄清课程结构的底层规律。笔者在分析点评上千名学员的作品后，结合主流教学设计原理，提出了一个三维课程结构模型，从宏观逻辑、中观逻辑、微观逻辑三个维度来搭建课程结构，就能很好地服务于任何主题。而且，这个模型既适合一天以上的大课程，也适合十分钟以下的微课程。这里的宏观逻辑指的是课程的整体结构，要求课程有头、有尾，有核心要点，才算完整。中观逻辑指的是课程的核心要点安排，为了实现课程主题目标，需要设计哪几个关键内容点。具体到大课程，可能就是关键的几章几节；而小课程就是关键的几步、几招或几点。微观逻辑指的是课程要点的展开方式，更直白地说，就是你采取什么样的方式论证你的观点。结构三维模型如图 4-3 所示。

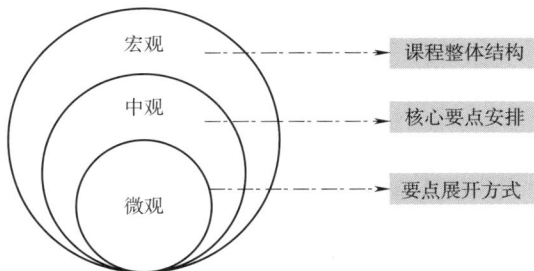

图 4-3 三维课程结构模型

4.2.2 宏观逻辑总分总

我们上学时就被告知，写文章要采用总——分——总的结构。这是符合人类认知的底层规律。任何一个课程，无论大小，在宏观逻辑上都应是总分总结构：主题导入——任务论证——结尾升华。这个看似简单的法则，在具体的课程开发中，不一定用得好。

1. 主题导入

当代国际顶级教育心理学家 M. 戴维·梅里尔在《首要教学原理》一书中重点论述教学的五项原理：聚焦问题、激活旧知、论证新知、应用练习、融会贯通，如图 4-4 所示。其中聚焦问题贯彻其他四个过程，也就是说其他四个过程需要围绕某一主题开展。

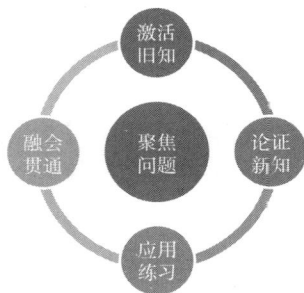

图 4-4　五星教学原理模型图

第一个过程是激活旧知，也是课程主题的导入阶段，这个环节相当于在听众和讲师之间建立起一道斜坡，没有这道斜坡，受众相当于直接接受老师提供的新知，往往就会产生排异反应。对一个课程来说，导入的时间不能太长，能够激发听众关于所讲主题的兴趣即可，时长一般控制在整个课程的 10% 以下。特别值得注意的是，这个环节不是暖场破冰，暖场破冰属于课程之外的活动，一般由助教进行，与课程设计无关。很多企业的内部课程，没有助教，暖场破冰环节由老师替代进行，授课老师就容易出现把暖场活动当作课程导入的误区。记住，再有趣的暖场活动都替代不了课程的导入。那么课程的导入有哪些有效的方法呢？

（1）启发思考法

描述一段与主题有关的事件，勾起听众对讲师即将讲到内容的好奇心。这种方法，也叫作 SCQA 法，即先讲情景（Situation），再讲冲突（Confliction），从而引出问题（Question），最后自然就引导过渡到所讲的主题上（Answer）。

微课"灌汤包你吃对了吗"是这样导入的：

小王初次来到天津，早就听说天津的灌汤包可有名啦，于是走进了一家包子店（情景）。热气腾腾的包子端上桌，小王想都不想，夹起一个往嘴里送，哎呀！烫死我了，小王烫得嘴上起泡，而且衣服上满是汤汁（冲突）。小小的灌汤包究竟该怎么吃呢（问题）？接下来大厨为你支招，别小看这灌汤包呀，吃法可有讲究，一般来讲，分为四步：轻提、慢移、开窗、喝汤（答案）。

（2）数据分析法

通过数据统计，或数据对比分析，让受众从中体会问题迫在眉睫，也能够起到很好的课程导入作用。如果你是讲安全类课程，很显然，近期发生的安全事故，以及事故中造成的损失数据，都应该加以统计。

（3）提问引导法

提问能够启发思考，从而引起受众关注。这里特别要注意的是，既然是导入环节，切记提问时，不能单刀直入，提关于核心内容要点是什么的问题。比如，有学员讲的主题是"招聘四步法"，一上来就问，哪一位同学能够告诉我，招聘分为哪四步吗？这样的提问，不仅不能激活学员的旧知，反而会造成一种没有办法收场的局面。其实这个主题，如果要采用提问导入，可以这样尝试提问："在座的各位同学，我想了解一下，为企业招聘过人才，或者即将从事招聘工作的，请举手示意一下，让我看看"。不出意外，应该很多人会举手，因为来到现场的人一般都是有需求的。然后，你还要继续追："哪一位同学，能够讲一个招聘成功，或者招聘失败的例子"。如果有人配合，现场关于招聘主题的氛围就激活了。你可能会说，如果现场没人配合呢？这就涉及老师具体的互动与控场技巧了。

（4）现场讨论法

在讲具体方法或步骤前，适当引导，让学员以小组为单位，讨论并展示出己方的见解，能够起到激活受众原有认知的作用。这里切记，在展示环节，不能陷入只有少数人参与的僵局，需要注意活动的趣味性。有学员在使用这种方法时，就采取了分组PK，在规定的时间内，哪组提供的信息多，就给谁奖励的办法。既活跃了气氛，也为受众的旧知和老师的新知建立起了联系。

（5）游戏道具法

正因为导入环节是感性的，是勾起学员关于主题兴趣的环节，所以，适当的游戏，或者使用主题相关的道具，基本上都会有很好的效果。更有甚者，老师会魔术，又能在揭秘魔术时，巧妙地连接到主题上。这样的课程，一开始就定调了，再差也不会差到哪里去。

这里只是列举了比较常见的导入方法，还有故事法、名人名言法、实物展示法、临场说事法等，在开发课程时，只要能够起到激活的作用，都可以使用。

2. 任务论证

当你在导入环节完成了"激活旧知"的过程后，听众对你的主题便有了兴趣。接下来，就是任务论证的环节。对受众来说，这属于新知内容，因此，稍不小心你的说辞就会让人云里雾里、不知所云。一些有经验的演讲者，在这个环节都会把所要传承的思想设计成三个故事、三个方法、三个步骤、三个层面等，目的也是想让人知道，他的讲话是有重点的，他的观点是很明确的。但是仅仅这样，任务论证是远远不够的，后文会详细解决。在这里，有两点需要注意一下。

（1）课程大小有区分

课程有大小之分，大的课程可以是一天以上，小的课程可以是 5~10 分钟。大课程的论证环节可能就是三章的衔接，每一章又是一个中等的完整课程，一样有导入、论证、结尾之分，而每一个中等课程的任务论证环节，又是三小节的衔接，每一节也是一个小课，同样也有导入、论证、结尾。这就是大小课程的区别与联系，就像俄罗斯套娃一样，层层嵌套，大的是娃娃，里面小的也是娃娃，层次越多，课程的目录级别也就越多。

（2）时间分配有重点

这个环节永远是课程的重心，就时间分配而言，有一个大致的规律：导入一般占整个课程的 10%，论证环节要占到 80% 左右，而结尾环节占课程的 10%，否则就会给人头重身轻根底浅的感觉。

3. 结尾升华

如果把整个课程比喻成一顿丰盛的大餐，那么"主题导入"就是开胃菜，"任务论证"就是正菜，"结尾环节"就是小甜点。甜点总能带来美好的回味。网络上有个词语，叫作"薪尽火传"，属于"薪火相传"的变体。意思就是柴烧完了，火势还在延续。课程的结尾就要有这样的作用，而不是干货讲完了，课程就自然停止了。既然结尾作为课程的一个环节，自然有它的意义所在。它不只是对课程内容的一个简单总结，更要求在此基础上，有一个升华拔高的过程。那么如何结尾才能够起到这样的作用呢？

（1）总结复盘法

总结复盘法是最传统的结尾方法，就是重新把所讲的核心内容进行总结。在具体实操过程中，值得注意的是，总结复盘方式要注意互动与创新。根据课时长短，可以采取不同的总结复盘新玩法。

在课程结尾环节，有的老师要求学员把学到的内容用 4321 法进行总结（四个内容点，三点启发，两个转变，一个行动），并画成圣诞树。还有的老师把核心要点内容做成知识红包，在结尾环节，用击鼓传花的方式做游戏，花落谁家，就由谁抽取红包，并围绕红包上的知识点进行 1 分钟的演讲。十个红包抽取完毕，基本上课程所讲的核心要点也由学员回顾得差不多了。

（2）重新认知法

对课程的核心内容重新编排，能够起到拔高内容的作用。这种结尾方式，在视频微课设计中非常普遍。比如用诗歌口诀对核心内容加以提炼，或者用比喻类比重新看待所讲的核心要点。

浙能集团某公司学员在笔者的微课开发学习班上，开发了一个名叫"班前安全检查三从四得"的课程，核心任务要点为：从上到下摸人身，从里到外查工具，从远到近看环境。结尾总结时，除了回顾这三从之外，还延伸到遵守这三从，可以得到四样东西：得到安全、得到健康、得到家庭、得到幸福。

（3）思考启发法

在结尾环节，引导受众由所学的东西，联想到其他的应用。这种形式的结尾，一般是以思考题的方式呈现出来，相当于给受众预留了一个继续探索的起点。因为任何一次培训结束，都代表着学习的真正开始。

在某个运输公司企业内训师培训课堂上，有一位学员开发了一个课题叫"远程无忧——长途驾驶安全四把金钥匙"，讲完核心内容后，该学员是这样结尾的：各位同学，我今天讲的四把金钥匙是在南方春暖花开的大地上开车的安全措施。假如有一天，你的车开到了冰天雪地的北方，这些金钥匙还管用吗？你觉得还需要补充什么好的技巧和方法，期待交流。

（4）首尾呼应法

开头讲一个反面案例，结尾用同样主人公的正面案例加以呼应；开头提出一个疑难问题，结尾回过头来回答；开头讲一个故事，留下一个悬念，结尾让人恍然大悟。这些做法，都是首尾呼应。

其实，结尾的方法远不止这四种，比如还有号召行动、推荐产品等。在开发课程中，需要根据具体的主题及受众综合运用，总之要能在总结的基础上进行主题升华。

4.2.3　中观逻辑三条线

课程整体结构三段论中,强调任务环节要有重点,这些重点一般三个最好,四个显得专业,五个就多了,再多就须重新分类。这些要点,就像一颗一颗的珍珠,单颗看似珠烁晶莹,如果不用线穿起来,直接送给受众,受众也会丢失。言外之意,我们这些核心要点之间,是有一根逻辑线穿起来的。没有这根逻辑线,对受众而言,很难记得住,对老师而言,很容易就把不是珍珠的内容,作为核心要点一并送出去了。常见的逻辑序线如图 4-5 所示。

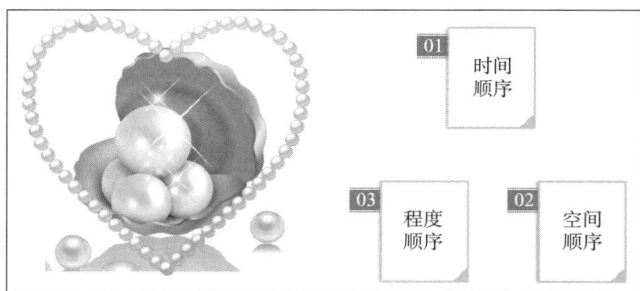

图 4-5　三种常见的逻辑顺序

1. 时间顺序线

时间线是一种很常见的顺序线,时间线上的各个要点,具有很强的逻辑关系。比如公司的发展史,按阶段编排,就有很强的传播力度;工作总结报告,先写去年的成绩,再写存在的问题,最后写未来的规划,很符合常人的思维习惯。

2. 空间顺序线

小学生必须背诵的汉乐府《江南》是这样写的:"江南可采莲,莲叶何田田。鱼戏莲叶间。鱼戏莲叶东,鱼戏莲叶西,鱼戏莲叶南,鱼戏莲叶北"。这种按照方位把几个核心要点穿起来的顺序线,就是空间线。除了东南西北之外,还有上中下,前后左右,都是空间顺序。另外,我们经常说的几个维度,比如绩效考核的几个维度,这种多维视角,也算作空间顺序。

3. 程度顺序线

如果你的核心要点不能用时间线穿起来,也不能用空间线穿起来,那么,还有一种连接要点的线,就是程度线,按照要点的重要性,依次排列。比如,你向领导汇报工作,提高销售业绩有三套方案,你是先汇报重要的,还是先汇报不重要的?很显然，先汇报重要的，因为领导的时间很宝贵，听完重要的，后面的即使不听，也不伤大雅。其实，这也意味着程度顺序线上的几个要点，有各自的独立性和完整性。

那么是不是程度线一定从重要性高的要素开始说呢？也不一定，比如你是一个年会颁奖主持人，请问，你是先颁一等奖，还是先颁三等奖？显然，都会从三等奖开始颁，这样从轻到重的顺序，也是程度顺序，即通常所说的递进顺序。如果轻重程度一样，就是并列顺序了。但是，不建议在课程设计时，使用并列顺序，并列顺序是没有经过深度思考的顺序，很容易就会成为不假思索的要点罗列。

总之，有了这些逻辑线，排列在逻辑线上的要点就不会乱。在讲课时，心里有了这根线，不同要点之间，你就能做到起承转合，承上启下，游刃有余。

4.2.4　要点展开方式

有了核心要点，也知道了核心要点的内在逻辑关系，那么关键问题来了，你的每一个要点是怎么展开的，即怎么论证清楚的，要点论证方式主要有以下四类。

1. 要素列举

同属性的几个要素罗列出来，共同说明某一个要点，这就是要素列举展开。它是一种最简单、也是最常见的展开方式。如果把一门课程比喻成一棵树，主题是树干，要点是树枝，列举的要素就是树叶了。要素列举时，一般都会有多个要素，三个是基本，四个最好，最好不要超过七个，因为人的记忆极限就是七个。如果在操作中，确实有七个以上的要素怎么办？可以成几类，但整个逻辑搭建就得重来了。

2. 对比分析

显而易见的观点论证，用列举要素就可以解释清楚，但是稍微复杂的论证关系，靠列举要素就会显得深度不够。对比分析就是一种很有说服力的展开方式，通过比较，很自然就引导出所要说明的问题。对比分析的形式有很多种，分别可以用在不同的情景中。

（1）正反对比

在一些标准动作示范的课程中，先讲错误做法，再讲正确做法，或者反过来，先讲正确操作，再讲错误做法。这样能够起到加深印象的作用。

（2）历史对比

在讲述公司发展或个人成长的课题中，常常会采用历史对比法，就是不与其他公司比较，而是与自己的过去水平比较，从而看出自身发展的趋势所在。比如，在财务统计中，经常会用当月的数据与去年同期的数据进行比较，这叫作同比；也会用当月的数据与上月的数据进行比较，这叫作环比。总之，这都是历史对比分析。

（3）左右对比

历史对比是同一事物站在不同时间维度上进行考量，因此也叫作前后对比。左右对比则是不同的两个事物进行某种特征的比较，由此看出标的事物所在的水准。比如，在讲公司盈利时，本公司的盈利与行业平均盈利进行比较；或者讲某项技术时，中方做法与西方做法，这些都是左右对比。

（4）类比说明

本来是要说 A 事物，但是考虑 A 事物比较专业，则先说 B 事物，因为 B 事物人人都懂，这种由 B 到 A 地叙事方法，就是类比说明。因为符合常人的理解习惯，所以被广泛使用。

某企业家在讲大材小用如何不好时，就用波音飞机的引擎装在拖拉机上做类比，画面感十足，同时也让听众深刻理解大材小用是一件多么不好的事情。

3. A/B 论证

从字面意思来看，A/B 论证是两个要素，而且是两个属性不一样的要素，配合起来论证所要阐述的观点。具体情况一般有如下几种。

（1）形式 / 功能

企业内训师在介绍某些产品时，常用这种结构模式来讲解。比如：介绍设备时，先介绍设备的构成，再讲解它的功能；介绍某种商品时，先讲它的性能，再讲它的竞争优势等。

（2）问题 / 答案

在一些视频微课中，这是一种常见的模式。整个课程设计成几个有关联的问题，在一问一答中推进课程的讲解，观众理解起来轻松直接。问答的形式也是多样化的：要么是徒弟问，师傅答；要么是女人问，男人答；要么是外行问，专家答。

（3）原则 / 方法

讲解要点，从原则或原理着手（A），然后过渡到方法或步骤（B），这种从依据到措施的论证方式也是 A/B 式，就像数学中已知 / 求证的关系。比如一些讲新法实施的课程，先摆出一条新法，然后再给出应对措施，就是典型的 A/B 论证。

4. 三段论证

"师者，所以传道授业解惑也。"这是中国传统的三段论教学模式。三段就是从三个要素去阐述某个观点，只不过，这三个要素，属性各异，是 A/B 式的延伸。具体到课程要点讲解上，也派生出了下面的形式。

（1）知识 / 态度 / 技能

知识 / 态度 / 技能，这种形式也可以是这样的三段论证，做什么（WHAT），为什么（WHY），怎么做（HOW），其中做什么对应知识，为什么对应态度，怎么做对应技能。在实际应用中，三者不一定都要样样俱全，往往可以省略其中的一个或两个要素。省略一个要素，剩下的两个要素就是 A/B 式论证，省略两个，剩下的一个要素就细分成要素列举论证模式。

（2）P/R/M 模式论证

P/R/M 模式论证，这是一种聚焦于问题的三段论证，从问题开始，能够直击痛点，接下来顺理成章就是原因分析了。注意，这里最容易犯的一个错误就是，问题是问题，原因是原因，方法是方法，出现三层皮的现象。为了克服这种弊端，应注意以下几点：

首先，一次性只针对一个问题，一个问题分析完、解决完后，再提出第二个问题，最忌讳的是问题一二三，罗列一大堆，最后一个都不能解决。

其次，原因分析其实就是拆分问题，问题只有拆分到具体的可操作层面，才算找到根本原因。举个例子说明一下：比如一个大龄青年找不到女朋友，这是个问题。如果往下拆分，找不到女朋友的原因可以分为两个层面，一是自身层面，二是外部层面。自身层面可以分为硬件和软件层面，硬件层面包括学历、工资、外貌、身高等，软件层面则包括兴趣爱好与性格特征。只有到这个层面，才是具体的元问题。再看外部层面，可以拆分为有哪些渠道可以接触到异性，这些渠道问题也是一个个元问题。找到元问题，才是找到了具体的原因。

最后就是解决问题。打个比方，问题分析好比十月怀胎，解决问题就像一朝分娩。当问题拆分到了元问题层面，解决起来就是水到渠成的事情。这里特别强调的是，解决方案或方法，最好直接跟随在每个原因后面，形成一一对应的关系。

（3）传道授业解惑

所谓传道，就是原理、原则等普适性的内容；授业则是技巧、方法等经验性的内容；而解惑则是站在答疑或者注意事项的角度来做文章。比如你的课程中有一个要点是克服紧张，按照传道授业解惑的模式展开论证就可以这样设计：先讲紧张的心理成因，说明人人都会紧张；然后再讲克服紧张的几个方法；最后提几点关于克服紧张的注意事项。

（4）演绎推理论证

先看一个生活中的例子：有些女性喜欢说这样三句话，男人都不是好东西，我老公是男人，我老公也不是好东西。

这三句话的内在关系就是，先讲大前提，再说小前提，最后说出表达的结论。你只要保持大前提和小前提的正确性，结论自然没有问题。很显然，前面例子中，大前提男人都不是好东西出错了，小前提虽然没有问题，但结论还是有问题。为了保证论证的严谨，大前提一般是公理、制度等约定好的内容，小前提一般是个性化的证据，当这些都没问题时，你的结论肯定不会有问题。

4.3 内容设计：丰满课程血肉

如果把课程比喻成一个人体，课程的主题是人体的神经，课程的结构是人体的骨架，课程的内容是人体的血肉。完整的课程应该是一个大活人，主题清晰、结构完整、血肉丰满。

4.3.1 内容设计常见问题

在辅导企业内训师开发课程的过程中，笔者发现，几乎每一位学员一开始设计的课程，内容方面都会存在严重的问题。为什么会出现这种大面积的硬伤？笔者分析过，主要原因是每一个人都有贪图方便的习惯。一个主题确定了，搭建结构可以现学现用，内容方面，要么东摘西抄，一大堆文字堆砌在 PPT 上面；要么正确的废话连篇累牍。次要原因是，不懂得血肉丰满的内容为何物，怎样设计内容，课程才能活起来。内容设计问题概括起来有两大类。

1. 知识点不精准

有的学员是因为不专业，再加上设计的内容本身有问题，特别是涉及一些行业的新规，学员在开发此类课程时，如果不去做功课，盗取过时的内容素材，就会犯这种低级错误。这种缺陷是杀伤级的，一旦被发现，就会全盘被否定。还有一种情况，就是内容没有错误，但给人的感觉就是泛泛而谈。

在一次内训师课程开发课堂上，一位 HR 工作者，开发了一个主题为"绩效结果的三大应用"的课程，内容要点为：升职、加工资、组织培训。请问错了没有，确实没有错，那请问这样的内容，你有兴趣吗？没有兴趣，因为这样的内容是死的，哪里都可以找得到。其实这是典型的内容没有经过加工导致的，绩效面谈结果出来了，在怎么应用方面，书本上有一套讲法，就是这位同学所说的，升职、加工资、组织培训。但每个有经验的 HR 管理者，会有自己的心法，这些内容需要去挖掘出来。后来，这位学员根据自己的经验，重新规划了一下关于这个主题的内容，主题变为了"上司面对绩效考核结果的三大应用"，核心内容点为：有温度的谈话，有帮助的计划，有分量的激励。这样的提炼，既精准，也好操作。

2. 要点没有强化

五星教学法里面，在论证新知之后，有一个应用新知。有学员就问过笔者这样一个问题："老师，我的这个新知不好练习，这么办？"能问到这个问题的同学，说明在思考。关键是绝大多数学员是不会问到这种问题的，他们在开发课程中，往往是习惯性列出干货条款，而且干货条款也是从别的课程里搬过来的，讲完就结束。借用别人的内容要点，无可厚非，但问题是，你要有不同的强化方式，应用练习只是强化练习的一种方式而已。个人认为，五星教学法中的应用练习翻译成强化新知更具有可操作性。

4.3.2　内容要点加工方法

课程内容不能全是大段的文字，没有经过加工，这既不易传播，更不易被铭记。需要进行适当的加工与提炼。

1. 提概念

文字提炼功底是对讲师的一个基本要求，不擅长提炼的老师，终究缺乏深度，要想快速精进自己的提炼功力，除了平时多看多写、日积月累外，在实际操作中还要注意以下几点。

（1）文字精练

所提炼概念要语句短小精悍，不能有口水化的描述和重复性的文字。留意各种媒体广告，到处都有经典的概念提取。做个有心人，你先从模仿开始，久而久之就会有自己的创新思路。

（2）语意明确

这一条是和文字精练对照来说的，文字可以少，比如有的老师硬性规定提炼概念在四个字以内，笔者认同这个观点，这是替学员考虑而出台的硬性规定。但无论怎样，不能为了达到这个目标，而让语意模糊起来。这里倡导大家多使用动宾词组，因为动词加宾语，既能很好地概括语意，又能给人行动感。下面用一个案例加些说明：

有位老师是讲营销的，其中有个内容是留住老客户的三种方法，内容分别如下：①满足老客户的情感，让客户不愿意离开；②满足老客户的持续需求，让客户每个阶段都舍不得走；③提高老客户的跳槽成本，让客户不敢跳槽。

采用动宾结构的词组提炼就是：①锁情感；②锁需求；③锁成本。

（3）形式相同

形式相同是最重要、最关键的一点，首先是字数一样，其次就是形式一样。在字数一样的基础上，采取同样的结构，比如：学党史、悟思想、办实事、开新局，都是采用动宾结构的词组。另外，几个提炼的概念，都是同样的比喻类比，或者都是一个成语，也能保证是一样的句式。

2. 编口诀

把概念编成口诀，符合汉语的审美特征。比如中国农耕文明流行下来的二十四节气歌，"春雨惊春清谷天，夏满芒夏暑相连。秋处露秋寒霜降，冬雪雪冬小大寒"。我们之所以耳熟能详，口诀起了很大的作用。还有，小学生的乘法口诀、五笔打字口诀等，只要是为了记忆传播，首先想到的都是口诀。基于此，我们在开发课程，进行要点加工的时候，在提概念的基础上，进一步变成口诀，课程设计上就会上一个高度。你也许会认为，编口诀是高智商的体现，不是很容易做到。其实，把握了诀窍，你也可以的。

（1）重字诀

在几个提炼的概念里，重复一个字。比如这条城市文明标语：把人的文明摆在首位，把严的管理变为常态，把高的品质充分展示。该标语重复了一个"把"字。总之，只要做个有心人，现实生活中的重字口诀比比皆是。迁移到我们的课程开发中，你也可以在提炼概念的基础上，编重字口诀试试看。

（2）连字诀

人们大多都知道藏头诗，这就是典型的连字诀。几个概念中的某个字或某几个字，能有序组合成一句话，只要记住了这句话，核心要点也就记住了。比如公交车礼仪课程的几个要点：莫挡主过道，敢主动让座，不抢方向盒，从速离车门。你只要记住"莫敢不从"这句短语，基本上这四个要点你也不会忘记了。再比如，经常出差的人都容易遗忘一些重要的物品，有人开发了一个微课程，核心内容编成口诀就是："伸（身份证）手（手机）要（钥匙）点（电脑）钱（钱包）"。你看，记住伸手要点钱，是不是贵重物品就不会丢失了。连字诀没有重字诀那么容易获得，需要启动右脑，发挥想象与创意。

（3）诗歌诀

古代文学史上的绝句与律诗，为我们编写口诀提供了宝贵的精神食粮，当然，我们写不出严谨的格律诗，但我们只要做到能够押韵，成为与打油诗差不多的顺口溜，其实也会带来课程要点的传播效应。就课程而言，三个字的我们称之为三字经，比如礼仪课程中的：坐如钟，卧如弓，行如风。四个字的我们称之为四成语，五个字的称之为五绝句。很多学员学了之后，在课程结尾可以总结成一首打油诗，也相当不错。此外还有六个字的，我们称之为六六顺；七个字的，不妨叫作七律诗。

（4）数字诀

几个知识要点，用数字顺序穿起来，也有口诀的效果。比如，"如何总结学习的内容"这个主题课程，核心内容点是这样提炼的：说出四个内容点，写下三点体会，完成两个转变，开始一个行动。这种四三二一的归纳法，内容结构井然，念起来朗朗上口。还有一种数字口诀玩法，纯粹按数字编号，也构成了数字口诀，比如"银行人员教你识别人民币的真假"核心内容为：一看、二摸、三听、四测。是不是比单纯的四个单字概念要好。

4.3.3　要点强化设计

任务环节，都会有几个关键要点，每一个要点，需要以某种方式加以论证，这里要说的是，某一个要点论证清楚后，需要强化。那么该如何强化？

1. 举例说明

经常看到老师讲完某个观点，然后会说一句，"我这样讲可能比较抽象，举个例子就明白了"，这就是举例说明，对小白学习听课特别有用。举例说明用在口头上，变成口头例子，不需要在 PPT 课件里体现。如果例子来源现实工作或生活，就演化成故事或案例，总之无论多复杂，都是为了强化所讲的要点或观点。值得一提的是，复杂的案例可以组织受众一起分析讨论，这就属于教学活动设计的范畴，后文会讲到。

2. 示范指引

一些礼仪课程，老师讲解清楚要点后，学员还想看到规范动作，于是，示范巩固就很有必要。示范可以是老师自己讲完一个要点后，演示一次。也可以事先录制成视频，在课堂上播放，或者真人模特进行标准动作示范。

九星培训师的第一星里面有个知识点是手势规范，老师讲解了培训师十二种标准手势规范及细节要领，已经细致到了可以操作的程度，但是总感觉此处还缺点什么，最后就安排职业人员录制了十二种手势的规范动作，作为这个要点的强化，非常不错。

3. 技能演练

技能有两种，一种是操作性技能，比如正确发音、标准站姿；另外一种是智慧型技能，比如谈判技巧、沟通方法等。只要是如何做的层面，从原则上讲，都需要设置学员练习环节。这种练习是及时性的，主要目的是检验学员对老师所讲的内容是否接受理解。至于练习的频次，如果一项技能是几个步骤，那么演练就可以安排在几个步骤论证完毕后一起进行。如果一项技能是几个方法，那么练习就可以安排在每个方法论证结束之后。课程里设计技能演练活动需要遵循四个步骤：

（1）选择技能

一堂课下来，涉及的技能内容有很多，不可能做到每一项技能都组织练习，重点内容有老师课堂指导练习，没有练习的技能，可以作为课后作业，让学员按照技能演练的步骤自行完成。

（2）设定标准

老师在讲解技能课程时，往往只是讲清楚流程步骤，而练习环节需要在更加具体的情景中设置练习标准。用一个具体的案例说明一下：

老师在课堂上讲了二维矩阵这个思维模型，并通过举时间管理的例子进行强化，学员听懂了，但结束后，老师还想让学员分组练习一下这个模型，你不能说，来，同学们一起来练习一下二维矩阵思维模型吧！此时，你应该这样说：刚才大家明白了二维矩阵思维模型。现在，用这个模型，给你们公司内训师进行分类。标准要求：①选择两个不同的维度来区分内训师；②给两个维度叠加出来的四种内训师分别取名称，并提炼成相同句式的概念（什么叫相同句式的概念？比如第一个叫降龙卧虎，第二个叫狐假虎威，第三叫马马虎虎，第四个叫狼吞虎咽。因为都用到了带有虎字的成语，这就是相同句式的概念）。

（3）指导练习

在练习环节，学员往往会偏离老师设计的流程，因此，监督指导、适时纠偏很关键。为了让练习不走样，老师可以亲自示范指导，这就要求老师在这项技能领域里足够精通。所以，老师一般都是做精什么，才讲什么。

九星培训师课程共有三位老师，其实每颗星，三位老师都会讲，但每位老师又各有精通强项。前三星属于讲师职业化方面的内容，王琪老师最精通，动作也最规范，因此她是主讲老师，各项技能训练，以她为标杆肯定不会有错；中间三星属于课程标准化方面的内容，而这一方面，侯志宏老师是强项，他指导过上千个学员作品，参加全国性的行业领域课程大赛，实践功底强，所以由他主讲，是最合适的人选；最后三星属于讲师品牌化方面的内容，主讲老师管奇老师，他自己就是一个品牌，在督导、咨询、营销方面，从人品到产品，都是诚信品牌，所以由他主讲，整个九星培训师课程也会另上一个台阶。

（4）展示点评

学员技能演练有了六成相似，就可以安排展示，通过展示，给学员以仪式感，更重要的是，老师在学员展示完毕，给予学员肯定和指正，让学员有信心突破训练瓶颈，也有利于学员今后进一步加强训练。因为很多技能，特别是一些操作性的技能，课堂上只是迈开训练的第一步而已，要想精进，还得在课后持续坚持，养成习惯，形成肌肉记忆，才算练习完成。

4. 工具落地

笔者认为，课程设计中使用工具，是一种极佳的强化落地方式。有了工具，学员就可以依葫芦画瓢。在课程设计中，工具主要有两种：一种是表格表单，这个好理解。九星培训师课程，每一星都有三张表格，共有 27 张表格，学员学习了九星培训师，老师通过学员填好的表格表单，完全可以看得出他们对讲解内容的理解程度。

5. 小结复盘

特别值得注意的是，这里还不是课程的结尾环节，是要点论证后的强化环节。有点像课程的结尾，但没有必要那么郑重其事。曾经打了个比喻，某个模块的小结复盘就像我们平常过生日，整个课程的结尾就像六十大寿，都是过生日，规格不一样而已。所以，如果是对小课程的某个要点进行强化，有的老师是这样强化的：好！关于这一点，我们重点记住这三个字就可以了……更有老师喜欢在每点讲完后，提炼一个金句，图文并茂，放在 PPT 上，美观大气，也能很好地起到强化要点的作用。

除了上面的五种强化方式，你还可以细分出其他有效的强化方法，这里想说明的是，如果某个要点比较难懂，又是重点中的重点，可以同时运用多种方法来强化，比如：举例说明 + 练习；示范 + 练习；举例说明 + 金句……总之，不让受众感到累赘多余即可。

4.3.4　教学活动设计

　　课程设计里，仅有强化要点的环节，有时就显得过于僵化。对于一些知识性的内容，问题不是很大，但对一些需要启发的内容，比如技能提升、态度改变等，就会显得不够深刻。所以，在课程设计里，还需要加入教学活动内容设计。这些教学活动，有的可以用于课程的导入，有的可以用于要点论证之后，有的可以用于整个课程的结尾部分，有的通篇都可以用上。那么，教学活动有哪些呢？

1. 问题讨论

　　在教学过程中，除了严谨的论证之外，老师要善于设计一些问题，并且先不给答案，或者问题的答案本身就不在老师这里，然后由学员分组共同讨论。在这个过程中，老师只是引导启发，总结提炼，最后让学员达成共识。

　　（1）问题怎么设置

　　课程开发中，问题的形成有两种方式：一种是老师在论证要点结束环节，直接提出一个问题；另一种是老师设置一个案例，根据案例情景，提出系列问题，让学员讨论分析。

　　（2）问题如何讨论

　　在开发课程中，当你确定好了哪些内容点在讲解后，需要设置教学活动的问题。接下来，你该怎么引导学员对问题进行分析呢？注意，在这个地方，老师是引导学员分析，而不是直接分析给答案。如果你见到哪个老师直接给答案，只能说明两点，要么老师好为人师，给的分析不接地气，要么设置的问题本身就有问题。因为这里的问题属于由学员共创共建，才能产生结果的问题。引导学员分析讨论问题，应遵循以下步骤。

　　①规则讲解：问题呈现出来后，老师要对问题讨论的规则加以讲解，包括讨论的方向、时间的要求、如何讨论、结果怎么呈现、奖励加分情况等，规则讲解得越清晰，学员讨论的效率就越高。

　　②学员讨论：为了让讨论充分进行，在这个环节，学员、老师、助教都要动起来。助教提供大白纸、书写工具，计时并提醒时间。学员在组长的带领下，可以按头脑风暴的模式，分工合作，产生群体结果；也可以先各自独立思考，然后集体举手表决，总之动起来就会有好创意。老师此时千万不要在讲台上闲着，而应走到各组学员中间，指导方向，鼓励表现。

　　③点评提炼：每组学员有了自己创作完成的结果，都有展示的欲望。在展示的过

程中，老师要给予点评。因此学员代表展示时，老师要心无旁骛，用自己的高维度视角，给予学员中肯的意见，实在没有意见，给予学员表扬加分，更是学员期待的结果。每一组分享完毕后，老师还有一项关键的工作就是提炼，提炼出问题的答案，这是考验一个老师功力的时候，也是学员收获最大的时候。

2. 情景演练

情景化也叫作场景化、角色扮演。兴起很长时间的沙盘模拟课程，说白了，也就是全程情景化的课程。通过情景演练，让学员有身临其境的感觉，因为参与投入度较高，再加上自身的分享及老师引导，学员的收获也很大，在一些传统培训过度的企业，引进情景化的课程，不失为一种学习模式的创新。情景演练设计思路如下。

（1）任务设计

情景演练可以针对某一个案例，也可以是一系列相关案例贯彻整个课程的始终。总之，任务要非常明确，主人公在参与任务的过程中，运用老师讲解的理论，在解决问题时，除了增加体验外，更重要的是，在对知识融会贯通的过程中，进行了一次课堂知识的迁移。

在版权课程"双碳时代——碳达峰碳中和政策解读"课程中，沙盘模拟演练一家火力发电企业三年的生产经营活动。角色分工包括：CEO、采购部主任、计划营销部主任、财务部主任、碳交易员。在碳达峰碳中和国家政策、煤价持续高涨等多重压力下，企业面临着节能减排、企业碳管理、转型升级等种种选择，CEO 将带领企业管理者完成一系列的任务挑战，既要满足发电企业的利润，又要兼顾国家减排政策，还要实行碳交易活动。在这一系列任务中，学员就可以切身体会双碳时代下的生产经营模式与传统粗放式的经验模式的差距及管理方式的变革。

（2）角色设计

在情景模拟中，人物就是演员，演员充当情景中的角色。在角色设计上，如果没有亮点和特色，就会让整个情景演练陷入平淡。比如太普遍化的角色，小王、老李之类的，没有任务特色，无法形象化，演戏的人也随意，看戏的人就更随意了。形象化的角色设计，能够成为情景中的亮点，让人记忆犹新，整个课程也就跟着活起来了。那么人物角色设计如何才能形象化呢？可以有两种方式：第一种方式是借用知名人物，第二种方式是塑造人物角色。经典的影视剧中的人物，如果能运用到情景演练中去，就能起到锦上添花的效果。另外，根据主题需要，我们可以另行设计出不同的人物角色。比如师傅和徒弟，老师和学生，专家与外行等。一些情景微课中，通篇采用人物问答来推进课程的讲解，就很受市场的欢迎。

（3）氛围设计

情景演练除了任务设计、角色设计要下功夫之外，氛围布局也不能忽略，具体来说，就是舞台、服饰、道具的设计与布局。在一些古装电视剧里，看到穿帮镜头，我们明明知道是在演戏，还是免不了要吐槽。受众当然不会像对待影视剧那样对待课程设计，但是，老师如果在场景布局上稍加注意，就会有额外加分的奖励。一句话总结，用电视导演的思维，做成小品水平的效果，在培训情景演练中，就是上乘作品。

3. 趣味活动

很多老师的课程，结构好、有练习强化、有问题讨论，但是，课堂上的气氛总是感觉欠缺了一点点。你可能会说，增加情景演练呀，不可否认，情景演练是可以带来参与性及趣味性，但你的课程如果不是完整的纯沙盘课程，也不可能每个小节都设置模拟演练，再说时间上也不允许你这么做。那么，此时各种趣味性的小活动就可以派上用场了。但是值得注意的是，这些趣味活动，一定要为主题观点而服务，绝对不是为了活跃气氛而设置的，否则就成了助教在开课前举行的破冰游戏或者下午上课前的暖场活动。趣味活动有很多，归纳起来，有以下几大类：游戏、故事、金句，成语接龙、互动抢答、学员朗读、道具使用、才艺活动等。

第 5 章

五星能萃取：深度萃取成经验

自从人类社会有了组织形式之后，经验萃取这项活动就一直存在，而且潜滋暗长，助推社会的发展与进步。只是到了近些年，有人对这项活动本身又进行了萃取，取了一个不错的名字叫作"经验萃取"或"经验内化"。有理由相信，未来这项活动还会在任何组织里长期存在，也依然会有人对这项活动继续萃取，至于叫什么名字，现在不得而知。

5.1　理解经验萃取

各种事务管理过程中，我们经常会接触到三个高频词：第一个是复盘，它是对某一件事情的完成过程重新审视，比如运动员会看自己失球的过程；第二个是总结，它是对某一个阶段所有活动的回顾，比如每个企业的年终总结汇报；第三个是经验萃取，它可以粗略理解为把干好某件事的方法论提炼成容易复制与传播的有效形式，比如古人看云识天气的各种口诀。这是对经验萃取的粗略感性理解，事实上，关于经验萃取理论研究也有不少，这里介绍最流行的三个理论，它们相辅相成，系统了解，便于我们更准确地理解经验萃取。

5.1.1　知识管理 SECI 模型

《创新求胜》书中提出了一个关于组织经验萃取的 SEFI 模型，其核心思想是：企业在经营活动中，存在隐性知识和显性知识之分，二者之间互相作用、互相转化。它们由一组循环活动过程构成：社会化（Socialization）、外显化（Externalization）、融合化（Fusion）、内隐化（Internalization），如图 5-1 所示。

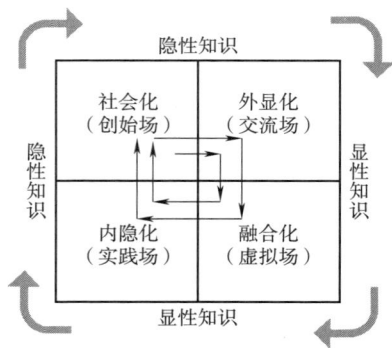

图 5-1　SEFI 模型

1. 社会化（Socialization）

通常所说的社会实践，就是通过观察、模仿，最后熟练掌握某项技能，或某个项目流程。只要参与到实践中去，就会获得相应的经验，这种知识在企业里普遍存在，但它只存在于某个员工的脑袋里，或者肌肉记忆中。属于组织内个人所有，独立产生价值。比如说，一个公司有三个人都销售信用卡，在销售过程中，都形成了一套不同的说服客户的方法，这些方法就是社会化的隐形经验。

2. 外显化（Externalization）

隐形经验有两个不足：一是容易随着员工流失而从公司流失，二是分散在员工的操作技能上，各自为政，对解决某一问题来说，有重复和冲突的地方，是一种资源的浪费。如果员工与员工之间相互交流，隐形经验之间相互碰撞，产生火花，达成共识，最后用明确的概念和语言文字表述出来，这就是经验的外显化。比如，为解决某一个问题，所召开的专家会议，大家用头脑风暴共同创意，最后形成了有效的决议。

3. 融合化（Fusion）

外显化的经验，往往是碎片化的，它侧重在创意、亮点。把碎片化的经验组织起来，形成标准化的流程模型，系统化的概念。这样融合，目的是最大限度地传播，产生知识的规模效应。

4. 内隐化（Internalization）

组合化的经验，被企业内部广大员工吸收后，再次在实践中检验内化，又成为自己的隐形经验，员工的技能由此得到了升级，再次完成企业知识循环。这种从隐形→显性→隐形→显性，周而复始的循环过程，就是企业整个知识管理的过程。管理者只要能够推动这种循环，经验萃取就走在了正确的道路上。

5.1.2 库伯学习圈理论

关于经验的第二个理论是库伯学习圈理论。这是美国社会心理学家、教育学家大卫·库伯在他所著的《体验学习：让体验成为学习和发展的源泉》中提出的体验学习概念。SEFI 模型是站在组织经验的角度思考经验萃取，库伯学习圈理论则是站在个经验学习的角度来思考经验萃取的，如图 5-2 所示。

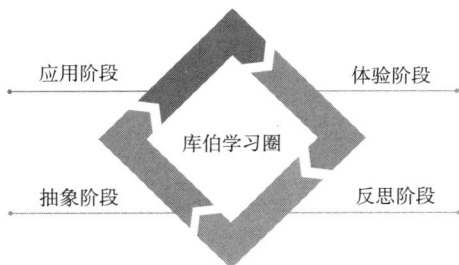

图 5-2 库伯学习圈理论

1. 体验阶段

库伯认为学习的起点或知识的获取首先是来自人们的经验 / 体验。这种经验可以是直接经验，也就是从直接参与中获得的体验和感知。但是人们不可能在有限的生命周期内将世界上的每一件事都经历一遍，所以也可以是间接经验，即从别人的经验中获取感知。如企业的经验总结，相关的操作指引，甚至书本经验，都可以说是间接的经验。

2. 反思阶段

获取了直接经验和间接经验后，接下来需要反思，这些新的经验与过去的经验有冲突吗？如果有冲突，该怎么调和或改进，这是学习者成长的源头。

3. 抽象阶段

将思考的想法与经验作归纳与连结，形成概念，作为解决问题的最佳应用，是此阶段的重点。

4. 应用阶段

体验学习的成效，即是个人能够应用参与活动，用所学习到的知识，去推理到外在世界。这个阶段着重将这些活动经验应用到正确的情境，并将体验学习的经验，应用到个人的日常生活当中。

这四个阶段是连续的，且随时有可能发生，也就是任何一个经验产生不但是连续的，它也会影响未来的某一个经验。每个阶段并不只有单一的方向，因为环境、学习者之间、教师或引领者、设施及装备彼此之间不断的互动，并产生连续性的交互作用。

5.1.3　戴尔经验塔理论

关于经验萃取，还有一个理论，就是美国视听教育家戴尔 1946 年写了一本书《视听教学法》，其中提出了"经验之塔"（Cone of Experience）的理论。该理论侧重于探讨人的经验是怎么来的。理论认为，人的经验形成，有的是直接方式得来、有的是间接方式得来，但都需要经过三个层级。

1. 亲自感知

亲自感知层级在戴尔经验塔的最底层，也就是做的经验。未曾经历，不成经验。所有亲身经历的过程中，无论是做对了，还是做错了，对于经验的形成都是至关重要的。

2. 他人告知

凡事都要亲身体验，而我们获取的经验极其有限，并且也不一定干每一件事情，都必须体验一遍才能成功。所以，获取经验的第二个层级，是观察的经验。看书、看电影、听课等，从他人的言传身教中得到启发与收获，本身就是经验积累的过程。

3. 逻辑推之

当然，有了做的经验，也有了观察的经验，这还属于小范围内个人的经验。如果只停留在这两个层面，经验虽能够产生价值，但也常常被人诟病为经验主义。如果在这个基础上，通过比较、归纳、提炼，形成更具有普适性的概念，就到了抽象的经验。

如果你是一物业公司的工作人员，负责处理客户投诉问题。你对工作很敬业，前前后后处理了几十个客户投诉，在处理过程中的感受、应对、成功与失败，都会构成你越来越娴熟的客户投诉处理经验。这里积累的就是亲自感知的经验；同时在处理客户投诉的过程中，你也会参考学习同行优秀的做法，这是他人告知的经验；最后，你为了让更多人像你一样，高效处理客户投诉，达到超预期的满意度，把这些经验加工整理，形成一套标准模式：巧妙化解情绪→认真聆听需求→说明内心感受→给出可行方案→协助落实行动，让更多人借鉴运用。这就是第三层次抽象的经验。

5.2　经验萃取的价值

通过经验萃取的系统理论，我们清楚地知道，无论是站在组织的角度，还是站在个人的角度，经验萃取都是必要的。那么它有哪些实践价值呢？

5.2.1　对个人的价值

经验萃取对个人的价值主要有两个方面。

1. 成果产出

员工在岗位上工作，其实是有两种成果，一种是创造的效益成果。老板之所以愿意给员工发工资，是因为员工的劳动付出给公司带来直接或间接的收益。当老板觉得你创造的收益远远大于为你付出的人工成本，于是就继续用你，一旦觉得你创造的收益不值得雇佣你的时候，你就到离开的时候了。

另外还有一个成果，就是知识成果，也就是你的经验有多少是被看见的。曾经有这样一个段子：说有人在公司工作了十年，老板一直用他，但就是不给他加工资，后来这人去找老板加薪，说自己已经有十年付出，为什么没有加薪。老板回答说，你用一套模式在我这里拿工资有十年了，还要我加工资？虽然这是一个段子，但是从中折射出了创造效益成果的隐性经验其含金量有多高。经验萃取，能够让我们的隐形经验显性化，这就是含金量高的知识成果，老板知道你有知识成果，从而也愿意额外为你付出成本，比如加薪晋级。这是职场暗藏的规律，下次你如果看到和你同时起步的员工加薪晋级后，不要再抱怨领导偏心，而应该反思一下自己，是不是你的劳动成果只有效益成果，而没有知识成果。

2. 能力提升

职场工作人员都知道要学习，因为学习可以成长，可以提升解决问题的能力。但是不知道学习什么，怎么学习。有的人表面上看起来爱学习，但工作能力没有得到任何提升。原因在于学习没有目的，抱着学了就能改变命运的幻想，往往会适得其反。越来越多的人倡导在工作中学习，在问题中学习，在挑战中学习。那么，对自己的隐性经验进行萃取，不仅产生了知识成果，更重要的是提升了综合能力，比如：问题分析能力、逻辑思维能力、文字组织能力等。这比你直接被动接受这些知识，要高效得多！

5.2.2 对组织的价值

很多管理者曾经有过这样的担心，员工萃取经验，能力增长后，离开公司怎么办？这种担心是多余的，因为经验萃取给组织带来的价值更大，主要体现在下面三个方面。

1. 提高培训效率

一个组织要有生命力，内部培训必须健全起来。在组织里不只是内训师能讲课，各个层级的管理者也要能讲课。一说到讲课，你可能马上会想到传统的方式，内部讲师在外面学了一个课程，回到公司后，在正式的课堂上，大张旗鼓地讲一天半天。这种方式在企业内部知识管理的过程中，不能成为常态。在企业里，更多需要的是岗位优质经验的分享或现场案例的探讨。知识管理完善的企业，会将优质的经验系统化，甚至录制成视频，上传到内部网络上。员工有需求时，根据遇到的挑战，方便获取，随时运用。这样的培训，才是最有效的培训，要做好这个工作的前提是先有经验萃取。

2. 留住优秀员工

都知道，现在组织留人，是一个老大难的问题，于是很多企业通过有吸引力的待遇进行留人。不可否认，待遇留人是基础。但是，光有好的待遇，留得住人，留不住心。有能力的员工，在哪里都可以获得好的待遇，他们更需要的是被尊重与被理解。

一旦优秀员工的经验被萃取出来，在组织里影响带动了更多人，员工就会对组织产生一种依赖和忠诚。正所谓，员工的忠诚不是给予他多少而产生，而是因为他付出多少而产生。

3. 带动全员绩效

组织里经常讲的降本增效，有一种看不见的成本，是试错成本。每个岗位如果都重复造轮子，都把前人犯过的错误重新再犯一遍，再有实力的企业都经不起折腾。组织里没有经验萃取，或者不会经验萃取，既会出现一天犯十个不同错误的现象，也会出现十天犯同一个错误的现象。而广泛开展经验萃取，后来者就会站在前任绩优者的身上继续前进。

5.3 经验萃取的步骤与应用

知道了经验萃取的价值，也有了进行经验萃取的意愿，但并不是隐藏在冰山之下的经验，就能轻而易举地萃取出来，需要按照条件准备、追问细节、经验加工三个步骤进行萃取，如图 5-3 所示。

图 5-3 经验萃取的三个步骤

5.3.1 第一步：条件准备

当组织里的条件不具备时，经验萃取是伪命题，最常见的现象就是，萃取的经验空洞无物，不能指导继任者解决问题。组织的经验萃取不是最终目的，对组织或个人产生改变才是目的。经验萃取需要哪些准备条件呢？

1. 三高专家的选择

企业运营久了，每个岗位上都会沉淀出一批专家，但他们不一定是三高专家。三高专家是在三个方面都很突出的工作者。第一个是高技能。这一要求在成熟的组织里一般都具备，新兴的企业相对就欠缺一点。第二个是高绩效。有些专家只是因为工作时间久有老资格，由于自身的知识更新跟不上节奏，在新的时代环境下，绩效结果就不会很突出。如果萃取这样的专家经验，怎么可能指导继任者产生高的绩效。所以，在企业内部选择萃取对象时，绩效结果也是一个考量因素。第三个是高意愿。很多专家过于保守，不愿意把自己的经验分享出来，让他分享也是有所保留的，这是很多专家的通病。打破这样的格局，在企业里必须营造一种分享文化，让分享者的价值更能彰显，让专家没有后顾之忧。一般环境开放了，专家也就有意愿把自己的经验分享出来。

2. 萃取师的确定

自从企业里出现了内训师这个岗位，这些年相继出现了引导师、催化师、督导师。与其把这些职位理解成一个岗位，还不如把它们理解为企业内训师的一个功能。其实大多数企业的内训师也都是兼职的，那就更不可能再专门设置一个萃取师了。所有公司的内训师，要有萃取意识，开发课时，要有回到课题的工作场景，通过向专家请教、采访专家、组织专家会议等方式，就某一主题，萃取专家的经验。有些公司擅长采用传帮带的模式进行工作，徒弟除了在工作中跟着师傅学习外，还有一个重要的职责，就是萃取师傅的经验。

3. 开放的环境

能否萃取出有价值的经验，公司能否营造开放的环境是关键因素。专家凭什么和盘托出，萃取师凭什么不遗余力围绕专家的经验打转，他们身上都有各自的工作，又不是专门的访谈记者。这一系列的问题，如果不提前规划好，经验萃取就会胎死腹中，或中途流产。所以经验萃取这项活动，不能成为一股风式的运动，而应该放在公司战略层面，定下目标，分解任务，作为月度或季度计划推行下去。只有萃取师和专家达成共识，明白萃取经验的目的和意义，经验萃取这项活动才能在统一的规划下，有效地开展下去。

5.3.2 第二步：追问细节

当一切都准备好了之后，接下来就是最关键的时刻，通过追问细节，让专家把深藏在自己身体里的宝藏挖掘出来。有意思的是，如果没有这些细节的追问，让三高专家自己写出经验，写出来的东西不一定是有效的经验。那么，在追问细节时究竟应问到哪些细节呢？

1. 追行为

针对某一个主题，面对专家，或专家团队，萃取时首先要问的就是专家的行为。

转换成要问的问题就是：具体你是怎么做的？至于怎么做，要提醒专家，是分哪几步完成的？还是把握了哪几个核心要素？此时专家就会告诉你：第一步、第二步、第三步……或者告诉你，要素一、要素二、要素三……而此时，为了防止行为上的遗漏，提问者可以继续追问：还有呢？然后呢？问到这些细节，行为追问就成功了。

一位优秀的厨师会做啤酒鸭，现在你作为萃取师，通过采访追问啤酒鸭是怎么做出来的。下面是示范性地模拟问答：

萃取师：您好！大师，都知道您做的啤酒鸭非常好吃，请问，如果要做出这样的啤酒鸭，您能概括为关键几步，或者是把握哪几个关键要素吗？

大厨：可以，我觉得，做出爽口的啤酒鸭，需要把握好关键几个步骤！

萃取师：您能够告诉我，是哪几个步骤吗？

大厨：第一步，烧烫锅后，放入切好的鸭肉，炒出鸭油；第二步，热油锅单独炒熟准备好的生姜和大蒜果；第三步，放入初次炒的鸭肉，加上调料翻炒（盐、糖、生抽）；第四步，倒入啤酒一瓶，焖至烂熟。

萃取师：就这样四步，还有其他步骤吗？

大厨：做好啤酒鸭，还有最后一步，就是放入切好的辣椒及葱花，便可以出锅了。

萃取师：我明白了，回去我可以按这个步骤做出可口的啤酒鸭了吗？

大厨：你还做不出来。

萃取师：……

2. 追思维

之所以追问了行为做法，没有办法让新手做成事情，是因为此时你还只知其然，接下来的"追思维"就是让你知其所以然。行为背后一定有原因，也就是专家为什么要这样做，他是怎样思考的？这是思维层面上的问题，所有要弄清一件事，还得多问为什么。都知道小孩子学东西很高效，根本原因就在于小孩子在研究问题时，喜欢问两个问题，一个是还有呢？这是在向有经验的大人追行为；另一个是为什么呢？这就是在向大人们追思维。正因为小孩有这种打破砂锅问到底的天性，所有学习任何东西都很快。只可惜长大后的成年人，渐渐丢掉了这个天性，现在萃取经验，还得捡回来。继续再看关于啤酒鸭的模拟案例。

萃取师：大师，您开始说的，我知道了具体的步骤，一样无法做出可口的啤酒鸭，这是为什么呢？

大厨：因为你还不知道我这样做的内在原因。

萃取师：那你为什么要这么做呢？

大厨：第一步是为了榨干鸭肉里的水分，再煎出鸭油。

萃取师：为什么要实现油的分离？

大厨：因为含油的鸭肉太腻，而且有膻味。

萃取师：那其他几步又有什么内在的原因呢？

大厨：第二步，用热油锅炒熟配料，是为了最大限度出香味，与鸭肉混炒，香味不会出来。第三步，加入调料，与鸭肉混炒，是为了更加入味。第四步，加入啤酒，是这道菜的主体设计，而且能让鸭肉更烂。最后一步放辣椒和香葱，除了满足辣的口味外，防止辣椒和香葱在锅中的时间太久而变软变色，所有也只能放在最后一步。

萃取师：喔！知道了其中的原因，似乎更有发挥的空间。

大厨：没错，知道了其中的原因，行动起来才能灵活自由而不失方向。

3. 追易犯错误

任何一项技能，新手学会后，在具体的操作中，都会出现一些容易犯的错误。作为有经验的专家，曾经也犯过类似的错误，知道相应的应对策略。如果能够把这些细节提供出来，包括注意事项、使用的工具技巧等，后面的继任者在操作中，就会避开这些错误，少走弯路，减少试错成本。我们继续沿用上面的案例。

萃取师：我知道了步骤和为什么要这样做的原因，那么，接下来，在每一步行动中，您作为过来人，有什么特别要强调的吗？

大厨：这就问对了，新手在具体操作过程中，有些细节确实需要强调一下，否则就会出现一些意想不到的错误。

萃取师：那请详细说来。

大厨：第一步中，容易出现鸭肉的水分还没有出尽，但鸭肉已经烧焦的现象，这样势必会影响口味。

萃取师：针对这个问题，有什么对策呢？

大厨：两个办法可以应对，一是为了加快鸭肉出水，可以先适当放少许盐；二是控制火候，出水阶段使用中火，出油阶段使用小火。

后面的步骤里，易犯错误与应对策略，一起罗列在表 5-1 中。

表 5-1　啤酒鸭制作细节追问

序号	步骤	原因	易犯错误	应对策略
1	烧烫锅后，放入切好的鸭肉，炒出鸭油	鸭肉出水出油干净，去掉膻味	肉焦了，水还没出干净	①加少许盐加快出水 ②控制火候，出水阶段中火，出油阶段小火
2	热油锅单独炒熟准备好的生姜和大蒜果	热油让配料最大限度出香味	配料容易变焦变色	配料分两批，一批是香味难出且不易变焦的配料，如姜、蒜果等 另一批是香味易出，但容易变色的配料，如红辣椒、葱花等
3	放入初次炒的鸭肉，加上调料翻炒	鸭肉入味	调料用量不好掌握	①用量数字化，如盐 10 g、生抽 10 mL 等 ②使用工具，如有刻度的勺子等
4	倒入啤酒一瓶，焖至烂熟	啤酒让鸭肉味道鲜美，肉质软糯	鸭肉没烹烂，啤酒烧干了	①大火 3 分钟，小火 10 分钟 ②使用工具：计时器
5	放入切好的辣椒及葱花，就可以出锅了	二次增加香味，啤酒鸭着色	焖煮导致配料变色	①揭开锅盖，调料置于上层 ②使用计时器大火烹饪 2 分钟

从表 5-1 中我们可以看出，追问细节层层深入，从粗放的步骤开始，再到内在的原因，最后从易犯的错误出发，给出应对的策略。只有追问到这个层面，经验对学习者才具有现实的指导意义。否则，就是隔靴搔痒，怎么也挠不到点上。

5.3.3　第三步：经验加工

专家在实践中形成的隐形经验，现在被显性化了。但是这些经验，就像一片一片的璞玉，有价值但不被买主认可，因此需要精雕细刻地打磨。只有加工成一套易记忆、易模仿、易掌握的标准化模式，才能惠及更多的人，产生更大的价值。

1. 普适性加工

针对某一个主题，个别专家的经验，都是来自特有的场景，其提供的方法、流程、步骤难免会存在片面性与局限性，很难推广到其他的场景。因此，在实际萃取过程中，需要找到多位专家（3~5 位专家），共同讨论。每位专家在解决问题的过程中，遇到的挑战不同，提供的视角不同，受到的启发也不同，综合多位专家的经验，整合成的经验模型会更加具有普适性。

2. 概念化提炼

萃取出的经验里面，其中行为要点，无论是行动步骤还是关键要素，都要经过提炼，才会让人记忆，便于传播与复制。那么具体怎么提炼呢？在本书第 4.3 章节中，论述要点内容加工时，详细讲到了两种加工内容的方法：一种是提取概念，另外一种是编口诀。在这里，同样可以用上，因为课程设计，本身就有经验萃取的成分。还是以啤酒鸭这道菜的加工为例，可以对关键步骤提取概念，也可以对策略编写口诀。表 5-2 对关键步骤及原因进行了初步的概念提取。

表 5-2　啤酒鸭经验萃取内容概念提取

序号	关键步骤	原因	易犯错误	应对方法
1	干炒鸭肉	去膻	肉焦了，水还没出干净	①加少许盐加快出水 ②控制火候，出水阶段中火，出油阶段小火
2	油炒配料	配香	配料容易变焦变色	配料分两批，一批是香味难出且不易变焦的配料如姜、蒜果、花椒等 另一批是香味易出，但容易变色的配料，如红辣椒、葱花等
3	添加作料	调味	调料用量不好掌握	①用量数字化：如盐 10 g、生抽 10 ml 等 ②使用工具，如有刻度的勺子等
4	啤酒下锅	出汁	鸭肉没烹烂，啤酒烧干了	①大火 3 分钟，小火 10 分钟 ②使用工具：计时器
5	出锅下料	增色	焖煮导致配料变色	①揭开锅盖，调料至于上层 ②使用计时器大火烹饪 2 分钟

3. 可视化建模

提炼关键信息后，字数一样，语句整齐，但是这还只是文字信息。大脑对文字信息的敏感度远远小于图片，当用合适的图示来呈现关键信息内容时，总能够给人眼前一亮的感觉。在本书的第 6 章，PPT 页面构思中，将会重点讲到。作为经验可视化建模，首先要弄清楚内容要素直接的逻辑关系，其次根据逻辑关系选择合适的图形或模型，最后是美化这些图形。如上面啤酒鸭这道菜的加工步骤就可以设计成图 5-4 所示的可视化模型。

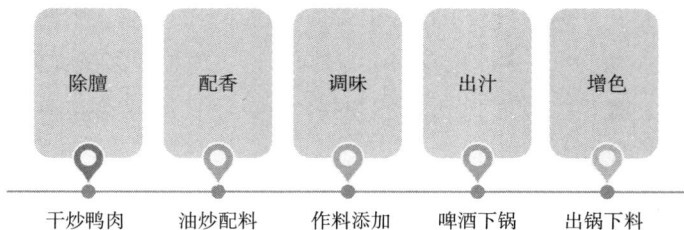

图 5-4　啤酒鸭制作步骤内容加工

5.3.4　组织萃取后的经验应用

经过千辛万苦，萃取出了专家的经验，做到了场景案例经验化，隐性经验显性化，显性经验可视化。那么经验萃取完成了吗？似乎还差最后一环，也就是有效经验价值化。在组织里实现经验价值化，概括起来，有三种场景可以应用。

1. 企业内训

萃取出来的经验靠谁传播？企业内训师首当其冲，谁可以作为企业内训师？各个层级的管理人员，都可以兼职充当内训师。内训师讲课，贴近工作场景，也就是说，课程里面的案例，都可以来自萃取的经验。

2. 企业微课

很多技能类微课的核心任务部分，本身就是一条经验。公司萃取的种种经验，以视频作为载体，有些还可以做成动画视频形式。分门别类，构成各个板块的微课体系，上传到企业的内部网络上。内部通过多种形式的微课比赛，不停地优化已有的微课体系。为后续有需求员工的学习获取，提供了最佳的路径。

3. 会议传播

组织里面都有会议，班会、例会、研讨会、总结大会，应有尽有。所以不建议再设置专门的经验分享会，而应该在各种会议里，嵌入经验萃取分享的内容。得到认可的经验，应由专门的部门收集管理起来，形成企业的知识经验库。

5.4　典型案例开发

很多企业不止兴起了授课比赛、微课大赛，还出现了案例开发比赛。案例开发比赛中所说的案例叫典型案例。我们平常在讲课中，经常说：举个例子、打个比喻、讲个故事、说个新闻、看个视频等，习惯上也称之为案例，但这是广义的案例。同时，我们在讲课中，也经常用到供学员研讨分析的案例，这种案例是发生在工作场景中的真人真事，一般来说，都属于接下来要说的典型案例。

5.4.1　典型案例的特征

典型案例是发生在真实工作场景中，包含了背景、冲突、问题和挑战任务，可以提供学员分析问题机会的事件。因此，典型案例具有如下特征。

1. 实效性

我们经常讲，发生在自家身上的事情，比发生在别家的事情更有说服力；发生在近期的事情比发生在遥远过去的事情更有说服力。曾有专家在讲中国历史时有一个观点：事实久了就会变成历史，历史久了就会变成传说，传说久了就会变成神话，所以炎帝尝百草，黄帝战蚩尤就出现了。这段话道出了案例与故事的本质区别，虽然二者都可以供学员分析，但案例是真实发生，且具有一定的实效性。即使是发生在企业里的真实事情，口口相传，层层加工，到最后都会演变成虚构的故事。

2. 挑战性

企业里每天都有各种事情在发生，但并不是所有的事情都可以编成典型案例。典型案例需要有冲突存在，也就是说，主人公会面临着艰难的抉择、棘手的问题、失败的尝试等。基于任务挑战事件而开发出来的案例，才具有分析的价值和意义。

3. 完整性

典型案例不是把一件事情讲清楚就结束了，而是应该有标题、引文、正文、附录等内容，正文是案例的主体，要包括：背景、任务、行动、结果。所以，在编写典型案例时，为了防止丢失相关内容，老师一般都要提供表格工具，供学员编写完整的案例。

4. 典型性

学员通过分析典型案例，学习当事人处理问题的方式，或者避开当事人踩过的坑，从而提升自己解决类似问题的能力。所以，不具备普适意义的个性化做法、标新立异的点子，都不能作为典型案例。

5.4.2 典型案例的作用

就企业管理而言，案例的作用不可估量。因此很多优秀的企业，都有自己的案例集。具体来说，案例对一个组织里的四类人有帮助。

1. 解除管理者的心酸

企业的管理者，面对新生代员工，想用心培养，结果新员工不领情，动不动还唱反调。为什么会这样，因为管理者在与新生代员工沟通时，往往过多地讲道理、讲观点、给评价，这是新生代员工不喜欢的。试试用事实说话，案例就是最大的事实，把案例做成视频的形式，然后和他们一起分析，让他们从中受到启发，从而积极投入到自己的工作场景中去。

2. 慰藉内训师的心烦

内训师为了讲好某一个课程，用了无数个日夜，学习了多种权威理论。结果在课堂上，没想到学员跟他想的不一样，有的玩手机，有的打瞌睡，有的假装在听。总之，弄得内训师一肚子心酸委屈无处诉说。如果公司有案例，内训师放到课程里，适当加以引导，让学员共同分析自己公司发生的事情，效果会大不一样。内训师备课的辛苦，因为得到了学员认可和鼓励，心烦顿时化为乌有。

3. 化解技术控的焦虑

公司里各个岗位上都会有技术人员，他们靠手艺吃饭。年龄大了，最想干的事情就是把自己的技术传承下去。哪知道现在当徒弟的年轻人，不比当年自己学徒弟的年代，都不怎么想学，因为看不到真实的价值。老师们如果学会用案例分析来讨论技术问题，让徒弟参与其中，也许就不再会为徒弟出道太缓慢而焦虑重重了。

4. 解除新员工的迷茫

企业每年都有大学生进公司，作为有思想的新员工，初入职场，工作跟自己想象的不一样。面对一系列的、无头绪的文件资料，也不知道从何处学起。时间久了，就会迷茫而失去方向。因此，企业里离职率最高的群体非新员工莫属。还是用案例说话，让新员工在工作中领略其他优秀员工战胜与自己类似的挑战。在这种活生生的内部教材洗礼下，新员工进入公司，很快就会安身立命，顺利度过迷茫期。

5.4.3　典型案例的开发实操

典型案例包括：案例标题、案例引文、案例正文、案例附录四个部分。接下来，我们分别从这几个方面入手，介绍案例开发的具体细节。

1. 案例标题

首先映入眼帘的是案例标题，标题的好坏与否直接影响阅读者的兴趣。为了不让观看案例的人错过，标题要能反映案例的实质。案例标题和课程标题的写法有相似之处，也有不同之处。为了简便起见，这里提供常见的案例标题命名的四种方式，如图 5-5 所示。

（1）描述型标题

用一句话精准概括案例的核心任务挑战，这与课程的命名方式基本一样。比如："班组团队建设的三次突破""张三成为党员的心路历程"等。

（2）提问型标题

通过一个问题，勾起阅读者的好奇心，激起其继续阅读下去的欲望，这就是提问型标题的魅力所在。比如"是什么导致王二开始晨跑""张经理的焦虑从何而来"等。

（3）价值型标题

成年人的价值来自趋利避害。会给我带来什么好处，这是趋利；让我少走的弯路，这是避害。比如：从趋利的角度挖掘案例标题，如"一通电话引起的思考"；从避害的角度挖掘案例标题，如"流汗不流血：工地安全百日零事故"。

（4）比喻型标题

比喻说事，能够把抽象变得具体，把深奥变得浅显；能够连接受众的知识起点，建立起对新知识的共识。在标题上，体现出比喻的本体和喻体之间的关系，一下子就把案例的价值点凸显出来。比如："我们不是蜘蛛侠：老刘的事故带来什么样的启示""蚂蚁围攻大象：淘宝遭遇转型之痛"。

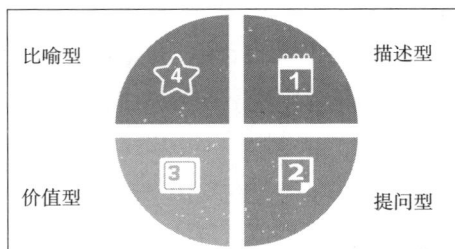

图 5-5　案例标题的四种写法

2. 案例引文

案例引文也叫作摘要，就是用一段话，对案例的主要内容进行简明扼要地描述，让读者对案例有一个梗概性的了解后，产生详细阅读案例正文的欲望。引文不要求太长，一般就是几十个字到一百来字之间，写法上也很简单。推崇使用三段事引文写法。

（1）描述背景

这里的背景和正文中的背景稍有不同，这里主要是对背景进行梗概性的概括，讲清楚人物要做什么事情即可。

比如：一对白手起家的夫妻经过共同奋斗，终于有了资金可以建一套属于自己的房子。

（2）概括冲突

当背景简要概述清楚之后，接下来不能继续平铺直叙，而应该对主人公遇到的挑战或麻烦进行概括。

比如：然而，在设计风格上，丈夫与妻子各有自己的立场：男方希望建一座有一个小书斋和一个存储空间很大、有车库的低矮平房；女方则希望建一座有烟囱有凸窗的两层楼房。双方立场坚定，情绪激动。

（3）引起思考

接下来，在引文中要带领读者，对后续案例的具体内容产生好奇心，所以设计问题就是最好的策略。如果是正面案例，问题设计就是：主人公采取了什么样的策略方法，最终完成什么事情；如果是反面案例，问题设计就是：案例中的主人公做错了什么事情，导致了什么后果。

比如：那么是什么样的协调方法，让夫妻双方都放弃了自己的立场，达成了共识呢？

3. 案例正文

正文是案例的主体部分，需要还原整个事件发生的起因、经过、结果，描述主人公面对的任务挑战、分析与解决问题的细节等。正文主要包括：背景（Situation）、任务（Task）、行动（Action）、结果（Results）四个方面。

（1）背景

背景是对案例发生的大环境进行叙述，比如行业的趋势、产业的政策、专业的性质，等等。如果案例不需要对这些大的环境做交代，则案例发生的工作或生活场景也可以作为背景。总之，有背景的铺垫，读者就可以产生身临其境的感觉，切身体会到案例主人公行为背后的支撑，他们也是在现实生活中，而不是空穴来风。为了让背景更真实、更接地气，描写背景推荐用 5W 法，即时间（What）、地点（Where）、人物（Who）、事件（What）、起因（Why）。

（2）任务

要写好案例的任务，需要提炼出任务的难点，通常在任务里，主人公会面临两难选择，这也正是案例具有指导意义的地方。在这里，你需要叙述好三件事情：任务的目标是什么，难点有哪些，主人公的心理感受怎样表达出来。

（3）行动

正面案例中，我们可以学习人物的正确决策步骤或行为方式；反面案例可以看到人物是怎么一步步走向失败。因此，行动要有指导学习和借鉴的地方。写好行动，需要围绕这三个方面展开：①具体行动步骤或关键要素有哪些？②基于什么原因采取上面的行动方式？③在行动中采用的是什么工具或方法？

（4）结果

这是案例描述的最后一个部分，正面案例像喜剧，是皆大欢喜的结果，阅读者甚至可以感受到主人公的喜悦心情。反面案例像悲剧，一个好的局面最后不可收拾，我们为之同情时，反思自己。下面是一个完整的案例正文描述。

丈夫王强与妻子张英下班回家，都已经很疲惫，二人无意中开启了一段关于新房设计的话题（背景：When、Where、Who、What、Why）。

王强：老婆，我还是想建一套有小书斋和存储空间较大，且带车库的低矮平房。

张英：那不好，房子是一辈子的事情，我觉得还是建一套有凸窗的两层楼房。

王强：楼房有什么好的，现在都流行平房。

张英：你的品位有点问题，平时好多事都是你做主，我都没有坚持，这次，我必须坚持我的观点。

王强：我们平时不也是共同商量着来的吗？

张英：我不想说了，和你沟通很累！

王强：我还更累呢（任务：目标是说服对方，认同自己的观点；难点是夫妻双方各自有自己的喜好，很难被说服；夫妻的感受是气愤）。

一个月后，是王强的生日，张英提前下班，在家做了丰盛的晚餐，还为丈夫订购了一束玫瑰花。丈夫回家，被老婆营造的温馨场景所感动。

张英：坐下来，咱们举杯庆祝一下，祝你生日快乐。

王强：老婆你辛苦啦。上次我们为建房设计的问题，争吵得不可开交，想起来都觉得这不是你我的风格。这次，咱们不争了，我想知道，你那么喜欢有凸窗的二层楼房，能告诉我原因吗？

张英：其实原因很简单，因为我想早上有阳光，招待朋友时也显得宽敞些。那我也想知道，你为什么那么喜欢有车库的低矮平房？

王强：其实原因也很简单，我想有舒适的阅读场所，复古的装饰风格（行动：营造氛围、倾听对方需求、寻找对方需求深层原因。因为自己的要求也可能变为对方的需求，采用的工具就是借用特殊的节日）。

张英：我们两人的需求也不是完全冲突呀，不就是早起有阳光，招待朋友宽敞些，有舒适的阅读场所，复古的装饰风格吗？你还有哪些需求？

王强：对呀！我们各自坚持立场，争论了那么久，其实，我们应该找设计师，看能不能综合实现我们的共同需求！

设计师：你们俩的这些需求，我这里有很多实现方式，这是图纸，你们共同选一种吧！

王强、张英：真是太好了（结果：双方的需求实现；造成的影响是夫妻感情更好，以后更好沟通；前后对比，一种是暴力沟通，而另一种是非暴力沟通）。

4. 案例附录

案例中，有一些特殊的资料，不方便列入正文描述中去，可以用附录备注的形式，附于案例的后面，供阅读者进一步了解案例。就像电影放完之后，最后还有彩蛋一样。案例的彩蛋包括：工具表单、参考信息资料、人物后来的交代等。

综上，表 5-3 为案例开发表，供读者在开发案例时参考。

表 5-3 　案例编写表格模板

案例编写指南		
标题		
引文		
正文	背景	
	任务	
	行动	
	结果	
附录		

第 6 章

六星能制作：精美制作化成果

　　课程设计完成之后，就有了课程结构图、课程内容设计表、教学指导图。这些只是相当于有了高楼大厦的宏伟蓝图，接下来还需要精细的施工，也就是课程的制作环节，只有制作完成，才有可以交付的成果。九星培训师的能制作，将从三大方面带你走进成果制作的世界。首先，教会你又快又好地做成 PPT；其次，告诉你制作课程资料包有哪些部件，该怎么制作；最后，我们设计好的课程，不一定要靠讲师上台去讲，还可以制作成视频课程。视频课程的制作又该如何进行，需要学会哪些软件呢？下面我们将逐一进行阐述。

6.1 锦上添花：课程 PPT 制作

社会上有很多讲师说，上课可以不要 PPT，笔者认为要看站在谁的角度授课，如果站在讲师的角度来说，课程设计好了，教学有了蓝图，而且一堂课讲无数遍，脑海里也有了相应的场景，确实可以不需要 PPT，也可以把课讲得天花乱坠。但如果站在学员学习的角度，对课程设计思路一无所知，而且是第一次听老师讲这门课，没有 PPT，学习效果肯定会大打折扣。成人课堂学习，以学员为主体，以老师为主导，因此，为了保障课程效果，PPT 制作还是很关键的，它可以有四个方面的功效，如图 6-1 所示。

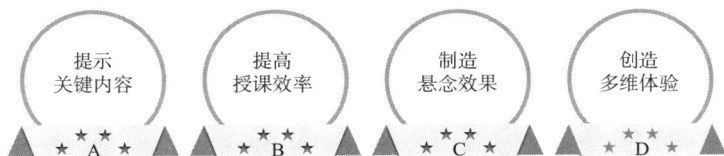

图 6-1 授课 PPT 的四大功效

（1）提示关键内容

很多讲师把成段文字搬到 PPT 上，这是 Word 文档汇报材料的功能，不是讲课 PPT 的功能。PPT 展示的是关键内容点，包括：标题、目录、过度章节目录文字、子目录、内容要点提炼、关键技巧、关键数据公式表格等。这些内容点用来提示学员和授课老师，相当于为师生双方锚定了一个话题点。成段的描述性文字堆放在 PPT 上，有两个矛盾的后果：要么授课老师对着 PPT 念文字，学员跟着听，听不了多久，就会走神；要么老师不按文字讲，学员看文字，各干各的。

（2）提高授课效率

在讲到一些抽象概念时，老师讲了一大堆，学员一个都没理解，这样效率极其低下，PPT 里插入一些注解、案例、示意图片，能够起到促进学员理解的效果。或者把一些关键内容要点用图形串联起来，使各个内容点逻辑关系清晰，一目了然。这样极大地降低了学员的理解难度，从而提高授课效率。

（3）制造悬念效果

在讲课过程中，有些关键信息，可能暂时不想让受众知道，此时就可以做成进场动画，讲到关键点的时候，才让动画播放出来，给受众一种超预期的心理感受。

（4）创造多维体验

PPT 里可以设置精简的强调动画效果，也可以插入各种现场视频、动画视频、音乐音效，再结合老师的活动授课，进一步增强对内容的记忆。

6.1.1 PPT 页面构思技巧

PPT 制作，不能偏离课程设计，课程设计里的整体结构，一开始就要在 PPT 里体现出来。整体结构设计里，课程分为导入、任务、结尾三大部分，各有各的作用，一个环节都不可缺少。同样，在制作 PPT 时，也要有这三个大的环节一脉相承。

1. PPT 导入部分

PPT 的封面、目标、情景、目录四个部分，构成了课程的导入环节。值得注意的有两点：第一，除了封面外，其他三部分并不是都要体现在 PPT 上。要根据课程的大小、属性以及老师的授课水平，决定哪些部分直接在口头上讲解演绎，哪些有必要保留在 PPT 上。比如，有些老师的课件，在 PPT 里看不出目标和情景，但实际上，在封面这个部分，他就通过口头演绎，把这些内容说清楚了。第二，情景部分如果是个复杂的案例，可以由两页甚至三页构成，其他部分，基本上就是一页构成。

（1）封面页

PPT 的封面在开课前基本上就已经展示在学员面前了，封面上的信息，可以让学员明确当下学习的主题、老师的介绍信息等内容，所以有几个要求需要明确。首先是标题，标题字号不要小于 48 号字，要能够吸引眼球。这里值得注意的是，有的学员主标题没问题，副标题字号太小，看起来就很不协调。其次是讲师信息，讲师信息不能太多，三四条最好，讲师可以把图像放上去，也可以配置相应的主题背景图，根据个人喜好决定。

（2）目标页

在"能设计"这一章中，我们讲了课程的目标设计。其实不只是整个课程有目标，每个章节也有目标，每个知识点一样要有目标。因此九星培训师不要求学员在导入环节写上目标，而是将每一章节、每一个知识点的目标放于心上。市面上，也有讲 PPT 制作的老师，硬性规定，课程制作要写目标，作为初学者，放上去也不伤大雅。

（3）情景页

课程导入有多少种方式，这一页就有多少种形式。因此，情景页可以是案例、故事、问题、数据表格。需要注意的是，导入是勾起学员兴趣的环节，尽量做到感性一点，遵从一个大致的规律：字不如表，表不如图形，图形不如图片，图片不如视频，视频不如情景演绎。

（4）目录页

目录页起到提纲挈领的作用。正式的大课一般都有目录，而且比较正式。短小精悍的微课，因为内容少，往往没有目录，或者采用简易的图形当作目录。课程目录制作，应注意以下两点：①目录最好只写到第一级。课程目录和写书的目录不一样，一本书的目录可以细分到三级甚至四级，而课程的目录，一般写到一级目录就可以了，少数可列到二级目录。②目录上的要点应是核心要点。在辅导学员制作 PPT 的过程中，有不少学员喜欢把课程导入、案例分析之类的内容写到目录里面去，这样就模糊了课程传递的核心要点。课程的目录要点应与标题上的数字对应，比如标题是五个技巧，目录上就不能是三个部分。

2. PPT 任务部分

任务部分属于 PPT 课程的正文，如果内容比较多的话，还应分篇分章。如果以每一章为一个课程的话，那么某一章的四小节就是这一章（课程）的任务部分。任务部分由多个模块构成，每一个模块结构基本一样：首先是过渡页，其次是论证页，最后是强调页。

（1）过渡页

过渡页是目录的分解，也有的叫作章节页。如果你的课程有四节，四节的过渡形式应完全一样。视频微课的过渡页，还应该设置进场动画，多节的动画形式也要保持一致。比较小的演讲课程，如果有目录页，又没有多少承上启下讲解的话，就可以把过渡页省掉，直接进入到第一节的子标题论证页。

（2）论证页

论证页也叫作讲解页，是一样的意思。我们在"能设计"这一章中，讲过很多种论证方式，这里要说的是 PPT 形式。PPT 页面上，最好就只有这两个层级，一级是子标题，以微软雅黑 32 号加粗字体为参考；第二级是内容点，以微软雅黑 28 号加粗字体为参考。在这个环节中，我们经常强调图文并茂，这里提供两种图文并茂的形式。

①图片文字映衬：PPT 页面上，上边是子标题，左边（右边）是提炼过的要点，右边（左边）是与文字相关联的图片。为了进一步美化，还可以在要点前面加上各种各样的项目符号，如图 6-2 所示。

图 6-2　图片文字相互映衬

②图形文字混排：同上面一样，在 PPT 页面上，上边是子标题，然后正文要点经过提炼，用不同的图形串起来，构成一定的逻辑关系。这些图形有很多，比如：并列图形、层进图形、流程图形、循环图形、空间图形、矩阵图形。随着办公软件的不断升级，制作这些图形，是非常简单的事情，使用 WPS 的相关功能即可，后文会重点讲到，图 6-3 是常用的逻辑图形式样。

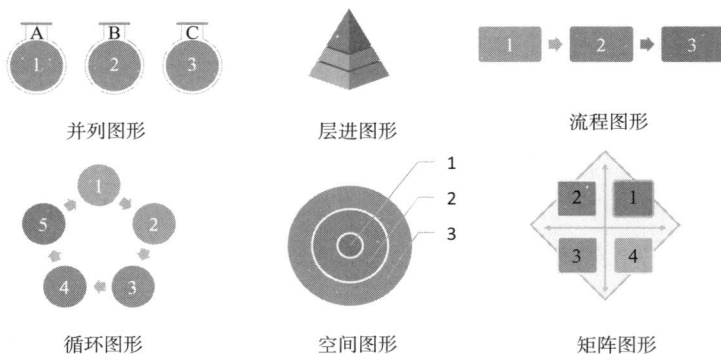

图 6-3　常见的逻辑图形

（3）强化页

核心要点论证完成后，还须强化。强化页是老师独有的个性化的内容，它来自身边的案例，或老师自己的实践。但是，除了案例可以作为强化外，还有很多素材都可以作为强化页来使用。在第 4 章能设计里，讲到的多种强化方式，以及教学活动，都可以作为要点的强化页使用。如果某一个要点论证后，需要有两个以上的强化方式，有些可以口头讲解，但至少放一个在 PPT 页面上。特别是对于新手讲师来说，这样做可以防止只讲干巴巴的条款。

上面任务部分，讲的只是一个任务模块的 PPT 结构，一般的课程都会有三个或四个，甚至五个任务模块，强烈建议都采用同样的结构模式。比如第一个任务模块，强化部分用的是游戏活动，则其他的模块，也用游戏活动来强化，除非某一个模块非得用其他形式不可，这样做的好处是，增强多个任务模块的逻辑性、整体性。

3. PPT 结尾部分

课程的结尾，有总结回顾、点睛升华的作用，也是对整个课程的强化。结尾部分的 PPT，包括成果展示页、总结回顾页、升华拔高页、感谢祝福页。同样，具体到某一个课程来说，可能有些页面就在口头上讲解了，实际留在 PPT 上的可能就只有其中的一页或两页了。

（1）成果展示页

在课程的结尾，设置一个学员成果展示的环节，是一种不错的教学活动，能够起到检查收获的作用。为了让学员足够重视，这个环节要稍微正式一点，可以把考核评分标准及评分要求以表格的形式呈现出来。

（2）总结回顾页

基本上每个课程都会有这一页，视频微课可以把内容要点，以图形、图片、口诀的方式呈现。演讲课程，因为要讲究学员互动，一起回顾，所以就可以把回顾内容做成活动形式。

（3）升华拔高页

这一页一般是用来号召行动，深度思考。可以直接放在口头上进行讲解，也可以用一些带有哲理性的金句启发受众（在任务要点强化环节，如果用了金句，这里就没有必要了）；也有的直接用一个有启发的思考题作为这一页的表现方式。

（4）感谢祝福页

到了最后一页，也不能草率。可以把联系讲师的二维码、电话号码放置在这里，起到宣传讲师的作用。

6.1.2 PPT 素材搜集技巧

有学员反映，课程设计会了，PPT 设计构思也没有问题，但就是很难做出精美的PPT。原因在于这些学员平时没有收集素材的习惯，或者也不清楚什么渠道可以快速找到优质的素材。这里向大家介绍内部素材和外部素材。

1. 内部素材

今天的企业培训，越来越倾向于自己的内训师讲课。企业内训师在讲一些通用课程，比如沟通技巧之类的，无论是内容点的设计论证，还是课堂演绎，都没有办法与职业老师相媲美。但是，内训师能够组织内部素材，这又是职业老师不具备的。"九星培训师"课程的企业版，在课程开课前，要求学员准备一个与自己岗位工作相关的课题，并收集现场照片、视频、故事、案例、使用的工作表单等，这些都是内部素材。

近年来，能源系统、电力系统、银行系统、铁路系统等各行各业都在组织微课大赛。早期，动画微课作品还比较稀缺的时候，只要使用了万彩动画，获奖的机会就会提高很多。后来，动画制作大家都会了，再也没有加分的优势。而那些多用行业的案例，多讲自己的故事的作品，一直都有优势。原因何在？因为内部素材具有不可替代、无法复制的优势。

（1）内部素材有征信

作为老师，原则上是做好了什么，就讲什么，受众才会相信。那用什么来证明你的观点自己做到了呢？将内部的图片案例展示出来，就是最好的证明。

中铁集团某公司一位党务工作者，开发了一个课程叫作"三个维度做好党支部七一活动"，每一个维度，讲了做什么、怎么做之后，都用自己公司举办过的活动图片或视频加以证明。因为该学员平时在工作中就收集了大量的七一活动图片、视频，开发课程的时候，便很巧妙地用在不同的环节了。

（2）内部素材有温度

讲课过程中强调的共情能力，往往需要通过讲师有温度的引导，或学员倾情参与式的教学活动，才能达到效果。对于新手讲师，特别是内训师来说，这方面的能力还不具备，该怎么办？案例素材也是可以做到有温度的。录制内部工作场景，或者内部员工排练情景剧，录制成视频，放在 PPT 里，作为案例讲解。因为受众是自己人，看自己公司的案例，是有感情和温度的。这样一来，多少也会弥补内训师共情能力不足的弊端。

某公司有一位内训师讲的课题是"树立现场安全零事故意识"，这种课程网上有很多，抄过来讲完全没有价值。于是，这位内训师准备在课程的导入环节，插入一段视频。那么用什么样的视频呢？一般情况下，老师可能会去网上搜索，先在行业内部找，但不一定有，于是就在全网跨行业搜索，终于找到一个自认为不错的视频例子，结果上课播放，似乎还是冰冷的，没有达到理想的效果。而该内训师则是另辟蹊径，用自己公司的现场情景及岗位工作人员，拍摄了一个一分钟左右的情景剧，作为课程的导入。这段视频正因为是现场的工作场景，内部员工充当演员，给人很强的观感。每次笔者在不同行业授课，使用这段视频举例，都会产生很强的共鸣感。听课的学员，从而也产生了拍摄自己的岗位工作场景案例视频的欲望。

（3）内部素材有生命

在使用素材方面，如果是外部素材，特别是新闻案例、影视案例，容易出现过时的现象，很多好的素材，用着用着就会黯然失色，没有了生命力，因此需要经常更新。如果是内部素材，生命力就会强很多，不会像社会热点现象一样，流行一段时间，就失去了活力。

2. 外部素材

无论是企业内训师，还是职业老师，都会使用外部素材。过去，寻找外部素材可以上百度搜索，百度上的素材很多，但很杂，因此很难快速找到想要的素材。这几年，各种素材网站兴起，也非常不错，很多老师会教学员上各种网站搜索素材。笔者一直在想，对于办公人员来说，能不能不上其他任何网站，就在办公软件操作里，把所有的事情全部搞定？市面上有两大办公系统，一个是微软公司开发的 Office 办公软件；另一个是北京金山办公软件股份有限公司自主研发的 WPS Office 办公软件，简称 WPS。

目前，笔者推荐使用 WPS，这个软件版本升级很快，而且在官网上免费下载安装，就是最新的版本。基本能够做到不上其他任何网站，就能满足课程开发者素材搜索与智能化操作的功能。

（1）稻壳图片

在制作 PPT 的过程中，我们需要用到很多插图、背景图。如果你使用的是 WPS 最新版本的 PPT，在上网的情况下，直接在 PPT 的工具栏里插入图片，选择稻壳图片，在搜索框中输入任何你想要的图片。

搜索"电网"二字，就会跳出 4 万张关于电网的图片。选中任意一张，在这张图片上，还可以再次搜索相似图片，又会跳出上百张图片，可以说是海量资源，应有尽有。而且这些都是高清图片，没有水印、没有 Logo、没有版权，所以会适当收点费用。这些图片可以直接设置成为 PPT 的背景，也可以作为图片元素插入 PPT 任意位置。而且，稻壳图片的素材库里，还有一些动态背景图，美观大气。

（2）稻壳音频

在 PPT 里，有时需要使用背景音乐或音效。以前在教学过程中，笔者会推荐学员去一个叫熊猫办公的软件上找。不可否认，熊猫办公素材资源确实很多，也很好。这里笔者要说的是，直接在 PPT 里也可以实现音频嵌入。操作也很简单，可以找到你想要的背景音乐或者相关音效。

如果需要在 PPT 插入一段敲击键盘的声音，搜索"键盘"二字，就会出现 30 份敲击键盘的音效，选中某一个后，点击下载，音效就会直接出现你正在编辑的 PPT 中。

（3）视频模板

PPT 演示过程中，某个地方需要插入局部视频，讲解某些知识点，如果自己制作，需要用其他软件，比如来画、万彩动画等，而且非常费时间，初学者制作的效果还不好。能不能借用视频素材模板，在上面更改从而达到自己的要求呢？ WPS 提供了视频模板素材功能，操作上也不难。

PPT 工具栏上找到插入，选择视频窗口，在弹出的菜单里选择开场动画视频，有网络的情况下，就会出现一系列视频模板，包括相册、宣传、年会、节日等。因为是新功能，所有资源库的模板素材只有 60 个左右，虽然不是很多，笔者也提出了相关意见，相信后面会不断完善起来。

（4）稻壳模板

关于素材，最后再推荐一个稻壳模板，依然不用去其他网站。打开任意一个 WPS 文档，无论是 PPT，还是 Word 文档，或者是 Excel 文档，上方工具栏都会有三个窗口，最左边一个是首页，主要是用来新建文档、管理文档。右边一个是当下使用的文档，这里要说的是中间的稻壳窗口。里面的模板资源极其丰富，三类文档，各行各业的模板都包含其中，及时更新。今后谁再给你提供模板，你的第一反应就是这些提供的模板除了占电脑的内存外，真的是没有任何用处，因为这里有最新的、最全的模板，可直接下载使用，如图 6-4 所示。

图 6-4　稻壳资源应用版面图

6.1.3　PPT 智能操作技巧

WPS 版本的 PPT 基本操作技巧，与 Office 版本区别不大，本书不再赘述，这里讲四大智能操作功能，方便读者在制作课件中使用。

1. 页面搭建功能

不会做 PPT 的人，为了贪图方便，找来一个模板，于是开始在上面更改标题与文字。这样制作 PPT 课件，是不可取的。因为没有哪一个模板，能够真正全部满足个性化主题的要求，很多时候，用模板做出来的 PPT，自己都很难满意。WPS 提供了单独页面模板，制作时，既满足了模式化快速的特点，也满足了个性灵活的特点。单独页面搭建怎么操作呢？

打开一个空白 PPT，新建幻灯片时，就会弹出选项窗口。可以根据自己的要求，选择插入封面页、目录页、章节过渡页、正文页、结束页。页面的色彩、图案数目、动画属性，都可以根据自己的需求选择，极其方便快捷。特别是正文页，有无数图形可以供我们选择，还有各种智能动态图表可以使用，非常容易上手。在九星培训师的课程里，每次老师带领学员一起操作，学员都会流连忘返，如图 6-5 所示。

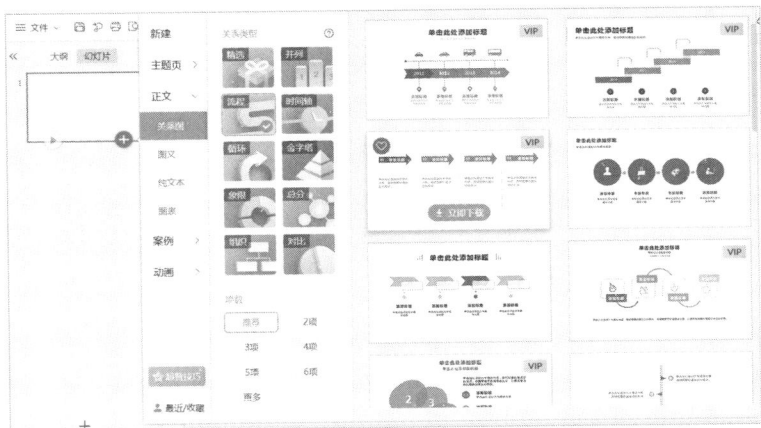

图 6-5　WPS 页面搭建模板

2. 图片修饰功能

经常我们会遇到这种情景，找到某张喜欢的图片，但遗憾的是，这张图片有一个灰色的背景，插到 PPT 里面就显得很不协调；或者这张图片有一个别人公司的 Logo。采用什么办法去除背景，或者擦掉 Logo 呢？直接在 PPT 里进行操作，无须用到其他修图工具。

选中目标图片，工具栏就会出现图片工具，图片工具下面的工具栏有一个抠除背景，选择抠除背景，弹出抠除背景的界面，上面有自动抠图、手动抠图之分，自动抠图一键完成。手动抠图更加精准，使用保留标记与去除标记，分别标识区域，智能算法就自动完成了抠图。

同样，还是在工具栏的抠除背景里，选择消除污点，弹出操作界面后，用适当大小的笔刷把有 Logo 的位置涂色，点击完成就去掉了图片中的 Logo。其中的原理，是用图片周边的背景色，填补笔刷涂色的部位。

3. 图文排版功能

文字与文字的排版，文字与图片的排版，图片与图片的排版，这些是我们经常遇到的事情，如果靠手工去排版，审美不过关的学员，花很多时间，但做出来的效果却很难达到要求。怎么办？在九星培训师的课堂上，有一个观点，凡是主题、结构、概念等需要思考的内容，交给人脑；配色、排版、装饰等需要审美的内容，交给人工智能。接下来看几种方式的排版。

（1）智能美化

几个关键词随机放在 PPT 页面上，也不去管字体字号以及词语之间的位置，采取智能美化，就能产生供你选择的图形。同样关键词与图片混乱布局，只要采取智能美化，立刻就会出现电影般的设计感。操作如下：选择某页 PPT，点击最下方的智能美化，弹出多选项窗口，注意选择单页美化，一张精美的页面设计就完成了。

（2）图片拼接

当 PPT 页面上出现两张及以上的纯图片时，当然也可以用上面的智能排版来解决。为了有更好的效果，对于这种多张纯粹的图片美化，我们可以使用图片拼接功能。具体操作如下：全选 PPT 里要组合拼接的图片，在工具栏就会跳出图片工具，点击图片拼接，再选择图片张数及拼接方法。一张组合图片的设计也就完成了。如果你手工拼，那是吃力不讨好的事情，别再尝试了。对比一下，图 6-6 为手工排版，图 6-7 为一键智能排版。

（3）蒙版设计

在课程每一小结结尾强化的地方，有时需要在一张背景图上面打金句。因为图片颜色复杂，金句文字无论用哪一种颜色，都不太突出。这时候，在图片上添加一个蒙版，再打上文字，效果立刻就出来了。

图 6-6　手工排版

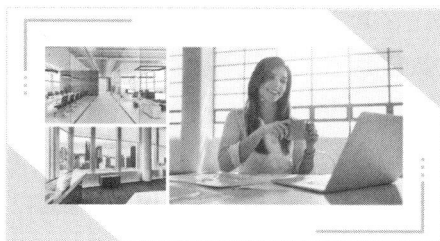

图 6-7　一键智能排版

设计蒙版分下面几步完成：第一步，将图片裁切成 PPT 一样的尺寸，然后拉成全屏效果。第二步，插入一个方框形状色块，彻底盖住图片，方框的颜色可以是黑色、蓝色、绿色。第三步，在方框上面插入文字，颜色为白色或黄色。注意，这时图片彻底看不见了，画面就只有方框背景上的文字。第四步，调整方框颜色的透明度，直到文字清晰醒目，图片背景依稀可见为止，蒙版效果就做好了，如图 6-8 所示。

图 6-8　蒙版制作效果

4. 智能动画功能

PPT 里有很多动画设置，比如进场动画、强调动画、退场动画，还有动作路径动画，这些动画综合起来运用，可以制作非常经典的动画效果，但这些都是基础动画。WPS 里面，增加了智能动画效果，也就是不用人为去设置，效果直接选择即可。这里介绍两种用途非常广泛的智能动画，即数字动画和滚动播放动画。

（1）数字动画

爱看新闻联播的人都知道，当一些关键的统计数据发布时，屏幕上出现的数字是动态的，而且有各种各样的形状，甚是美观。如果借用到演示 PPT 上，一定会起到锦上添花的效果。智能动画的出现，让这个效果实现起来不再是专业设计人员的事情了。

先在 PPT 页面上插入一个数字，选中该数字，添加动画，在出现的动画选项中，选中数字动画。此时，数字开始跳动。同时，数字下方会出现一个编辑栏，可以对动画类型（上升、下降、倒计时、计时器）、动画速度，以及动态数字图示进行个性化更改，非常美观大方。

（2）滚动播放

PPT 里，有时需要展示一些活动图片，并采取滚动播放的效果。在 WPS 操作中，要实现这个看起来复杂的效果，简单高效。

操作步骤：第一步，先把要播放的多张图片（一般为两张以上），插入到某页 PPT 中，选中图片；第二步，在弹出的工具栏上，选择多图轮播，然后选择轮播方式，比如选择水平方向，其中有很多水平轮播效果供再次选择；第三步，选择一种播放效果，右侧便出现一个效果编辑栏，可以在更改图片框中调换图片轮播顺序，或再次添加轮播图片，也可以在动画配置框中，对轮播图片的播放速度、图片切换方式，以及轮播次数进行参数调整；第四步，通过预览当页 PPT，确认图片轮播效果。

5. 要件插入功能

新版 WPS 整合了一些第三方软件功能，非常好用。目前主要有思维导图、Visio 流程图、录屏软件。电脑上不需要安装这些软件，直接在 PPT 的插入功能里找到相应的软件，打开即调到第三方软件上，操作完成，思维导图和 Visio 流程图的作品直接保存在第三方软件的"我的文件"中，下次打开就可以直接编辑，也可以选择插入，以图片的方式直接插入到 PPT 的页面里。第三方录屏软件，直接制成视频，保存在指定的文件夹里，然后就可以插入到 PPT 里进行设置与编辑。

（1）思维导图

思维导图用途很广，可以发散我们的思维，也可以归纳逻辑要点；可以用在制作课程结构图上，也可以用在问题分析上。

具体的操作如下：在 PPT 里插入思维导图，选择插入现有思维导图，就跳出思维导图操作界面。可以选择"我的作品"继续编辑，也可以选择一个模板开始编辑。为了大家更直观地学习思维导图的制作过程，笔者已经录成了操作视频，有兴趣可以进入海轩云课堂进行学习。

（2）Visio 流程

实际工作中，经常需要画各式各样的流程图，比如部门组织结构图、招聘流程图。以前一些相对专业的人会使用 Office 软件系列中专门负责绘制流程图和示意图的

Visio 软件，有一定的专业门槛。WPS 新版问世后，简化了 Visio 的操作，直接插入到 PPT 中，打开方式和应用方式，与思维导图没有区别。关于 Visio 的操作，读者可以关注海轩云课堂。

（3）屏幕录制

在课程开发中，遇到一些软件界面操作的内容，老师口头讲再多，都不如直接把系统操作录屏下来更直观；课程里面，一些知识性的内容，老师每次苦口婆心地在课堂上讲，不如直接一次性录成视频，插到 PPT 里播放，而老师应把重心放在技能演练的教学活动中去。除此之外，还有很多场景下，都需要使用录屏。过去在教学录屏操作时，笔者会用到一些专业的软件，如剪辑师、EV 录屏、Camtasia Studio 9，现在，WPS 插入的第三方屏幕录制，完全可以具备这些专业软件的录制功能。在 PPT 的插入或放映子菜单下面，都可以找到屏幕录制，点击进入屏幕录制的设置界面。完整的设置及操作演示，已录制成视频，读者关注海轩云课堂，可以学习。

6.2　课件成果：学习资料三件套

说到完整的课件，有老师说有八件套，也有老师说有十件套，似乎越多就越能体现其专业的高度。如果反过来问这些老师，他自己讲的课程，能够提供所谓八件套或者十件套吗？笔者认为也不一定。纵观绝大多数课程，有价值的课件成果应该涉及六个方面：①讲师版 PPT；②课程大纲；③学员手册；④课程知识地图；⑤课前学习准备资料；⑥课后考试试题。这里基于篇幅的考虑，重点讲前三个方面。

6.2.1　讲师版 PPT

讲师版 PPT 是课件最核心的部分，是老师讲课用的主流资料。少数成熟的老师用思维导图或教学指导图，再加上自己的板书替代讲师版 PPT。一般的讲师很难这样做，同时，这样的授课方式，也不便于学员吸收。所以绝大多数情况下，讲师版 PPT 还是需要的，而且要精心制作。在上一节中，我们已经讲了 PPT 制作的技巧。这里，侧重于讲师版 PPT 的管理方法。

1. 充分利用备注

因为讲师版 PPT 是讲师自己用的，PTT 每页下面有一个备注栏，用好用活备注栏，对整个授课过程能够发挥指挥棒的作用，是老师上课的教学指南。在幻灯放映时，勾选显示演讲者视图，采用双屏演示，备注栏里的所有内容，只有老师能够看到，而学员只能看到 PPT 正页上的内容。备注栏有如下几个实用功能。

（1）教学指导

老师可以把每一页的教学目标、授课方法、学习活动、时间安排等教学内容，按自己的需求填进备注栏里，防止在课程中偏离目标方向而不自知。

（2）辅助记忆

对于一些新手讲师，也可以在不熟悉的页面备注关键授课技巧，以及翻到下页之前的转场技巧。上课前，可以对着预演，直到可以不看备注栏为止。正式上课时，完全可以不看备注栏，但心里有底，知道关键内容信息就在那里，所以讲起课来，心里有底，发挥自如。也能防止授课期间万一想不起来，可以适当瞄一眼，就能够接着讲下去了，不妨试试看。

（3）升级利器

一门课程，每讲一次都会面临局部更改升级，特别是一些口头例子或技巧。最好的办法就是在讲完课后，找到对应的某一页 PPT，在备注栏略加记录，这样做可以防止灵感创意稍纵即逝。笔者曾经把授课后或学习后，想到要更改课件的创意点记录在小本子上，基本没有用上，非常遗憾。唯有记在对应 PPT 备注栏里屡试不爽。

2. 形成风格标签

资深的职业讲师，在课件上会形成个性化的风格。归纳起来，PPT 风格有三个方向。

（1）讲师风格

有些职业讲师，为了打造个人品牌，塑造品牌价值，从服装到道具，再到 PPT 的主体颜色，都是一种风格。就 PPT 而言，无论讲什么课，无论在哪里讲课，都是同一个设计版式。这样定位久了，看到课件，就知道是出自哪位老师之手，也能在一定程度上起到防止侵犯版权的作用。

（2）课程风格

一些系列课程，虽然是多位老师授课，但使用的是同一套设计模板。比如"九星培训师"这套系列课程，三位老师授课风完全不一样，PPT 风格一致，一看就知道不是临时拼凑的系列课程，而是经过严格打磨的经典作品。中国培训师研究院开发的多个九系列课程，在 PPT 内容结构上，采用的都是 163 模式；PPT 形式上，采用同样的板式模板，整齐划一、美观大方。仅看风格，就知道内容及背后的老师也不会差到哪里去。图 6-9 为"九星培训师"课件统一风格。

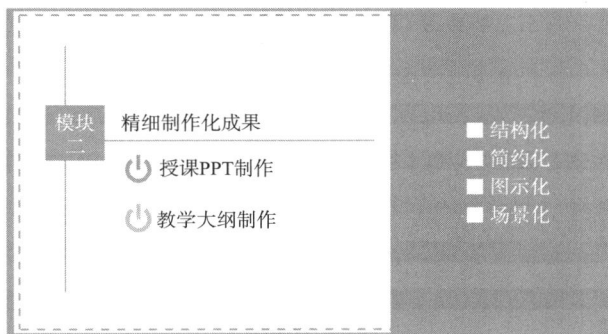

图 6-9　"九星培训师"课件风格

（3）行业风格

职业老师服务于不同的培训机构，有些培训机构为了树立自身在培训江湖上的影响力，要求与之合作的老师使用机构提供的模板。还有些机构为了更好地服务终端客户，使用终端客户的 Logo、标志颜色设计 PPT 模板，老师也应融入其中，体现出背后的服务意识。

6.2.2　课程大纲

课程大纲是对课程整体性地介绍，它用来给培训经纪或培训机构作为课程宣传使用，也是培训管理者了解课程的直接入口。课程大纲主要包括课程背景、课程简介、内容纲要三个方面的内容。

1. 课程背景

课程背景是指基于什么问题或困惑而开发课程。编写课程背景可以按照四个要素来组织语言，即背景（Situation）、冲突（Confliction）、疑问（Question）、回答（Answer），简称 SCQA 法。背景，一般是对现状做法的表述；冲突，是在现有做法下，存在的种种问题或隐患；疑问，是站在"组织有病、老师给药"的角度，引出问题；回答，引出课程，也就是这门课程所解决的问题和可以达到的目标。

九星培训师——课程背景

未来呼啸而来，各种技术更是迅猛发展，这给培训行业带来了前所未有的挑战与机遇（S：背景）。

时代对培训师的要求，也在不断地迭代与升级，从过去的手眼身法步，到后来的编、导、演，从满足成人学习特征的教学设计，再到立足于知识管理的经验萃取，都带着鲜明的时代烙印（C：冲突）。那么，问题来了，站在新时代的制高点上，究竟什么样的培训师才是未来社会需要的好培训师（Q：问题）？

中国培训师研究院着眼未来社会发展，站在国家规范层面，对接市场刚性需求，潜心研发出了一套培养培训师的标准化课程——九星培训师。该课程首先是一套系统技术，包括系列课件、操作工具、配套案例、知识地图、学员成长标记等要件；其次是六项关键提升，包括决定未来的定位技术，决定品质的编排技术，决定思维的语言技术，决定传播的声音技术，决定效果的呈现技术，决定市场的营销技术；最后是三阶讲师晋级，包括初阶三星铸就功底，进阶三星深度赋能，高阶三星助力腾飞（A：回答）。

2. 课程简介

课程简介是对课程的基本介绍，主要包括下面几项内容：授课老师、授课时长、授课对象、授课方式、课程特色、课程目标，这里重点说明一下后面三个内容。

（1）授课方式

授课方式又叫教学方式或教学方法。授课方式有很多种，主要有：讲授法、资料阅读法、情景模拟法、案例探讨法、游戏活动法，这些方法在第4章能设计的内容设计中已经详细讲过。这里需要注意的是，不同的方法对学员的刺激度是不同的，由低到高的顺序为，资料阅读法→讲授法→案例探讨法→游戏活动法→情景模拟法。一堂课下来，不能只是一种授课方法，方法的切换形成教学心电图，学员在整个课堂上，情绪有起有落才对。如果全程使用阅读法，比如看视频学习，课堂效果无法保证。

（2）课程特色

你的课程与同类课程有什么不同，这个差异化在课程大纲中应有清晰的体现。所以课程开发要创新，创新的亮点归纳总结成三到五点，就成了你所开发课程的特色，也叫作课程的亮点。就像新出来一部电影一样，你去观影之前，总要关注一下这部电影的看点在哪里？如果别人告诉你，此电影没有什么亮点，你还会去看吗？一样的道理，课程特色也会起到这样的宣传作用。课程设计有特色亮点吗？如果有，你却没有写进大纲，受众在听你讲课之前，又怎么会知道？

（3）课程目标

课程目标指的是课程的终极目标，体现终极目标最好的方式就是课程收益或成果产出。所以在课程大纲里，课程目标直接写成课程收益或成果产出，更加符合阅读者的心理预期。

九星培训师——课程简介

一、授课讲师：王琪（讲师职业化三星）；侯志宏（课程标准化三星）；管奇（定位品牌化三星）

二、授课时长：3 天（线上学习）+3 天（线下练习）+3 天（社群练习）

三、授课对象：职业讲师、大学老师、企业内训师、企业管理者

四、授课方式：线上视频学习＋线下案例讨论＋线下情景模拟＋线上直播讲授

五、成果输出：

1. 标准课件包。引导每个讲师开发一门解决具体问题的标准化课程，包含"课程大纲""PPT 课件""课程教学指导图""课程学员手册"。

2. 精品微课程。指导每个建设在自己的课程基础上，设计制作一个 3~8 分钟可供传播的精品视频微课作品。

3. 优秀培训师。输出三个级别的培训师，授权获得三星的为初阶培训师（行为规范、呈现得体、控场自如）；授权获得六星的为中阶培训师（设计有道、制作有法、教学有术）；授权获得九星的为高阶培训师（精督导、精咨询、精营销）。

六、课程特色亮点：

1. 设计理念不一样。本套课程是站在未来发展的角度，响应国家的规范要求，对接市场的真实需求而开发出来的诚信产品。

2. 开发过程不一样。本套课程在开发过程中，由跨领域讲师共同会议讨论，专业核心老师团队主导完成，凝聚了 TTT 讲师、视频制作老师、思维训练老师、演讲老师、沟通老师、政策研究老师、党课老师等多领域老师的智慧与心血。既结合了本领域里最先进、最权威的教学设计理念，又综合了其他领域接地气的方法论与价值观。

3. 教学方式不一样。本套课程采用 3+3+3 教学模式，即 3 天线上完整学习，3 天线下指导练习，3 天社群打磨复习。线上学习以系列录播课程督导打卡自学为主；线下练习以知识地图为总览，工具表单为主线，步步为营，逐级通关；社群复习，由三位老师一对一点评打磨完整作品，从而实现指导迁移转化。

4. 增值服务不一样。老师课后付出不亚于课堂付出；学员课后收获不亚于课堂收获；平台提供持续服务与合作。

3. 内容纲要

内容纲要是课程大纲的核心部分，它体现了每个模块的教学目标、要点目录、教学方法、时间分配，以及所用的工具案例。当每个章节模块都有上述要素时，整个课

程内容纲要里就仿佛用了几条线穿起来，也就是教学设计里通常所说的"五线谱"：目标线、内容线、方法线、时间线、工具线，如图 6-10 所示。

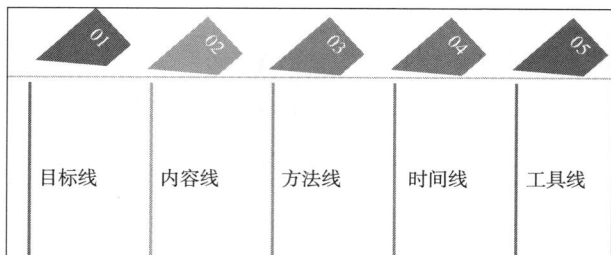

图 6-10　教学大纲五线谱

（1）目标线

这里所说的目标是指每个章节的目标，用行为动词+宾语的方式，写出知识目标、技能目标、态度目标。

（2）内容线

每一个章节模块，有导入案例，任务要点一级目录、二级目录，还有每一个任务要点的结尾案例或工具。真正体现课程的结构设计。

（3）方法线

不同的教学方法，应备注到相关内容模块上面去，让阅读者清楚，某个内容主要使用什么方法来完成教学。

（4）时间线

课程整体有总时长，这个时长是怎么分布的。在内容纲要上，至少可以看出每一章的时间，更细致的小课程，甚至可以看出导入时长、每个内容点的时长，以及结尾时长。

（5）工具线

课程中不同的环节，会涉及一些教学案例、教学活动或练习工具，这些都附注到相关章节后面。

6.2.3　学员手册

学员手册，有的也叫学员版 PPT。它是一套学员在课堂上学习课程内容，以及在后续工作中指导实践的参考资料。

1. 学员手册四个功能

学员手册源自讲师版 PPT，又不同于讲师版 PPT 。要做好学员手册，首先得明白学员手册的作用。

（1）内容教材

通过学员手册，学员可以全方位地了解课程内容，并参与练习与活动，因此学员手册的内容应是完整的。

（2）随堂笔记

学员在听课时，应适当记录听课时的启发，连接过往知识体系。在学员手册相应位置记笔记，有利于课堂思考，也有利于日后复习与应用。

（3）推广应用

一堂课讲完，学员带着手册离开课堂。因为上面有课程的完整内容，有自己记录的有价值的启发信息，可以成为日后复习和应用的工具，也便于进一步扩展其他资源。因此，打印制作要便于保存，或者连同电子文档也一并发给学员。

2. 学员手册怎么编写

学员手册包括课程背景、单元目标、课程内容、延伸资料等。

（1）课程背景

课程背景可以直接引用课程大纲的内容。值得注意的是，课程大纲一般是 Word 文档格式，而学员手册一般是 PPT 格式。在引用大纲内容时，应注意版式的美观，可以采用图文混排的模式进行美化。

（2）单元目标

在每一节的过渡页上，可以用简洁的技巧写明本节目标。学员看到目标，提前做到心中有底，方便预习与课堂听课。如果在课程大纲上，每一章节都写了目标，这里也可以直接引用过来。

（3）课程内容

课程内容可以直接用讲师版 PPT 进行删减。删掉版权案例、全部备注、课堂提问答案等内容。学员手册在打印时，应留出相应位置，供学员记录启发性内容和感想。这里不赞成老师直接抠掉讲师版 PPT 上的要点信息，然后让学员在听课时做填空题。除非是提问，让学员回答的内容可以空出来。学员手册的内容应与讲师版 PPT 内容完全同步，有的老师因为讲师版 PPT 更新较勤，而学员手册却是旧版本，导致学员边听课，边翻手册寻找课堂对应的内容要点，或者随便找一个空处，记录听课的启发。

（4）延伸资料

课堂上只是提到，但没有作为要点去讲的内容，比如你在课堂上几次提到元宇宙这个概念，就可以在学员手册的延伸资料中附注元宇宙的介绍；或者一些优质网站链接，也可以作为延伸资源，让学员课后去搜索和查阅。

6.3 视频成果：视频微课制作技巧

课程开发好后，可以制作成 PPT，由讲师现场授课，这是一种传统的方式，也是一种长期存在的方式。当视频传播开始流行后，兴起了微课，也就是设计上短小精悍，一个主题一次性只讲透一个知识点、一项技能、一种观念的课程。这种课程的时长一般在 5~8 分钟之间，很适合互联网短平快的传播方式。正因为如此，微课的呈现形式就不再是老师台上演讲式的授课，而是以视频、图文等形式呈现出来。其中，视频类微课最为普遍，它又分为录制类微课、动画类微课、情景剧微课等。

6.3.1 视频微课制作要求

相比演讲课程，视频课程对制作的要求更高。演讲课程，老师在现场可以使用互动技巧，让学员听课时产生专注度。视频课程则不一样，要让学员专注听课，全凭画面的内容与形式。因此，视频课程在制作时，有以下要求需要先说明一下。

1. 尺寸大小合规格

制作视频首先考虑的因素就是尺寸，刷抖音的朋友都知道，在手机上观看抖音视频，大多数都是竖屏模式，似乎也不碍事。但是别忘了，我们做的是学习用的课程，大部分情况下，都是在电脑上或者投影仪上观看，建议采用宽屏模式（16：9）。特别是有些视频课程，需要采用多个软件制作，然后再统一拼接起来，就更需要统一尺寸格式。很多同学初学视频制作，不知道这个规律。一个完整的视频，分成四段制作，剪映软件做一段是 16：9 的宽屏，万彩动画做一段也是 16：9 的宽屏，PPT 录屏一段是 4：3 的尺寸，手机拍摄一段则是竖着拍摄的 9：16 尺寸。内容上，这样做其实是很好的，但是，在整合成一个视频时，发现只有同尺寸的视频才是无缝衔接，不同尺寸的视频拼接起来，基本上就是废品。因此在制作时，首先就要规划统一尺寸。为了方便起见，通通使用 16：9 的尺寸格式，既大方美观，又便于拼接整合操作。

2. 动感画面有灵魂

动感是视频微课的灵魂。静止的画面，容易让人厌烦，很快就会失去观看的耐心。一般来说，在间隔 5 秒之上，必须有动态元素出现。否则，就视为静止画面。那么，该增添什么元素，才会让视频产生得体的动感呢？

（1）真人出镜

无论是作为情景案例，还是讲解过程中的露脸，都有超强的画面动感。而且，真人出镜还给观众亲切感和真实感，有抓眼球的效果。

（2）动态元素

各种动画人物角色、动态背景、动态装饰元素（图片或视频），这里统一叫作动态元素。这些元素自带动画，不需要设置，制作时根据主题需要进行选择。

（3）添加动画

画面上的各种静态元素，比如：关键词、关键图片、相关图形、各种标注等，如果设置相应的进场动画、强调动画、退出动画，就能够按照时间顺序动起来。

（4）转场动画

背景之间、画面之间、场景之间的切换，设置相应的动画形式，可以增加视频画面的动感。在视频软件中，叫作转场；在 PPT 里，叫作切换。但都可以做成美轮美奂的动态效果。

总之，这四种方式的动画，是让视频产生动感的基础材料，在选择时需要结合主题需要搭配使用，不能为了追求动画效果随意添加。

3. 制作过程讲顺序

制作视频就像制作工艺品，需要精雕细刻。在教学过程中，一个五分钟左右的视频微课，有的学员在制作时，不做规划，一头扎进去，花掉两天一晚的时间，关键最终结果还不是很理想，最后，就丧失了制作视频的兴趣，这就是一件很"悲催"的事情。而有的学员，有序操作，轻松愉悦，像组织部件一样，轻易就生产出了自己满意的成品。区别就在于，后者做到了以下事项。

（1）分段制作

一个视频微课，根据主题的需要可以分成多个场景，不同的场景可以采用不同的形式，有的是 PPT 录制，有的是情景动画，有的是手机拍摄。甚至还可以按片头、各个模块、结尾来分割。然后分段做成视频，最后统一整合成完整的作品。因为有阶段性成果产生，也会增加制作者的动力和兴趣。后期更改起来方便快捷，避免出现全盘否定重新制作的可能。

（2）声画关系

视频微课有两条主线，一个是声音主线，另一个是画面主线。在制作某一段视频时，先根据脚本的逐字稿录制或转化成声音，有了声音，时长就被锚定下来。然后再根据声音配置画面上的内容，包括前面所说各种动态元素、各种添加动画元素，以及音效等内容。初学者有个不好的习惯，喜欢先埋头制作画面，此时因为没有时间作为锚定物，各种动画时长关系是随机混乱的。当画面制作完成后，再去配声音，就会发现很难实现声画同步。

（3）背景音乐

视频微课要不要背景音乐，这是个问题。笔者建议片头片尾要加背景音乐，中间部分背景音乐可以取消，也可以设置特别小或阶段性出现。那么什么时候添加音乐？建议在各段视频做好后，整合成完整视频的时候统一添加同一首纯音乐，根据需求进行剪辑。

（4）字幕设置

添加字幕会增加视频的观感，为了保证整个视频微课字幕的统一性，等视频完全做好之后，使用智能字幕软件进行添加。字幕样式不能过于花哨，不需要各种进场退场动画。使用白底描边字幕，可以适应任何画面背景。推荐使用讯飞听见字幕软件，这款软件操作简单，智能匹配语音字幕，还可以配成双语字幕。

6.3.2　视频微课脚本制作

制作视频微课都会说到脚本，脚本是指导制作视频制作的依据，因此一样要满足课程设计的要求。表 6-1 为一般脚本的形式。

表 6-1　微课脚本模板

标题				
目标				
场景规划				
场景	解说 / 对白描述	画面要求	音乐 / 音效要求	大致时长
场景一				
场景二				
场景三				
……				

1. 场景布局

场景是一个视频的基本单元，每个场景各有突出的重点。多个场景按一定的逻辑顺序串联起来，就构成了完整的视频。上文所说的分段制作视频，也可以近似理解为分场景制作视频。视频微课中的场景有以下类别：

（1）片头场景

视频的片头属于很重要的场景，可以体现主题氛围，如党课片头；也可以体现公司文化氛围，如一些内训课程；还有的直接体现标题。这部分内容不需要解说，仅需要对画面及音乐要求进行细致描述。

（2）过渡场景

视频微课的导入与任务之间，以及每个任务之间，基本都会安排一个过渡场景，就像 PPT 的章节过渡页一样，视频的过渡场景一般情况也没有解说，多数是动画伴随音乐自然切入。有了过渡场景，子任务模块结构清晰，一目了然。所以过渡场景在音乐、画面背景、元素动画上都保持一样，只需要在子任务标题文字上区分开来。

（3）解说场景

在微课的导入环节，每一个子任务的论证环节以及结尾环节，都会用到解说场景。要求声音、画面、字幕协调一致。因为有字幕一行一行地出现，画面上切忌有成段的文字，否则就会出现与字幕重复的尴尬。解说时，画面上可以出现解说者本人的图像，也可以是动画角色或虚拟人的图像。当然，不出现这些人物，也是完全可以的，影视剧中的旁白，就是这样。

（4）对白场景

视频微课会有很多案例，这种案例可以拍成情景视频，也可以做成情景动画视频。无论哪一种，都会存在对白或独白。这种场景，如果画面上安排出现说话者的话语，对应的字幕就可以取消。总之，有限的画面，坚决不允许成段的文字重复。

2. 注意事项

在微课的设计与制作过程中，我们要注意以下几点：

（1）脚本可繁可简

脚本在编写过程中，可以写得简单，简单到只剩下录制用的逐字稿（有些简单视频课程，可以不用脚本，直接录制声音）；也可以写得相当详细，详细到第三方制作人员，拿着脚本可以按脚本意图制作出符合要求的视频。

（2）使用口头语言

写脚本不同于写文章，尽量使用口语，长句变短句，才能被很好地表达出来。特别是采用智能配音的作品，更应注重这一点。怎样才能写成口头语言呢？这里提供一个傻瓜式的操作，先对着录音软件，把想表达的意思分段说出来，转成文字适当修改，基本上就是符合要求的口头语言。

（3）时间长短合适

微课要求短小精悍，视频微课在作品时长方面形成了行业共识。整个视频在 5 分钟左右，低于 3 分钟太短，超过 8 分钟太长。各个场景的时间分配，也要按课程设计的模式，导入结尾场景时长各占 10% 左右，中间任务按模块平均分配余下 80% 的时长；至于片头场景，3~6 秒即可。

6.3.3　视频微课制作软件

制作视频会用到动画软件和剪辑软件，常见的动画软件的有万彩动画大师、来画动画、Flash 动画；常见的剪辑软件有 AE、爱剪辑、CS9、剪映专版等。不同的软件各有优势和弊端，作为培训师，没有必要把精力花在软件学习上去，而教学过程中，尽量使用对电脑配置要求不高、版本获取容易的软件，这样才能被大多数学员所掌握，否则上课就成了老师秀软件技能了。基于这些考虑，本书推荐做视频微课所用的软件工具有三种，第一个是 WPS 版的 PPT；第二个是制作场景视频的万彩动画大师；第三种是剪辑加工视频所用的剪映专业版软件。需要说明的是，这三款软件，都可以独立完成视频的制作，考虑到主题的需要、操作上的便利，正常来说，学习完三款软件，综合起来运用就能制作出精彩绝伦的微课视频了。

1. PPT 制作视频

很多人有一个思维定式，认为通过 PPT 录屏来制作视频微课很死板，没有动感效果。这是一种错误的想法，之所以得出这个结论，是因为没有区分 PPT 有三种形式，第一种是汇报用的 PPT，满版都是文字，直接录制视频，既没有动感，也没有画面感，当然达不到视频微课的基本要求。第二种是演讲用的 PPT，这种 PPT，文字经过提炼，而且图示化了，直接录制视频微课，也达不到要求，因为演讲课程不要求，也不需要设计太多动画。第三种就是制作微课的 PPT，要求更高，需要利用各种动画效果及切换效果。按照正确的步骤操作录制的视频，也可以达到一样的效果。具体操作步骤如下。

（1）录制声音

在分段制作的前提下，选择一个场景制作。先根据脚本录制声音（目前 PPT 还无法智能配音，用 PPT 直接制作视频，需要人工配音）。永远记住，只有先有声音，画面上的动画时长才有依据。

（2）配置素材

以背景为基础，根据声音添加各种元素的进场、强调、退出动画。为多段声音配置素材动画完成后，PPT 主体内容也就完成了。

（3）设置切换

切换相当于转场，这样多段场景就连贯起来了。同时，再直接在 PPT 里添加视频片头。

（4）统一录制

录制之前，根据需求添加背景音乐，检查播放无误后，在 PPT 里录制。

（5）配置字幕

录制完整的视频，剪辑掉多余部分，即可在讯飞字幕里配上智能字幕，一个基本上只用 PPT 工具制作的视频微课就大功告成了。

2. 万彩动画大师

万彩动画大师是一款非常强大的国产动画软件。对于制作微课来说，灵活运用它，能够起到锦上添花的作用。但是，在实际教学过程中，我们发现学员学会基本操作功能后，机械地运用这个工具，花了大量的功夫，结果做出来的作品不伦不类。那么问题来了，怎样学习万彩动画，才能让这款热门软件为我所用呢？这里总结了教学过程的一些经验，分享如下。

（1）基础功能怎么学

万彩动画大师的基本功能很多，内置素材也很多。要想活用万彩动画，必须学会基础功能，清楚元素动画设计的底层逻辑与规律。

（2）应用从哪里开始

学会基础功能的同学，是一个元素一个元素开始添加，很难制作出理想的作品。不妨尝试在已有的视频相关位置，添加一些特有的人物角色，然后为角色设置相应的动画及表情。比如：有同学用 PPT 录制了课程，在小结和总结的位置，加入表情角色讲解。就是一种综合运用多软件优势制作微课的思路。

（3）场景有什么帮助

初步掌握应用了万彩动画大师功能的同学，进一步运用万彩制作微课，如果从空白场景开始制作，往往费力不讨好。万彩动画大师里面，线上场景丰富，找到适合自己主题的场景，相当于有了背景基调，再制作起来事半功倍，省时也省力。值得注意的是，万彩场景里面，有很多动态场景，非常吸引眼球。如果想使用里面的元素动画，时长需要重新与事先录制或转换的声音时长相匹配，这又是一件费心费力的事情。

（4）模板的作用在哪里

模板是多个场景构成的完整微课，如果主题内容与你设计的主题内容结构相似，完全可以直接在上面做细微的修改，就成了自己的微课作品，只不过这样的可能性不大。但是，这完全不妨碍我们从模板中获取创意灵感。一些特别精美的元素组合动画效果，我们完全可以跟着效仿学习，也可以作为元素收藏到"我的素材"里，随时调用。还有一些设计符合自己主题要求的场景，也可以收藏到"我的场景"里，添加更改极其方便。

（5）版本更新有何帮助

使用万彩动画大师的朋友都知道，每次打开该软件，都会提醒有版本需要更新，此时最佳的做法不是跳过不管，而是及时更新。两个方面的原因：一是更新一键完成，简单快捷；二是每次更新，功能更符合人性化操作，也添加了许多新的素材和效果。对笔者来说，每一次更新，都是一次自然轻松学习万彩动画大师的过程。

3. 专业版剪映

制作视频微课，用 PPT 录制或用万彩动画制作都可以独立完成。但是一个成熟的制作人员，要擅长综合多种软件的优势，做到心中有构想，手里有工具。多个工具取长补短，方能做出最理想的视频效果。

所以这里还得说说剪映这款剪辑工具，它有电脑版和手机版之分，手机版主要用来剪辑先拍的视频，是很多爱好发抖音视频的人的首选。制作视频微课，一般使用电脑版，也叫作剪映专业版。它有以下几种功能：基本剪辑、声画分离、字幕朗读、背景替换等。学习好这款软件的操作，对我们提高制作视频微课有很大帮助。

第 7 章

七星精督导：九个动作做好督导

　　培训工作的最大难点是培训的落地与训后转化，只有做好这一点才能打通培训工作的"最后一公里"，才能突破传统培训项目"隔靴搔痒"的痛点，而这依赖于培训督导的持续监督跟踪，以及公司设置有效引导学员训后转化与学以致用的机制。培训督导能有效保障培训项目的完整性与流畅性，是实现培训效果最大化的有力手段。

7.1 正本清源：培训督导的认知与流程

培训督导是保障培训工作顺利进行，指导学员提升学习认知与促进学习转化应用的监督与管理的系列活动，从事这些工作的专业人员被称为"培训督导师"。

培训活动的目的是促进学员"学以致用"，推进学员能力与绩效的提升。而培训督导的核心是推进培训项目落地，提升培训活动的效果。因此说，培训督导是保障培训效果的有力手段，是培训项目不可或缺的一个管理环节。

7.1.1 培训督导的认知与价值

一场有用的培训并非靠单一环节就能实现。根据培训效果 433 模型，如图 7-1 所示，培训有效性 40% 来自训前的需求分析和目标设定，30% 来自训中的培训现场，还有 30% 来自训后的转化。基于此原因，培训督导要贯穿培训活动的整个过程，训前督导明方向，训中督导见成效，训后督导提绩效。

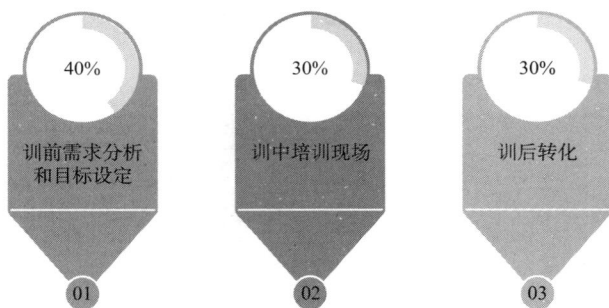

图 7-1　培训效果 433 模型

1. 培训督导的四重价值

学习转化是一个艰难的过程，它需要培训督导。培训督导能有效保障培训项目的完整性，促进培训效果的落地转化。培训督导既是一种前置性的流程引导，又是一种前置性的人为干预过程。它在充分理解培训项目设计原理与学员心理的基础上开展督导工作，能有效保障培训效果的最大化。

具体来说，培训督导有以下四大价值：

第一，保障培训项目的流畅性。通过督导使培训项目从需求分析到训后转化的过程流畅化操作，防止培训项目中途夭折。

第二，提升培训项目的完整性。按理说，培训活动包括训前需求调研、训中课程实施、训后培训转化，但企业往往更关注培训课程实施，甚至有些企业认为培训就是请老师来上课，而容易忽略训前的需求调研与训后的转化促进，尤其是训后转化促进，这是大部分企业忽略的。通过督导能有效提升培训项目的完整性，它更加关注训前的需求调研与训后的效果转化。

第三，促进培训项目效果最大化。通过督导能有效把控培训项目的整个流程，从训前、训中、训后全流程把控，尤其是训后督导能有效促进培训效果的转化与落地，这是传统培训所缺乏的。

第四，陪伴式学习，更符合学员心理。传统的培训更多是灌输式的，把学员当成一个被动的接收个体，而学习是一个持续的陪伴过程，包括老师的教学、答疑、个性化辅导。培训督导兼具监督、指导两个基本角色，培训督导的理念不是把学员当成一个单纯的被动接收个体，而是把学员当成学习的"主角"，老师是陪伴学员成长的伙伴。正如古希腊哲学家苏格拉底说：教育不是灌输，而是点燃火焰。

2. 学习转化的五道鸿沟

学习成果转化是一件非常不容易的事情，也是培训项目落地的痛点与难点。学习转化是一个循序渐进的过程，包括从不知道到知道、从知道到相信、从相信到运用、从运用到融会贯通四个基本环节，简化为"知、懂、行、会"。王阳明先生在《传习录》中说道："知行合一，知是行之始，行是知之成。"意思是说，以"知"为指导的"行"才能行之有效，脱离"知"的"行"是盲目的；同样以"行"验证的"知"才是真正的"知"，脱离"行"的"知"是空泛。

世界上最遥远的距离不是天涯海角，而是知与行的距离，从"知"到"行"需要跨越一道道鸿沟，克服一系列的障碍，学员从知到行，必须跨越五道鸿沟，如图7-2所示。

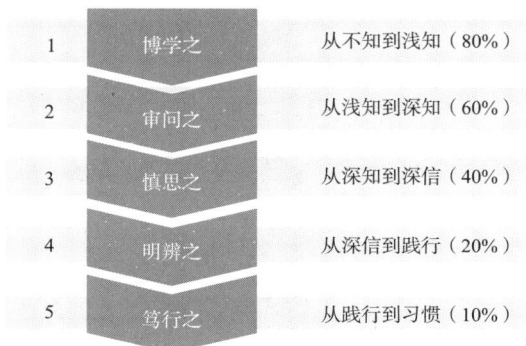

1	博学之	从不知到浅知（80%）
2	审问之	从浅知到深知（60%）
3	慎思之	从深知到深信（40%）
4	明辨之	从深信到践行（20%）
5	笃行之	从践行到习惯（10%）

图 7-2　从知到行的"五道鸿沟"

第一道鸿沟：从"不知"到"浅知"。这是学习的第一个阶段，通过学习拓宽学员的思维，提升学员的认知范围，了解更多的知识与技能。

第二道鸿沟：从"浅知"到"深知"。很多人的学习是浅层面的，甚至是断章取义的，这样就容易导致"走火入魔"。要想从知到行，首先必须是深知，只有深入了解，弄懂弄透，才能更好地应用于实践中去。

第三道鸿沟：从"深知"到"深信"。很多人以为学习就是看书、听课，结果看了很多书，听了很多课，好像接收的信息不少，但是"知道了很多道理，却仍然过不好这一生"，意思是虽然你知道，但是你却不一定相信。在企业培训中，老师在上面讲，你在下面听，结果下面的你听了之后说，老师讲的这个东西在我们单位没用，比如老师说管理者要学会有效地激励技巧才能带好下属，下面的你听了之后说，我们单位没钱搞不了激励，我手下都是老员工用什么激励方式都没用。正因为你根本就不信，就算老师讲得再好，你也只是知道这个事，却不可能转化为你自己的能力，学习就有可能在这个环节上停止了。

第四道鸿沟：从"深信"到"践行"。"信之不为"是从知转化为行的又一个重要障碍，你讲的东西我知道了，知道了之后我也相信它，但是我还是不会去用。因为我们企业的情况、我现在的工作环境不允许我使用，或者说按照老师说的去做，要打破我原来的一些习惯，甚至会触及我的一些原有利益。在这种情况下，从知到行的步伐又停止了。

第五道鸿沟：从"践行"到"习惯"。我知道了，我相信了，然后我也做了，但只是做做而已，一遇到困难就选择放弃了，不能坚持。改变来自习惯的力量，要想有长久的改变必须持续践行。当我们在践行过程中不能坚持，没有把训练变成一个潜意识的行为，这叫"为之不终"。我们大量的学习转化问题出现在这个环节，没有坚持、刻意的练习、及时的反馈、阶段性的反思，无法使学习形成闭环。

3. 督导帮助学员打破学习鸿沟的五力模型

结合学习转化需要跨越的五道鸿沟，我们可以运用培训督导的"五力模型"来打破学员学习的这五道鸿沟，如图 7-3 所示。

（1）链接力——激发学员的学习兴趣

激发学员的兴趣比让学员学什么更重要，兴趣是最好的老师，寻找做事的意义比做事本身更重要。由于成年人的学习有着非常强的目的性，他们讲究学以致用，所以成年人的培训要让培训内容与学员进行有效链接，以激发学员的学习兴趣与动力。

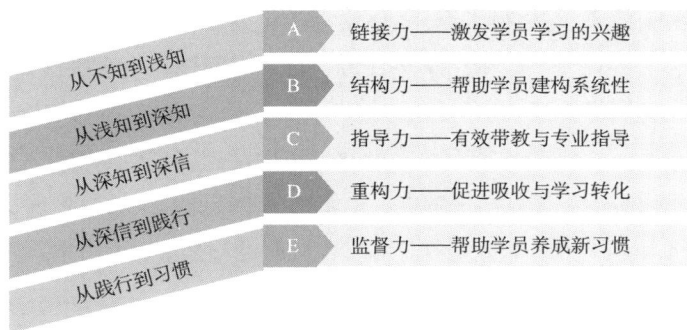

图 7-3　培训督导帮助学员打破鸿沟的"五力模型"

首先，通过培训督导能有效宣传培训项目的价值，从而激发学员学习的兴趣。

其次，通过培训督导有效将学员的旧知与新知结合起来，旧知是消化新知的酶，只有成功地激活了酶，学员才能有效消化新知识。新知识无非是在旧知识基础上的综合、延伸、拓展和升级等。

再次，培训督导能帮助学员有效构建学习的场域。在课堂上，学员除了学习知识和技能外，更需要的是建立各种连接和引导学员探索未来。甚至说，在课堂上建立学员与学员、学员与老师之间的连接比传授知识和技能更重要，想要获得成长，不能仅靠看书、听课，还要认识一些人，并与其形成一种场域连接。当进入这种场域连接后，再往下走，就变成了场域构建，从另一个角度推动学员的成长。

（2）结构力——帮助学员构建系统性

有人说："知识就是力量"，也有人说："如今的知识不值钱，网络、抖音、微信上的伪知识太多"。笔者认为这两种说法都对也都不全对，知识一定是有价值的，但前提是有用的知识、系统性的知识才有价值，那些碎片化的伪知识不仅没有用，反而还有害。同时，往往一些有道理的知识却并一定在实际工作、生活中真正有价值。比如人们常说："失败是成功之母"，但我们发现失败后不经过总结与复盘，失败了 100 次之后，101 次可能仍然失败，因此说失败不是成功之母，总结与反省才是成功之母。

学习一定要掌握系统性思考与学习重构，往往学习高手都是具有系统思维的人，无论是学习"几手知识"我们都可以"审问之，慎思之，明辨之"，那么前提就是"博学之"，并且用实践检验"笃行之"。

在课程实施环节，优秀的老师在课堂上会减少输入，以减轻学员的记忆负担；同时会增加练习与学员的自主构建，我们要崇尚"建构主义"教学主张，强调学生是学习的主体，课堂讲授不再是老师灌输，而是以学员为中心，老师帮助学员共同完成知识的建构与迁移。在课堂上老师给学员任务、场景、问题，不直接提供答案，促进学员思考、研讨，共同寻找答案。

在课程结束后，培训督导能有效帮助学员对课堂内容进行系统化整理与总结，以增强学员对课堂内容的记忆度与理解度。比如在课堂授课结束后，培训督导通过回顾、系统性知识提炼等方式帮助学员复习与练习，从而提升学员对学习内容的掌握程度。

（3）指导力——有效带教与专业指导

培训监督的重要工作任务就是有效带教与专业指导，并且这种带教与指导是个性化的。孔子主张因材施教，针对不同人的志趣、能力等具体情况进行不同的教育。

一次，孔子讲完课回来，学生子路匆匆走过来问："先生，如果我听到一种正确主张，可以立刻去做吗？"孔子说："怎么能听到就去做呢？还是问一下父兄吧！"

子路出去以后，另一个学生冉有也过来问孔子同样的问题，孔子马上回答："对，应该马上去做。"

听到孔子的回答，他的另一个学生公西华感到很奇怪，就问孔子："先生，子路和冉有提出的是一样的问题，你怎么给出不一样的回答呢？"

孔子笑着说："每个人的性格不一样，教育方法也要不一样，冉有遇事容易犹豫不决，所以我鼓励他果断执行；而子路喜欢逞强好胜，所以我要劝他多听取别人的意见，这就是因材施教呀。"

美国心理学家本杰明·布鲁姆说过，许多学生在学习中未能取得优异成绩，主要问题不是学生智慧的欠缺，而是由于未得到适当的教学条件和合理的帮助。因此，培训督导的有效带教与个性化辅导是帮助学员提升学习效果的重要手段。

（4）重构力——促进吸收与学习转化

组织中学习最大的误区是把复杂的改变过程简单化成讲道理，导致道理听了一堆，学员还是没有改变。所以，为了做好培训项目，必须深度挖掘有效改变背后的学习过程，重在促进学员训后的吸收与学习转化。在大量教学实践的基础上，笔者认为有效学习的过程应该分四步：第一步，学员从外界获取知识和信息；第二步，消化吸收这些知识，将其整合到自己的心智系统中，即认知整合；第三步，通过大量的刻意练习把认知改变转化为可外显的改变，即表现整合；第四步，学员能够以全新行为模式解决实际问题，提升工作绩效，即情境整合。可见，获取信息仅仅是万里长征的第一步，行动才是真正学习的开始，获取知识只是行动前的必要准备。

培训督导的原理就是重在学员的训后吸收与学习转化，以陪伴、帮助学员重构等方式，促进学员的深入理解、持续改变行动，以取得更好的工作绩效。

（5）监督力——帮助学员养成新习惯

人们总是愿意做与自己利益有关的、上级领导检查的事情，因此笔者经常在管理学课堂强调："管理结果是盯出来的，通过有效地监督与考核才能确保员工的工作结果到位。"就拿学员培训出勤来说，有上级领导检查，培训出勤率就高，学员对学习这件事就更重视；反之，就容易出现少部分学员缺勤、提前下课等情况。

通过培训督导一方面监督学员的学习出勤、课堂表现，另一方面监督学员的训后实践应用。行为心理学研究发现：21 天以上的行为重复会形成习惯，90 天的行为重复会形成稳固的习惯。因此，要想促进学员持续的行动习惯养成，我们可以通过老师的监督、陪伴以及学员间的相互激励等方式来实现。

7.1.2　培训落地之督导九式

培训督导对于保障培训项目的落地有着重要作用，但要发挥好培训督导的价值，还需依赖严谨的督导流程。我们督导师要在充分遵循督导原理的基础上，严格遵循督导流程，熟悉运用有效的督导技巧。

1. 培训项目设计的六步流程

督导流程是依赖于传统培训项目设计流程基础上的，传统培训项目的设计一般基于三种常用思路：第一种是基于组织人才成长的培训思路；第二种是基于员工绩效提升的培训思路；第三种是基于满足企业业务需求的培训思路。无论哪种形式的培训项目设计，我们都可以把它归纳为六个基本步骤，如图 7-4 所示。

图 7-4　培训项目设计六个基本步骤

第一步，确定用户画像。即要明确我们的目标学员是谁，他们有哪些基本情况，通常来说可以结合他们的学历、专业、工作岗位类型、职业经历、个性特点等来梳理，这是设计培训项目的第一步。

第二步，分析学员现有差距。即在明确"用户画像"的基础上，分析学员的日常岗位职责，基于学员的岗位胜任力、组织业务要求等进行综合分析，了解期望目标与学员现状之间的差距，包括学员的能力差距、素养差距、绩效差距等。

第三步，明确培训需求。当分析完学员的差距后，我们要进一步分析这些"差距"，哪些可以通过培训来解决，哪些不能通过培训来解决，以进一步明确培训的具体需求与界定培训的范围。

第四步，匹配课程内容。这一步是保障培训项目有效的关键，只有设计对学员来说有针对性、实效实用的课程内容才能真正提升培训的价值，不匹配、没有针对性的培训项目只能是"隔靴搔痒"。

第五步，开展培训实施。培训实施主要是指现场培训教学，培训效果大部分来自培训现场，做好培训实施是真正让培训到位的关键。

第六步，进行培训评估与追踪。训后落地环节，在培训有效性中占了 30% 的比重，可谓"有用"的临门一脚。但大多企业对于这一环节的投入仍然非常有限，重视程度也不够，可以说是培训项目中最容易被忽略、最为薄弱的环节。

2. 培训督导的九个环节

根据培训项目推进的六个基本步骤及督导原理，我们将培训督导工作分解为九个环节，简称"督导九式"，如图 7-5 所示。

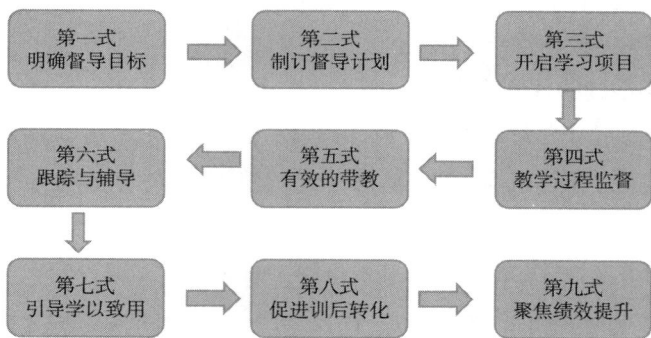

图 7-5　培训落地之"督导九式"

第一式明确督导目标。这一环节的主要工作任务是根据培训项目的需求及项目特征，聚焦培训督导的目标，明确此培训项目的督导目标是什么，哪些关键培训环节需要重点督导。

第二式制订督导计划。在明确督导目标的基础上，把督导目标分解成可执行落地的具体督导计划，包括督导工作事项、责任人、推进时间节点等。

第三式开启学习项目。这一环节的主要工作是帮助老师开启学习项目，指导学员开展课前的翻转课堂学习，把传统的学习项目前置，让学员在上课前就能掌握课程中基本的知识点。

第四式教学过程监督。这一环节的主要工作是监督教学的组织安排、讲师课堂教学的流畅性、处理学员学习过程中的突发情况，以保障教学活动的正常开展。

第五式有效的带教。这一环节的主要工作是帮助讲师对学员进行有效的指导与传帮带，帮助学员理解课堂所讲的知识，训练其技能。

第六式跟踪与辅导。在有效带教的基础上，进一步对学员的学习进行跟踪与辅导，重点在于答疑解惑，有效反馈。

第七式引导学以致用。这一环节的重点工作是培训评估与引导学员学以致用，按照柯氏四级评估，我们要从传统的反应层评估、学习层评估上升到行为层评估和结果层评估。

第八式促进训后转化。这一环节的重点工作是监督学员的课后强化练习与持续应用，督导要给学员提供相关的工具与案例，让学员能直接拿来就用，减少学员自我探索的过程。

第九式聚焦绩效提升。培训的目的是通过提升员工素养与能力，最终提升其工作绩效。不以员工能力与绩效提升为目标的培训都是"伪培训"。督导师的一个重要作用就是帮助学员通过学习来改善其行为并聚焦绩效提升，只有这样才能真正让培训发挥最大的价值。

7.2　训前督导：学习前明确方向

督导的核心价值是帮助学员打通学习的全过程，提升学员的自主性与坚持性。首先要做的就是在课前与学员建立链接，包括课前引导学员自主学习课程内容、建立学习群、启动学习项目等。

7.2.1　以终为始：明确督导目标

目标是行动的向导，犹如射箭的靶心，偏离了"靶心"，行动便会变得无效。只有在培训实施前，了解培训的需求，明确培训的目标与督导的目标，才能让培训工作落到实处，让培训效果最大化。

1. 缺乏培训与督导目标引发的问题

传统的培训观念认为企业培训就是请老师去上课，到了上课时间学员进入课堂被动地接收上课内容即可。其实学习是一个完整的闭环过程，更是一个互动过程，学习活动的成效更在于学员的自主性与坚持性，如果学员过度把希望放在老师身上，那么学习的效果会大打折扣。

某公司的李总与员工小吴闲聊，提到前不久公司组织的培训，于是李总问小吴："小吴，前几天公司组织的培训去听了没有啊？"

小吴很高兴地回答："谢谢李总！我去听过啦。"

李总又问："要不你说说培训讲了些什么，对你有哪些帮助？"

这时，小吴抓耳挠腮，满脸通红，啥都说不出来。

作为公司高层管理者，面对员工这样的反馈有何感想？听过，听过，原来指的是"听完就过了"呀！花那么多经费，耗了那么多时间，结果竹篮打水一场空。培训过后，员工没有任何改变，团队的绩效也没有任何提升，很明显这样的培训是没有效果的。

导致上面情况的出现，一方面在于讲师授课可能缺乏针对性、实用性；另一方面在于缺乏培训督导与追踪转化，在培训前没有明确培训的目标，更没有明确督导的目标。

2. 制定督导目标的三种思路

我们在制定督导目标时有三种常用的思路：第一种是基于培训目标来设计督导目标；第二种是根据培训内容来设计督导目标；第三种是基于绩效提升来设计督导目标。基于这三种思路，我们可以快速制定督导目标，如表 7-1 所示。

表 7-1　督导目标快速定位表

公司领导对培训项目的期望		
培训项目本身的目标要求		
哪些培训内容需要督导	易错点	
	执行难点	
	绩效提升关键点	
	需辅导、反馈点	
督导目标撰写		

7.2.2　稳中求进：制订督导计划

督导目标一旦确定，接下来就要对目标进行有效的分解，它是保障督导目标落地的关键点之一。只有目标明确、计划详细，才能让培训督导工作变得科学合理、高效有方。

一般来说，从督导目标分解为督导计划有三种思路：第一种方法叫项目阶段分解法，第二种方法叫工作要素分解法，第三种方法叫鱼骨图分解法，如图 7-6 所示。

项目阶段 分解法	工作要素 分解法	鱼骨图 分解法

图 7-6　制订计划的三种常用方式

1. 项目阶段分解法

一般的培训工作都是按照项目方式推进的，甚至有的培训会分为几个项目阶段，比如青年干部的培养可延续 2—5 年。我们可以按照培训项目的推进时间，把督导目标进行细化，从而制订科学有效的执行计划。这种用项目阶段分解法的方式去制订督导计划，又可以按项目的时间、要素、责任人进行细分，在此基础上制订详细的计划分解表。

2. 工作要素分解法

所谓工作要素分解法就是进一步细分实现督导目标的工作要素，把大任务化为小任务，犹如庖丁解牛一样。老子说："天下难事，必作于易；天下大事，必作于细。"把大目标分解成一个个的小目标去实现它，不仅能提升执行者的信心，又能让计划逐步落地。

英国伦敦出租车司机考试可谓是一件难事，伦敦的市中心道路有这样的特点：它本身没有任何逻辑性，道路不是对称设计的，没有可供预先判断的标志物。道路也是杂乱无序的，无法展现道路之间的清晰关系，就像一个装满意大利面的盘子掉落在地板上的状态。因此，在伦敦要当一名出租车司机，难度可想而知。

为此，主管部门专门设计了一门"知识"考试。考试内容为：预测未来的出租车司机需要知道大概 2.6 万条道路，需要记忆包含伦敦大本钟、白金汉宫在内的标志性建筑 18.6 万个。

这是一项不可能完成的任务吗？

实际上，考试过程是这样精心设计的：考官会说出一组出发地和目的地，考生必须依靠记忆描述出每一个转向和地标；考生通过这次测试后，隔几周再参加其他路段的测试。整个考试将持续一年多的时间。

试想一名未来的出租车司机，要求他一次性记住所有街道和地标，这样的高难度必然会打倒任何一个人，甚至任何一个人都会放弃。

伦敦大学神经学研究所的研究员对参加出租车司机考试者进行了专门研究，借助核磁共振成像发现，当司机们开始准备"知识"考题时，他们大脑中的海马体会逐渐发展长大，随之他们也变成了更有经验的司机。海马体负责指引方向，随着出租车司机在脑海中构建了城市地图，他们的大脑同时对这些地图进行了存储。

3. 鱼骨图分解法

鱼骨图是一种有效分解目标与分析问题的工具，被广泛应用于各行各业。督导目标分解往往需要把总目标拆分为若干小目标，在此基础上制定完成每个小目标的时间、进度以及完成标准等，如图 7-7 所示。

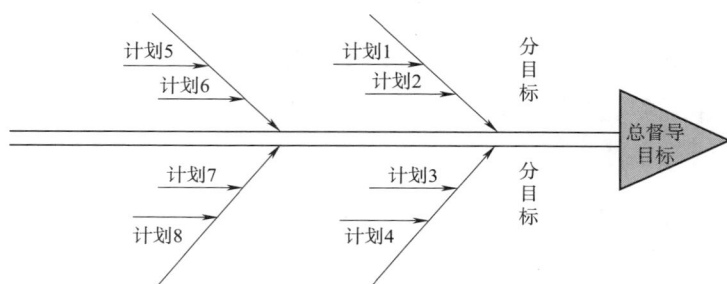

图 7-7　从督导目标到计划分解的"鱼骨图"

7.2.3　先声夺人：开启训前督导

训前督导的核心任务是启动学习项目、让学员对整个培训项目进行了解并开展课前预习。这种方式是对传统培训模式的有效补充，把学员的学习进行前置，采用最新的翻转课堂理念，结合线上线下混合式学习模式，让培训效果更显著。

1. 训前督导 163 模式设计

训前督导的主要工作有三件：一是开启学习项目，组建学习小组；二是引导学员进行课程预习，让学员提前了解课程内容；三是讲师线上答疑解惑，集中解决学员的一些共识性问题。笔者把训前督导要做的工作总结为 163 模式，如图 7-8 所示。

（1）一个核心任务

训前督导的核心任务是让学员了解整个学习项目流程与内容并组织学员开展课前预习。这个阶段的主要工作是建立学员的链接，激发学员学习的兴趣，引导学员课前自主学习。这犹如我们用餐前的"点心"与"汤食"，是学员学习的开胃菜，用来激发学员的"食欲"。

正如《小王子》一书中提到，如果你想造一艘船，首先需要的不是催促人们去收集木材，也不是忙着分配工作和发布号令，而是激起他们对大海的向往。

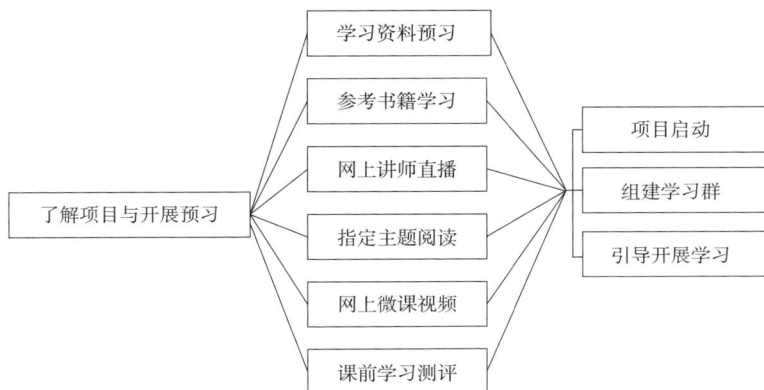

图 7-8　训前督导 163 模式设计

（2）六大学习方式

课前可通过六大方式引导学员的自我学习，包括学习资料的预习、参考书籍的学习、网上讲师线上直播、指定主题阅读、网上微课视频学习及课前学习测评等。多渠道、多方式提前向学员发送相关学习内容，加深学员的理解与记忆，拓展学员的知识边界。

（3）三大工作内容

训前督导师的三大工作内容是开启学习项目、组建学习群、引导学员开展学习并协助老师对学员在课前预习中遇到的问题进行答疑解惑。

2. 训前督导的核心理念：翻转课堂式教学

翻转课堂也称颠倒课堂，是相对于常规课堂教学而言。它是将传统课堂上的教学内容与课下学习活动内容进行倒置的一种教学模式，具有如下四个特点，如图 7-9 所示。

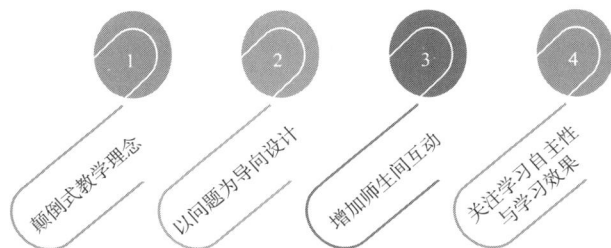

图 7-9　翻转课堂的四个特点

（1）颠倒式教学理念

由传统的"教学"模式颠倒为"学教"模式，在常规课堂教学中，课堂上老师讲授新知识，课后学员完成作业。而翻转课堂则是学员在课前利用教材、微课视频以及助学资料（书籍、音视频、动画、图片和电子教材等）进行自学并完成进阶式作业，在课堂上参与学员互动、师生互动等活动，包括释疑、解惑、研讨、交流等，并完成实践训练、综合性作业的一种教学模式。

（2）以问题为导向设计

翻转课堂是基于"问题解决"的学习方式，关注学习过程，重视学习方法和心得，显性化难点疑点，为课堂动态生成做好铺垫，增加了互动参与度，减少了合作的边缘化，以学习情感体验，促核心素养落实。

（3）增加师生间互动

翻转课堂重在增加师生之间的互动，课堂上有充足的时间用于师生互动，学员会提出各种问题，老师会及时捕捉信息，形成解决方案，从而促进教学相长。

（4）关注学习自主性与学习效果

翻转课堂由"老师主权"向"学员主权"转变，老师是帮助学员完成学习的引导者，帮助学员完成自主学习，养成学习的习惯。通过颠倒式教学更加关注学员的学习效果落地，而非知识的灌输。

7.3 训中督导：过程指导见成效

训中督导是培训督导的重点工作，包括培训教学过程监督、有效带教、跟踪与辅导等工作内容，其中精准、严密的教学组织是保障培训实施落地与效果显现的重要环节，有效带教与跟踪辅导是促进学员学习转化的重要手段。

7.3.1 流程把握：教学全过程督导

教学过程督导包括对教学实施过程中的学员组织、教学组织、讲师授课、教学评估、学员考勤等的管理，能够保障培训组织的流畅性，防止教学活动中的突发事件发生。

有好的过程才能有好的结果，通过对教学进行全过程监督，能有效保障培训项目开展的流畅性。我们可以从 4 个维度来有效开展精准化的教学组织活动：全流程设计、全方位教学、全过程管理和全要素考核，如图 7-10 所示。

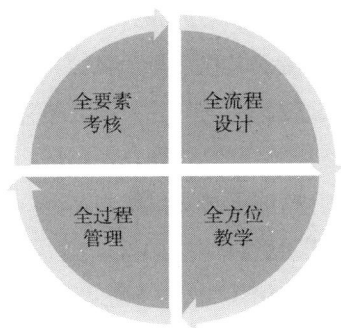

图 7-10 精准化的教学组织与过程监督导

1. 全流程设计

坚持所有教学活动严格按照既定的教学计划进行，明确教学目标与考核原则，紧紧围绕企业的发展战略和人才培养要求，设计教学的全流程，做好教学组织、教学研讨、班级文化及教学监督管理等工作，通过"学思践悟"各个环节，全面提升学员的技能。

2. 全方位教学

根据不同的教学主题，灵活地选择教学形式，除了常规的面授教学外，还要引入小组研讨、案例教学、情景模拟演练、沙盘教学、头脑风暴、高管面对面等多种教学形式，并在企业内部建立多样化的教学平台（比如企业内部网络交流平台、读书交流会）。通过实施全方位教学，充分发挥学员的主体作用，在思想交流、观点碰撞、问题解决方面达成共识，提高能力，促进学习效果的转化。

3. 全过程管理

培训工作宜采用"项目制"管理方式，尽量配备班主任、班委进行管理，培训督导要加强对学员考勤、学习积分、作业布置与检查、考核等维度的全过程管理，以形成良好的学习纪律和学习风气。

4. 全要素考核

对学员的学习纪律、学习成果、参与度等进行全要素考核，通过组织考试或实践考核，促进学员对知识的吸收、技能的掌握。

7.3.2 细节关注：有效地带教与反馈

有效地带教与反馈能促进学员对培训知识与技能的掌握，是培训督导工作中不可或缺的一环。其主要工作包括以下三个方面的内容：一是精准的教学设计，二是专业的教学示范，三是有效的教学指导，如图 7-11 所示。

图 7-11　有效带教与反馈三件主要工作

1. 精准的教学设计

精准的教学设计包括结构化的课程内容设计、课堂心流体验设计、场景转化设计三大部分内容，其中结构化的内容设计是核心，课堂心流体验设计是形式，场景转化设计是学习迁移与转化的载体。

（1）结构化教学内容设计

人们的大脑结构让我们天生喜欢结构化的知识，不喜欢杂乱无章。如果讲师在课堂上讲的内容杂乱无章，这不仅不便于学员的理解与记忆，甚至有可能让学员认为老师讲的东西就是东拼西凑，没有章法与体系。结构化教学设计包括教学内容的结构化、教学手法的结构化、教学流程的结构等。

（2）课堂心流体验设计

所谓"心流"是我们在专注进行某行为时所表现的心理状态，表现为专注与极致，心流产生的同时会有高度的兴奋与充实感。优秀的课程不仅要有好的内容设计，更要引导学员进入学习的心流状态。时下的沙盘式情景模拟、行动学习、世界咖啡等教学方式就能很好地将学员带入学习的心流状态，因此这种教学方式又称之为"沉浸式教学"。

我们可以使用"五感教学法"来充分调动学员在课堂中的多种感觉：视觉、听觉、触觉、味觉、嗅觉。比如在课堂中使用 PPT 与图画就是在调动学员的视觉；用演讲、小组研讨、提问的教学方式就是在调动学员的听觉；用角色扮演、小组 PK、举手回答的教学方式就是在调动学员的触觉；在课堂布置茶歇、小零食等形式就是在调动学员的味觉；在课堂现场设置鲜花、香薰之类的物件就是在调动学员的嗅觉，如图 7-12 所示。

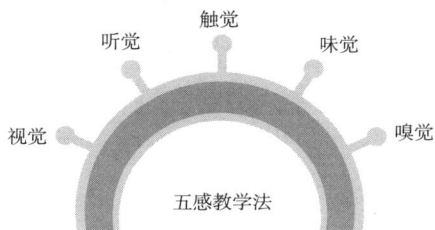

图 7-12　引导学员进入学习心流的"五感教学法"

（3）场景转化设计

在课堂中，将教学内容与场景进行链接非常有必要。为什么很多课程老师讲得也非常不错，但学员回去之后还是不会操作，主要是缺乏应用的场景关联。比如学员听了很多关于沟通方面的课程，也掌握一些沟通的方法与工具，但回到实际工作中仍然不能有效沟通，主要原因是老师的教学内容不能很好地与学员的工作场景进行链接，老师教的内容大部分是放之四海而皆准的沟通方法，但学员一回到实际工作场景，就会发现现实中的沟通场景比老师在课堂中所教的场景要复杂得多。

所以，我们在教学过程中老师的教学内容要多与学员的工作、生活场景相关联，通过案例式教学、情景模拟式教学、实战演练式教学方式，帮助学员对学习内容进行深入理解与场景转化。

2. 专业的教学示范

专业的教学示范一般包括讲标准、做演示、答疑惑、促训练四个维度的工作，又可细分为五个基本的步骤：第一步说给他听，第二步做给他看，第三步让他做做看，第四步反馈指导，第五步鼓励与支持，如图 7-13 所示。

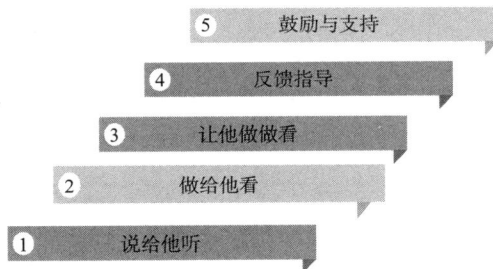

图 7-13　专业的教学示范

第一步说给他听，是给学员讲清楚工作的标准，以帮助学员形成新的认知与建立标准。第二步做给他看，是形成榜样，防止学员误操作，尤其是有关安全与生产方面的技能操作，这一步非常重要。第三步让他做做看，检验下属对新知的掌握与理解程度。第四步反馈指导，指讲师在观察学员实际操作后，给学员做出针对性的指导与反馈，包括指出学员做得好的方面与需要改进的方面。第五步鼓励与支持，推进学员的巩固练习与"学以致用"，只有让学员结合工作实际，多用、多练习才能让新知、新技能变为员工自己的。

3. 有效的教学指导

在正确的教学示范过后，往往需要讲师或督导师对学员的训后实际操作与学习转化进行有效的指导，包括在分析学员学习差距的基础上，提供有效的建议、双方共同制订改善计划并帮助学员进行有效改进等工作，笔者把这些工作总结为"GSCI 模型"，如图 7-14 所示。

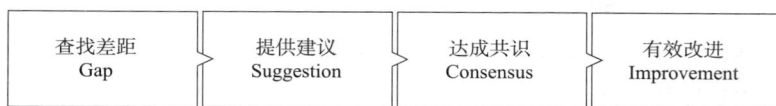

查找差距 Gap	提供建议 Suggestion	达成共识 Consensus	有效改进 Improvement

图 7-14　有效指导的"GSCI 模型"

第一步是查找差距。可运用观察法、测试法、对标法和实践操作法快速查找学员在学习应用方面存在的差距，这是讲师或督导师对学员提供有效指导的基础。

第二步是提供建议。在有效分析学员差距的基础上，找到合适的时机向学员提供建议，当讲师或督导师有现成的标准方法或工具时可以直接提供给学员；当讲师或督导师没有现成的标准方法或工具时，可与学员一起探讨解决问题的答案。

第三步是达成共识。这一点很重要，它是让学员自主改变的基础。有时我们讲师与督导师在给学员提供指导时，学员并不买账，认为老师或督导师提供的方法与工具不适合他，这就需要讲师或督导师通过有效的沟通与学员达成共识，只有这样才能让学员自主地去改善，毕竟学习是学员的事情，不是讲师或督导师的任务。

第四步是有效改进。这是学员与讲师或督导师达成共识后的进一步行动，也是有效指导工作出成果的关键一步。

7.3.3　监督到位：持续的学习监督与辅导

在开车过程中，要持续踩油门，车才能保持前进。同样，想实现较好的培训转化，也要对学员进行持续的学习监督与辅导。根据相关专家老师的建议，推荐训后跟踪辅导 1~3 个月。具体来说，我们可以通过三种有效手段来实现持续的学习监督与辅导：第一种是监督，第二种是教练，第三种是问责，简称"SCA 监督与辅导系统"，如图 7-15 所示。

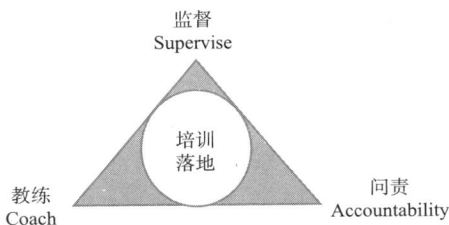

图 7-15　SCA 持续监督与辅导系统

1. 监督（Supervise）

持续监督背后的核心原理是监督管理与承诺管理，人们总是愿意做自己承诺以及上级领导监督检查的事，其中承诺管理广泛应用于企业管理工作中。中国古语有言："天失信，三天不明；地失信，四时不成；人失信，五德不行。"人无信不言，而立信最直接的注解就是"言出必诺"，即践行承诺。

假如要做一件事，大家觉得自己心里默默惦记更可能完成，还是当众公开承诺更可能完成？显然后者居多。哪怕冲着"爱面子"，自己做的承诺，含泪也要完成，所以也有人开玩笑说："确保自己完成某一事项的最好方式是公开承诺。"公开承诺是对自己和公众立信，更能表达一个人的决心，也更能激发一个人的行动。

在促进训后转化应用的过程中，可以要求学员承诺、鼓励其承担责任，并将承诺公开，提高行动落地的可能性。一个有任务、有计划、有承诺的行动，就像一辆车有了方向、路线和保险，可以快速启动。

2. 教练（Coach）

"教练"一词最早由英文"Coach"翻译而来，它的原始意思是"四轮大马车"，马车是古代能快速将人们送到想去地方的一种交通工具。后来 Coach 的意义延伸为"训练、指导"，尤其是在体育领域被广泛应用。如今，教练技术广泛应用于商业、企业管理领域。教练技术的本质是 3 个关键词：觉察、选择、改变，如图 7-16 所示。

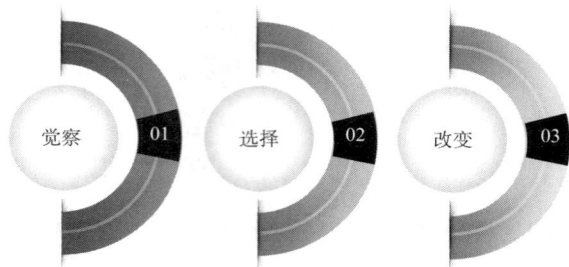

图 7-16　关于教练技术本质的 3 个关键词

在培训督导过程中，督导师可以通过有效对话引导、启发学员的自我觉察，让其发现自己的盲点或更多的可能性，从而做出最佳的选择，并且愿意为自己的选择承担责任；当员工做出正确的选择和付诸有效的努力后，改变自然而然就发生了。

这一点似乎跟王阳明先生的"知行合一""致良知"的观点是一致的。王阳明先生认为，人们做不到知行合一，根本上还是因为没有达成真知，真知达到了，知行自然合一。而教练式辅导是通过督导师对学员进行有效的教练对话让学员提升"真知"，发现自己的盲点与潜能，从而促进有效行动。同时，王阳明先生认为："致良知"就是将良知扩充到事事物物，"致"本身就是兼知兼行的过程，因而也就是自觉之知和推致知、行合一的过程。而教练式辅导的本质就是帮助学员建立自我觉察，发现自己的"内在良知"与"内在力量"，由内而外地改善，正如王阳明先生在龙场悟道后欣喜若狂时道出的真谛："圣人之道，吾性自足，向之求理于事物者误也。"

3. 问责（Accountability）

督导师对学员精准式问责主要包括两个内容，一是对学员学习转化的检查与考核。当学员没有按照既定的学习要求、行动计划去践行时，督导师应及时向学员指出，并实施一定的考核与处罚，通过这种方式将学员的学习转化行动形成"压力机制"，迫使其去完成当初承诺的行动内容。

二是进行有效的反馈。有效反馈要把握三个原则：一是反馈的时机性，二是反馈的精准性，三是反馈的有效性。尤其是反馈的时机性与方式方法非常重要，孔子《论语·述而篇》曰："不愤不启，不悱不发，举一隅不以三隅反，则不复也。"意思是说："不到他努力想弄明白但仍然想不透的程度不要去开导他；不到他心里明白却不能完善表达出来的程度不要去启发他。如果他不能举一反三，就不要再反复地给他举例了。"

7.4　训后督导：落地转化提升绩效

训后转化是培训项目落地的难点与痛点，往往表现为培训中非常激动，培训后一动不动。培训效果落地难主要原因有三个：一是缺乏培训闭环管理机制，企业往往认为培训的重点是培训实施，而忽略了对学员训后的应用监督与考核；二是由于员工的惰性，不愿意主动将培训中学到的知识、技能应用到日常工作中去；三是缺乏培训落地转化的交流平台与环境。

7.4.1　工作有法：引导学以致用

企业有相当一部分员工说："培训没用"，那是因为你学完后没去用当然没用，就犹如一个病人去医院看病，医生给他抓了几副药回家，然后他回来却没有吃医生给他抓的药，却反过来说医生抓的药不行，岂不可笑。学习是一个"知悟践行"的过程，只有从知到行才能真正让学习这件事做到"知行合一"，关键是大部分人缺乏主动践行的动力与自觉性，这就需要公司与督导师给学员设置一定的考核机制与辅导机制，引导学员学以致用。

在组织中往往有三股推动学员训后"学以致用"的力量：外部环境的影响力、自身成长的驱动力和来自上级的关注力，如图 7-17 所示。

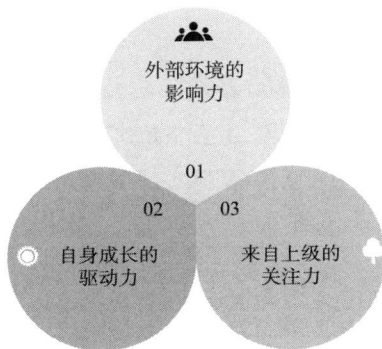

图 7-17　推动学员训后"学以致用"的三股力量

1. 外部环境的影响力

为什么把外部环境的影响力放在首位？因为外部环境对一个人的影响力不容小觑。在组织内部，组织环境对员工的成长和发展非常重要，具体来看，影响员工在培训后能否改变的外部环境包括企业文化、制度规范、团队氛围等。

企业文化与制度规范是学员学习后转化运用的重要驱动因素。比如，在一个公平竞争、积极向上的文化环境中，学员可通过自身努力快速将所学知识转化为业绩，而业绩又代表着升职或薪酬方面的回报，这样就能驱动学员训后把所学知识、技能快速运用到工作中去的动力。相反，一个人浮于事、机构臃肿、官僚文化盛行的企业文化中，员工的努力并不能转化成回报，甚至于有时做得多错得多，绩效扣分越多，导致学员行为的惰性，这就不利于学员的训后转化应用。

团队氛围是一种神奇的力量，也是一种团队动力。在一个团队中，如果有几个"学霸"级的人，那会带动其他员工前行，团队成员之间就会形成一种相互陪伴和影响的关系。在团队中定期有人分享自己学习的心得与落地成果，会带动其他学员发生改变。

2. 自身成长的驱动力

学员自身成长的驱动力是仅次于环境影响力的第二股力量。西方有句谚语："你可以把马儿牵到河边，你却无法强迫它喝水。"兴趣是最好的老师，我们永远无法唤醒一个装睡的人。内在驱动力是一个人成长的根本动力，正所谓外因是通过内因起作用的，组织提供的一切成长机会都需要员工自我驱动才能转化为行动力。

3. 来自上级的关注力

柯氏四级评估模型表明，监督、强化、鼓励的主体应该是学员的直接上级。员工离开培训课堂后，就要回到正常的工作中，而所学的知识技能也需要在实践中进行练习，只有这样，学习才能带来改变。试想，如果你学了一个有用的工具或方法，回到工作中很想试着练习，但你的上级领导却说："为什么要用这个方法？这个方法固然好但有风险，还是用原来的方法好。"你还会坚持练习吗？相反，如果你刚结束一个创新思维与方法的课程，回到岗位上后，团队工作中遇到难题，你的上级领导说："你不是刚刚上了一堂创新思维与方法的课程吗？有什么新的方法与思维来解决我们目前遇到的难题，先谈谈你的想法，我们再团队讨论讨论"，在上级领导的鼓励下，你的课程内容运用就更加有信心了。

7.4.2　推进有方：促进训后转化

根据笔者多年的培训管理工作实践，提供一个有效促进学员训后转化的方法"三三法"，可以帮助督导师、培训管理者解决培训转化难的问题。

1. "三个产出方向"引导学员训后转化

培训产出是培训落地的关键，也是检验培训效果的有效方式，我们可以从以下三个方面来引导学员训后的产出。

（1）提升岗位胜任力

第一个产出引导是帮助参训者完成学习应用以提升岗位胜任力。通过训前评估，寻找学员的绩效胜任差距，在培训学习中，引导学员在本岗位上的实践应用，促进其岗位胜任力的提升，从而提升个人绩效。

（2）业务输出 / 以赛促学

第二个产出引导是通过业务输出、以赛促训等方式，提升学员培训后转化应用的频次与强度，从而提升熟练程度。

从传统的问卷调查、实操考核法向"以赛促学"转变，笔者把这种模式转变称为"从考场模式向擂台模式转变"。通过以赛促学方式，可以点燃大家的激情，带动员工的工作节奏感，使其处于兴奋状态。你想要获得什么成果，就比赛什么内容。

比如在培养企业内训师队伍时，我们可以设计一个企业内训师大赛——"我是企业好讲师"，以大赛为契机，激活内训师学习和教学的热情，促进其快速学习与产出。

再比如在进行班组长队伍培养时，我们可以设计"金牌班组长技能大赛"，通过大赛的形式将班组长应用技能水平提升一个高度。

（3）参与专题项目研究

第三个产出引导是鼓励学员在培训结束后，参与企业的项目课程研究，通过真实的项目历练，完善学员的知识结构，提高其解决问题的能力，从而提升员工绩效。

2."三个管理措施"监督学员训后转化

首先，可通过培训后考核，包括理论考试、实践考核、学习心得交流等方式，加深学员对学习内容的理解与掌握，提升学员对培训的重视程度。

其次，加强培训激励。让学员的培训与绩效考核、晋升及职称关联起来，促进学员主动学习，培养持之以恒的学习习惯，营造积极进取的学习氛围。

最后，加强管理者监管。学员的直接领导是促进学员学习转化落地的重要力量，通过加强监管、改善应用环境、引导应用学习内容等方式，促进学员对学习成果的落地转化。

7.4.3 明确核心：聚焦绩效提升

根据吉尔伯特的行为工程模型，指出绩效提升的影响因素主要有个体因素和环境因素，如图 7-18 所示。其中组织大部分绩效问题都是由环境因素引发的，组织环境因素对整体绩效的影响占 75%，个体因素对整体绩效的影响占 25%，因此组织绩效与员工绩效的改善重点应该放在环境因素上。也就是说，培训或企业管理工作中我们如果把撬动绩效的支点放在员工个体因素上，那么哪怕投入 100% 的时间、精力，也只能撬动企业 25% 的绩效。如果组织内部环境因素不发生变化，那么绩效结果便不会太理想。

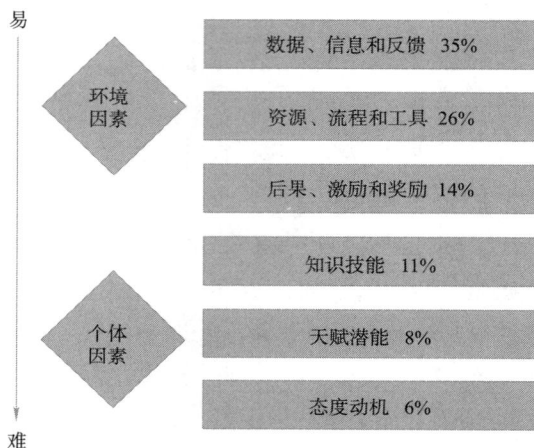

易

环境
因素

数据、信息和反馈 35%

资源、流程和工具 26%

后果、激励和奖励 14%

知识技能 11%

个体
因素

天赋潜能 8%

态度动机 6%

难

图 7-18　吉尔伯特行为工程模型

朗姆勒曾提过：如果让一名好的员工和一个坏的制度、工作环境相抗衡，那么在多数情况下，环境恐怕会成为最后的赢家。所以，在绩效改进工作中，只要人出现问题，我们一定要先问问环境、制度、方法有没有问题，问题往往出现在环境因素这一维度上。然而，组织中的很多培训工作与管理工作都想通过个体来提升绩效，却忽略了环境要素的重要性。

著名质量管理专家戴明博士也通过统计数据反馈提及：组织遇到的 85% 的问题都不是员工的问题，有些时候员工还真的没什么问题。很多时候，极大可能是组织的环境导致了员工个体的问题。

这就是很多培训工作与管理工作在着眼于一些员工的问题之后，辛辛苦苦地解决了员工的问题，但是对于组织绩效的改进仍然没有太大改善的真正原因所在。

因此，我们需要把目光投向培训工作与管理工作的盲区——组织环境这一维度，之前被我们忽略的那些组织的信息、机制、工作流程、方法、激励等要素（这个部分的影响因素为 75%）才是影响绩效的最关键要素。

第 8 章

八星精咨询：九项能力做好咨询

　　如今企业与企业之间的竞争越来越激烈，外部商业环境的不确定性变化成为常态，对企业领导者的管理能力要求越来越高，对企业各类人才的素质与能力要求也越来越高。越来越多的企业除了依靠内部智慧外，更需要借助"外脑"，越来越多的企业选择引进外部的培训师与咨询师来帮助企业出谋策划，对人才进行培养。

8.1 培训师升级与咨询师认知

如今，市面上既能做好培训又能做好咨询的职业人士为数不多，但有着广阔的市场刚需。作为一名培训师，如若能系统掌握咨询的核心技巧，便能让你如虎添翼，在培训行业的道路上走得更远更稳。

8.1.1 培训师为什么要学习咨询技巧

何为咨询？咨询一词，在汉语中有商量、询问、谋划和征求意见的含义。咨询的现代意义是指个体和组织以专门的知识、信息、经验为资源，针对不同的用户需求，提供解决某一问题的方案或决策建议。

而咨询师是在咨询行业运用专业的知识、技能和经验，通过咨询技术与方法，帮助个人或组织解决问题或提供方案的专业人员，比如管理咨询师、心理咨询师、生涯规划咨询师等。

笔者在本章为大家介绍的更多为"管理咨询师"，主要的咨询范围包括企业综合、战略、生产、人力资源、财务、物流、市场营销、信息系统等方面的管理咨询。

1. 培训师与咨询师的区别

职业培训师与职业咨询师都是帮助企业解决问题的职业人士，但两者的工作方式与工作流程有着本质的区别，对这两类职业的从业者能力要求也有着明显的不同。咨询师更多的是运用咨询方案、陪伴式辅导方式帮助企业解决问题；而培训师更多的是通过培训帮助企业人才成长、开阔管理者视野、提升管理技巧等方式，提升企业人才综合能力与管理水平，协助企业解决问题。

笔者把咨询师称作"企业医生"，即通过"望、闻、问、切"给企业诊断、把脉，然后给企业"开药方"，拿出解决方案，最后"药到病除"。而笔者称培训师为"企业教练"，更像一个羽毛球教练或健身教练，教你打羽毛球，如何握拍、站、发球，如何通过训练掌握各种技巧，击球点、爆发力、反击，提高球技、打败对方取得胜利。企业管理同样需要教练，根据实际情况为企业量身定做系列培训课程，提高企业管理水平和管理智慧、员工的综合素质，开阔视野、启迪思路、掌握技能，最终目的也是为企业解决问题，提高经济效益和战斗力。咨询和培训殊途同归，是解决企业问题的两种手段。

企业意识到自己有"病"了，找咨询师"看病"与"开药方"；企业想"强身健体"、提高管理水平、提升人才素养与能力，找培训师量身定做课程。

2. 为什么培训师要学习咨询技巧

培训师与咨询师同为帮助解决企业问题的两种职业，受到越来越多企业的重视。虽然市面上既能做好培训又能做好咨询的职业人士非常少，但很有市场价值。作为一名培训师学习好咨询技巧有着三重价值。

第一，提升"咨询式培训"的技能。现在越来越多的企业不满足于培训师传统的灌输式教学，而要求培训更落地、更实操，甚至要求培训师有咨询辅导能力，我们称这种培训方式为"咨询式培训"或"落地辅导式培训"。通过学习基本的咨询技巧能有效帮助培训师提升"咨询式培训"的能力，让我们的培训更能落地、更实操。

第二，提升能力与市场竞争力。如今培训师已经是一个非常内卷的行业，行业竞争非常大，部分职业培训师经受不住家庭的经济压力又选择重新回到企业上班，因为职业培训师是一个收入不稳定的职业。而职业培训师若能熟练掌握咨询师的能力与技巧，便可开辟第二职业，可以选择在做培训的同时做咨询，大大提升职业的竞争力与收入稳定性。

第三，提升输出能力。若你同时能熟练掌握培训与咨询两大领域核心技能，你的输出能力就会很强大，能兼具培训师与咨询师的综合思维能力、问题解决能力、资源整合能力，对于同一领域的知识输出能做到"一鸭三吃"，说出来就是培训，做成方案就是咨询，写出来就是文章或书籍。

因此，作为培训师，系统学习咨询技巧非常重要，这能快速提升你的综合能力与竞争力，并能有效提升你的思维境界与解决问题的能力。

8.1.2　咨询师的核心能力与项目开展流程

咨询师与培训师的能力有着本质的区别，其思维方式、工作方法都有所不同。培训师要想掌握咨询的技巧，必须修炼咨询师的核心能力，掌握咨询项目开展的流程与方法。

1. 咨询师的核心竞争力

职业咨询师是一种高智力的服务性职业，对其职业经验与职业能力的要求比较高，主要包括以下几个方面。

①知识要求。职业咨询师一般要求硕士以上学历，并在知识结构方面同时具备管理学、社会学、市场营销学、人力资源、心理学、人际交往学等专业知识。

②技能要求。职业咨询师要熟悉各种测评、访谈与咨询诊断的工具和方法，有超强的沟通能力和分析问题、解决问题的能力，善于从多个渠道获取信息，通过多种方式处理信息，具备良好的人际交往能力和资源整合能力。

③经验要求。一般要求有人力资源管理、企业管理、市场营销、生产管理等相关工作经验，有对各行各业进行全面分析的能力，能够在一问一答之间展示自己的全部知识和经验储备。

④职业素养。职业咨询师要有丰富的阅历和社会经验，有超乎寻常的耐心，对人细心，有亲和力和高尚的职业道德，有保密意识和较好的创新思维。

2. 咨询师的核心能力

根据笔者多年管理咨询的经验，将职业咨询师必须具备的核心能力总结为九项：洽谈能力、学习能力、诊断能力、分析能力、规划能力、创新能力、沟通能力、博弈能力与执行能力，如图 8-1 所示。

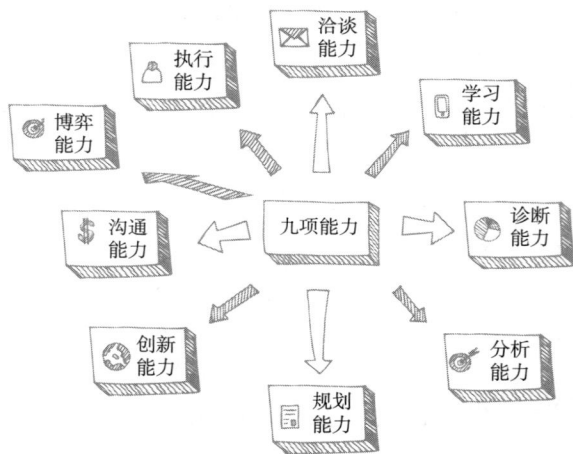

图 8-1　职业咨询师的九项核心能力

其中洽谈能力、学习能力是咨询师的基础能力；诊断能力、分析能力、规划能力、创新能力是咨询师有效制订咨询方案、赢得客户认同的关键；沟通能力、博弈能力、执行能力是咨询项目落地的保障。

3. 咨询项目实施的全流程解读

虽然咨询项目有多种类型，比如战略管理咨询、市场营销咨询、人力资源咨询、精益管理咨询、流程改善咨询等，但咨询项目实施的基本流程是一致的，包括：客户洽谈与合同签订阶段、项目调研与诊断阶段、方案设计阶段、辅导实施阶段、项目收尾阶段五大阶段。

（1）客户洽谈与合同签订阶段

客户洽谈与合同签订阶段的工作很重要，主要工作是与客户洽谈赢得项目的实施权。通过拜访客户、与客户交流，在了解项目需求的基础上制订项目实施方案书提交给客户，可能需要多轮洽谈才能取得客户的信任，最终赢得项目并与客户签订项目合同。这一阶段主要考验咨询师超强的沟通能力、说服能力与方案输出能力。

（2）项目调研与诊断阶段

项目调研与诊断阶段是项目开展的基础，也是难点。通过深入企业，对公司管理者、员工代表进行深入访谈调研，快速收集相关资料，快速了解项目背景与环境，深入诊断，把准问题点。这一阶段主要考验咨询师超强访谈能力、沟通能力、深入分析问题与把握本质的能力。

（3）方案设计阶段

方案设计阶段是项目开展的关键。在前期深入调研诊断的基础上，根据咨询师丰富的经验、有效的资料与数据及行业案例分析，系统设计项目解决方案。这一阶段主要考验咨询师的方案设计能力、系统规划能力、解决问题能力与文案输出能力。

（4）辅导实施阶段

辅导实施阶段是推动项目开展、取得成效的重要环节。再好的咨询文案其价值也必须经由企业实践才能体现，如果企业在项目文案推进过程中阳奉阴违或理解有偏差，就很容易导致项目执行效果差，甚至出现项目失败的情况。所以说这一阶段的工作非常重要，越来越多的企业不满足于咨询师输出一堆复杂的咨询文案，企业方更要求咨询师能帮助辅导、推进项目文案的执行。这一阶段主要考验咨询师超强的沟通能力、博弈能力、执行能力。

（5）项目收尾阶段

项目收尾阶段是咨询项目的最后一个阶段，主要工作包括向企业方汇报咨询项目的输出成果，提交项目相关所有资料，与企业方对接材料归档、项目费用结算等事宜。这一阶段主要考验咨询师的汇报演说能力、公文写作能力及沟通能力。

8.2　通点博面，全面诊断

在项目合同签订后，就是召开项目启动会，再由咨询师团队进驻公司开展访谈调研、咨询诊断工作，在此基础上，针对性设计项目解决方案。此过程需要咨询师能够通点博面，快速了解企业、精准给企业进行把脉，找准项目有关的问题症结，因地制宜、有高度有深度地制定项目解决方案。

8.2.1　洽谈力：有效洽谈，争取信任赢得项目

项目洽谈是咨询师的基本功，咨询师与培训师不同：咨询师就是一个通过"望闻问切"然后开处方药的医生；培训师是卖药的，而且卖的是标准的中成药。很多培训师的课程销售人员来源于培训机构，而咨询项目的主力销售一定是咨询师本人，因为大部分培训机构的销售人员不具备洽谈咨询项目的能力。

1. 在洽谈中如何挖掘客户需求

在咨询项目洽谈中，挖掘客户需求是最重要的。如果搞不清楚客户的需求，那么后续的一切方法技巧都将无效，因此明确客户需求是项目洽谈的第一任务。根据笔者多年的咨询项目经验，在有效挖掘咨询项目需求时，咨询师要做好以下几项工作。

①行业分析。通过对行业的了解，判断客户到底有什么需求，因为客户暂时没有判断自己真实需求的能力，要不然也不会找到咨询公司。通过行业趋势判断客户处于什么阶段，会产生什么问题。有时候，客户只知道现象，不知道问题的根源，请咨询公司是因为客户想跳出圈外看看自己做得怎么样，有哪些问题。

②三种途径快速了解项目需求。可通过以下三种途径快速了解客户的项目需求：一是与公司高层领导洽谈，精确了解高层领导对项目的期望；二是与项目提出方洽谈，准确把握提出单位对项目的要求；三是项目利益方洽谈，了解利益相关方对项目的诉求。

③耐心倾听。细致全面地倾听是发现问题的根本。每个人都有预设的判断，"望闻问切"要从细微之处入手。初次谈判时，尽量让客户多说，80% 的时间用来倾听，20% 的时间用来提问。

④用提问来界定需求范围。大部分企业方请咨询师来洽谈时，其需求范围是不明确的，这时咨询师可运用开放式、傻瓜式的提问来了解客户需求。笔者给大家提供一套简单的需求洽谈提问表，如表 8-1 所示。

表 8-1　需求洽谈五问法

提问维度	问题设计
一问项目背景	领导，请问一下咱们是基于什么背景或原因发起这个咨询项目
二问项目需求	咱们这个咨询项目主要想解决公司哪些具体的问题点
三问项目难点	能否请您谈谈与项目相关实施的难点与目前存在的困惑
四问项目差异	请您谈谈目前的状况是怎样的？需要我们咨询师团队帮忙弥补哪些差距
五问完成标准	领导，您期望我们实施这个咨询项目后需要交付哪些成果？具体要求是怎样的

2. 如何进行有效的洽谈沟通

成功的咨询项目洽谈包括三大要素：一是咨询师丰富的专业知识与行业经验，二是有效的洽谈方法与技巧掌握，三是做好标准化的洽谈过程管理，如图 8-2 所示。

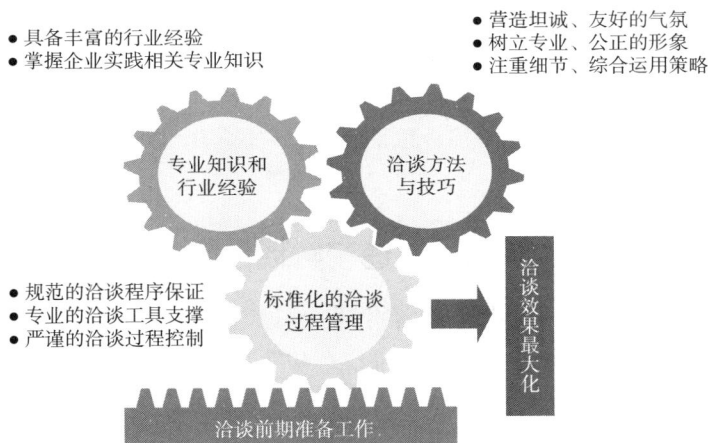

图 8-2　成功项目洽谈三要素

（1）丰富的专业知识和行业经验

丰富的专业知识和行业经验是咨询师开展客户洽谈的有力撒手锏，就犹如一个病人去看医生，他最看重的就是医生的专业性与丰富的经验，所以越是经验丰富的老医生越受病人欢迎。要想给客户留下好的第一印象，咨询师要在洽谈中体现自己的专业性，让客户看到并相信你具备丰富的行业经验，掌握企业实践相关的专业知识。最好在洽谈过程中向客户展示咨询师以往在做项目时的客户见证及项目成效数据。同时，想给客户留下好印象，要在洽谈过程中体现形象专业、行为专业，在与客户洽谈时咨询师的穿着应以商务正装为主，并且所有服饰、行头都是品牌，用专业形象彰显个人气质。

（2）标准化的洽谈过程管理

标准化的洽谈过程管理是保障成功洽谈的关键。首先要在洽谈前做好充分的准备工作，提前了解客户，做到知己知彼、百战不殆；其次要熟练运用专业的洽谈工具作为支撑，比如结构化提问工具、需求探寻工具；再次在洽谈过程中，咨询师应与培训机构人员形成有效地配合，有条不紊地推进洽谈工作，做好严谨的洽谈过程控制。

（3）有效的洽谈方法与技巧

有效的洽谈方法与技巧是保障洽谈成功的重要手段。第一，要营造坦诚、友好的洽谈氛围，以减少客户的对抗与抵触情绪；第二，树立专业、公正的形象，让客户相信咨询师是来帮助企业解决问题的；第三，要注重细节，综合运用策略。在整个洽谈过程中要充分尊重客户，真心接纳客户提出的需求和想法，不胡乱点评企业与客户。忌讳在洽谈过程中直接下定论，作为初步沟通不要给客户任何行为下定论，一旦下定论就可能使沟通变得很困难。同时，要做好与队友的相互配合，不能当面否定队友的言论，这样会导致沟通氛围不融洽，也不要背后去说同行的坏话，这是损敌一千自伤八百的做法，得不偿失。

8.2.2　学习力：通点博面，快速了解项目情况

快速学习、快速了解咨询项目的背景与企业情况是咨询师的第二项核心能力，包括企业或行业相关情况的资料搜集、企业组织功能、团队特征以及项目相关现状与问题的快速了解。

1. 三种视角快速了解企业与项目情况

笔者提供一个快速了解项目情况的"三维视角模型"，分别是：纵览——了解企业状态及行业情况，俯瞰——了解企业的组织功能、团队特性、企业文化，微观——了解项目相关的现状与存在的问题，如图 8-3 所示。

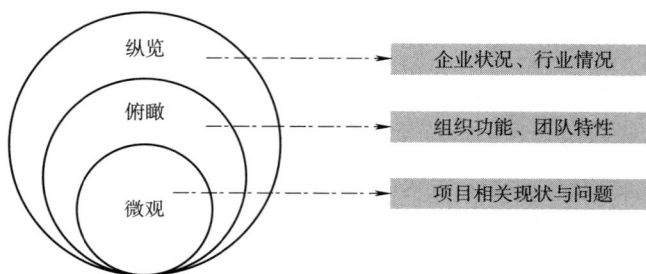

纵览 ------→ 企业状况、行业情况

俯瞰 ------→ 组织功能、团队特性

微观 ------→ 项目相关现状与问题

图 8-3　快速了解企业情况的"三维视角模型"

（1）纵览视角

纵览视角是一种宏观的学习视角，通过这种视角可以快速了解企业所处的行业状况、国家政策、地方环境等，同时还能快速了解企业所处的背景以及行业发展趋势，从而对咨询项目有一个宏观方面的认知。

（2）俯瞰视角

俯瞰视角是一种自上而下的学习视角，通过这种视角快速了解公司自身的状况，包括经营情况、业务状况、组织架构、团队特征、公司文化、管理水平等，通过这种方式可以快速了解企业状况及企业所处的发展阶段，通过行业对标法或凭借咨询师丰富的经验就能初步判断出公司可能存在的问题，为下一步咨询诊断提供了有效的参考。

（3）微观视角

微观视角是一种具象细化的学习视角，在学习前面两种视角的基础，具体了解公司在咨询项目有关的现状与问题，为下一步咨询诊断提供细化的分析资料。

2. 快速学习与了解企业情况的方法

咨询师可以用以下五种方式快速学习与了解企业情况，分别是企业资料法、访谈调研法、实地参观法、高人拜访法、网络资料法，如图 8-4 所示。

图 8-4　咨询师快速了解企业情况的五种方式

（1）企业资料法

通过搜集与项目相关的资料来快速了解企业情况，这是一种最基本、最快捷的方式，包括搜集项目相关的公司制度、文件、流程、基本情况等。

（2）访谈调研法

通过访谈调研法来快速了解企业情况，也是咨询师最常用的方式之一，主要方式有问卷调研、面对面访谈沟通、线上访谈等。

（3）实地参观法

实地参观法是指咨询师深入企业工作现场、生产及业务一线了解企业的情况，这是咨询师最为真切的了解企业情况的一种方式，既可以充分让咨询师掌握企业现状的一线资料，又可以让咨询师更为深入地熟悉与掌握企业的基本运作规律。

（4）高人拜访法

所谓高人就是业内人士，高人拜访法即拜访业内人士请教一些问题。对某些不懂的领域，你也可以请教朋友，也许你的朋友就在某家同类型公司上班，能获得相关的信息或者类似的信息。这样你就可以搜集到更多的行业信息。即使搜集不到你想要的信息，但是他一定能给你提供一个更贴近这个行业的方向，这也是很大的收获。

（5）网络资料法

通过网络或书籍搜集到你想要了解的企业或行业信息，特别是核心的行业书籍。有时候客户在交流时就会明确推荐你看什么书，如他们会说："×× 书是我们老板推荐的，你们可以阅读一下。"这都是很重要的信息。

8.2.3 诊断力：深入调研，有效挖掘项目问题

项目诊断是咨询师的核心技能之一，犹如医生对病人的诊断过程，需要综合运用到"望闻问切"技巧。它需要遵循严谨的项目诊断流程，又要求咨询师在不断实践的基础上，提升自己项目诊断的能力，包括项目诊断的精准度、速度与效度。

1. 熟悉项目诊断的流程

对于初级咨询师来说，在进行项目诊断时最好按照严格的诊断流程来操作，同时跟着一位熟练的老咨询师一起来做项目诊断，以免在客户现场慌乱而不知所措。项目诊断的操作流程如图 8-5 所示。

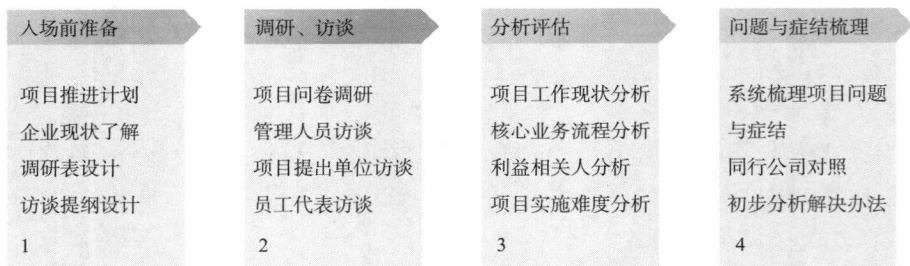

入场前准备	调研、访谈	分析评估	问题与症结梳理
项目推进计划 企业现状了解 调研表设计 访谈提纲设计 1	项目问卷调研 管理人员访谈 项目提出单位访谈 员工代表访谈 2	项目工作现状分析 核心业务流程分析 利益相关人分析 项目实施难度分析 3	系统梳理项目问题 与症结 同行公司对照 初步分析解决办法 4

图 8-5　咨询项目诊断流程

第一步，入场前准备。这一阶段的主要工作包括：项目基础资料研读、设计项目调研表与访谈提纲、与客户方商讨调研访谈开展的时间与进度安排等。

第二步，开展调研与访谈。根据项目需要，开展线上问卷调研、管理人员访谈、项目提出单位访谈及员工代表访谈等，并整理与搜集访谈资料。

第三步，开展分析评估。在调研访谈的基础上，对项目进行系统的分析，包括基础资料分析、核心业务流程分析、利益相关人分析、项目实施难度分析评估。

第四步，进行问题与症结梳理。在前面三步的基础上，系统梳理项目问题与症结，透过现象抓住本质，深挖项目背后的问题。

2. 掌握项目诊断的技巧与注意事项

项目诊断的核心技巧主要包括调研访谈技巧、综合分析与思考技巧，其中调研访谈是咨询师的基本技巧，必须熟悉掌握。

（1）访谈经验不足的咨询师经常遇到的问题

访谈经验不足的咨询师经常会遇到的问题主要有以下方面：

①准备不充分，访谈目的不明确。

②对搜集的资料未进行统一管理和初步消化。

③项目组内部缺乏及时、充分的信息沟通。

④访谈方法和访谈技巧不足，访谈内容浅显无效。

⑤访谈结果未得到充分、有效地应用。

（2）咨询师调研访谈常见技巧

作为初级咨询师，在访谈调研时会遇到各种问题，笔者根据多年的咨询项目经验，把调研访谈的各类技巧列举如下供参考，如表 8-2 所示。

表 8-2　调研访谈常见问题处理技巧

适用场景	不同场景使用的调研访谈技巧举例
阐明来意	这次访谈主要有两个目的，一是更全面、深入了解公司 ×× 方面的现状，二是也想了解下您对 ×× 方面的感受和期望
消除疑虑	请您放心，今天我们的谈话内容仅供我们项目组内部使用，我们将予以严格保密，这是我们的职业要求
接近距离	我理解您的感受，因为我之前也遇到过类似的情况
回归主题	您刚才谈到了很多 ×× 方面的问题，那和刚开始的话题有什么联系呢
澄清概念	您能解释一下，×× 方面不公平（不合理）具体指哪些方面
质疑探究	您刚才谈到了对 ×× 的看法，那有什么事实或证据可证实您的看法呢
鼓励思考	刚才你谈关于 ×× 的看法，与其他人有所不同，针对刚才谈的问题，你有什么好的建议呢
总结确认	您刚才所表达的意思，我可不可以这么理解／概括为以下几点
倾向确认	您刚才对公司推行这项改革利弊做了较全面的分析，那您认为总体上这次改革是成功还是失败
后续铺垫	再次感谢您为我们提供一些有用的信息，后续如有需要补充信息，可能还需要麻烦您

8.3 系统设计，反复推敲

在我们充分调研与大量基础资料分析之上，依据实事求是、科学有效、系统规划的工作原理，系统性设计项目解决方案，并反复推敲，与客户方多次研讨协商，最终制订有针对性、有实效性的项目解决方案。

8.3.1 分析力：找准症结，快速分析问题本质

在找准咨询项目的症结后快速而高效地分析问题非常重要，这是咨询师的核心能力。笔者发现经验丰富的咨询师往往掌握了大量解决问题的"套路"，也就是我们常说的快捷有效的思想方式与思维模型。笔者给大家总结了六种常用的咨询师分析问题的模型，如图 8-6 所示。

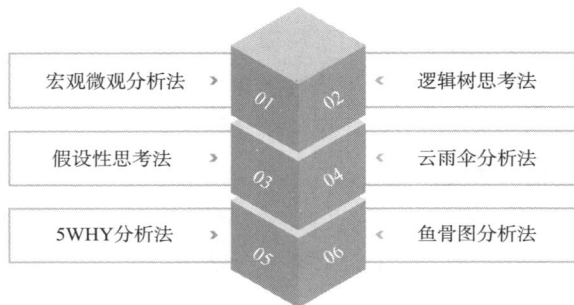

图 8-6 咨询师六种常用的问题分析方法

1. 宏观微观分析法

宏观微观分析法是从宏观事物的变化中，通过思考，找到宏观全局性的机会对微观局部产生的影响和联系，进而找到局部可实施的方案。典型的运用案例是陈寿在《三国志·蜀志·诸葛亮传》中记录的诸葛亮的"隆中对"。首先，"隆中对"从宏观全局入手，对曹操、孙权的形势和荆州、益州的地利进行了详尽的分析。其次，从微观局部分析入手，对刘备的优势进行了深入透彻的分析。最后，在宏观与微观的基础上，又分析了刘备集团要想成功的详细步骤：第一步占领荆州；第二步占领益州；第三步占领天下，形成三足鼎立之势；第四步，成大业，兴汉室。

2. 逻辑树思考法

进入咨询公司后，首先要学习的技能就是逻辑树、结构化思维（MECE）、问题解决法等一系列逻辑思维或问题解决顺序方法。运用逻辑树来思考问题有三大好处：一

是结构清晰，可以不重不漏地分析问题并提炼出解决问题的方法。二是可以俯瞰问题全貌，由于逻辑树的每一根分支并不是同等重要，有的分支占 60% 的比重，有的分支占 10% 或 5% 的比重。通过逻辑树能让咨询师快速发现什么重要，什么不重要，从而全局性判断什么是关键的。三是逻辑树思考法可以帮你模块化解决项目难题。《孙子兵法·兵势篇》云："凡治众如治寡，分数是也。"意思是说将领带兵打仗管理很多人与管理很少人是一样的，是因为有"分数"，就是编制。比如，率领大部队和带领一个班一样容易，凭借的是"分数"，分数就是对部队编制、对人员进行模块化，十个人组成一个班，三个班组成一个排，三个排组成一个连……这样就能在战斗中让每个模块执行不同的作战任务。我们在解决咨询项目难题时也可以运用模块化的思维，大事化小，分而治之。

3. 假设性思考法

"先做假设"是咨询式思维方式中最重要的特征之一，即使刚进公司，咨询公司也要求新人们全面掌握并运用"假设性思考"去思考问题。这种思考方式是先假设提出分析选项和解决问题的方案，再通过调研去检验这些假设，看哪些符合哪些不符合，接下来采用排除法去除那些不合理的选项或方案，最终留下真正的选项或方案。

同时，假设性思考可以提升做决定的速度。这是因为很多人是在出现具体问题时，才开始研究分析。但是建立假设的人已经在此时完成了对问题的探讨研究，并准备好了结论。

4. 云雨伞分析法

云雨伞模型广泛应用在分析问题与高效表达中，是咨询师比较容易掌握的一个思维模型，其基本逻辑是"天上出现乌云，眼看就要下雨，带上伞比较好"。这其实是对事实、分析和行动三者的比喻。"云"代表事实，是用眼睛实际观察到的情况；"快要下雨"是从现状推测出来的分析；"带上雨伞"是从"快要下雨"这个分析得出的行动。云雨伞思维模型运用到咨询分析中的逻辑就是：提案中的现状（云）—分析研究（雨）—行动方案（伞）。

这个思维模型也可以快速地运用在咨询方案的写作与汇报中，其基本逻辑为：标题 1——事实、现状；标题 2——专家组的解释分析；标题 3——推荐的解决方案或行动步骤。

5.5WHY 分析法

5WHY 分析法由日本丰田汽车提出，即对一个问题连续以 5 个"为什么"来提问，以追究其根本原因。它是从结果出发，沿着因果关键链，顺藤摸瓜，直到找到问题根本原因的一种有效分析方法，这种方式虽然说是问 5 个"为什么"，但在使用时不限定次数，有时多于 5 次，有时少于 5 次，直到找到根本原因为止即可。

6. 鱼骨图分析法

鱼骨法分析法是一种常用的问题分析与解决方法，运用鱼骨图分析问题有助于提示问题的潜在原因，找到问题存在的根本原因。与咨询师项目团队运用鱼骨图进行头脑风暴，能促进项目团队内就问题产生的原因及应有方法达成共识。

生产制造类相关问题分析，通常可以分成人员、机械、材料、方法、环境、测量六个相关因素，简称"人机料法环测"。

管理服务类相关问题分析，通常可以分为政策、人员、流程、成本四个基本相关因素。

销售类相关问题分析，通常可以分为：营销 4P"产品、价格、渠道、促销"或营销 4C"消费者、成本、便利、沟通"四大相关因素。

8.3.2　创新力：突破瓶颈，有效解决项目难题

企业的管理咨询项目大多是有一定难度的，不然客户方也不会请外界的咨询师来帮忙。于是，创新解决项目难题成为咨询师的核心挑战，也是见证咨询师水平高低的标志。这里笔者总结咨询师常用的六种创造性解决咨询项目难题的方法，分别是：类比思维法、移植思维法、逆向思维法、第一性原理法、简化创新法和 TOC 瓶颈突破法，如图 8-7 所示。

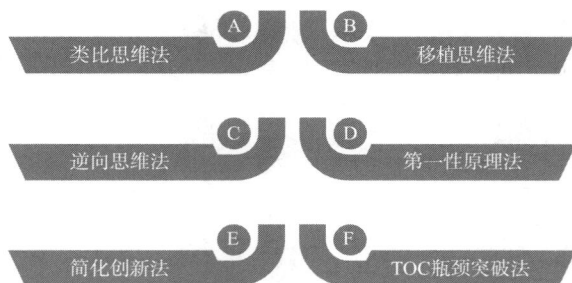

图 8-7　咨询师创新解决项目难题的六种常用方法

1. 类比思维法

类比思维法指的是根据两个对象在一系列属性上的相同性或相似性，由其中一个

对象具有某种其他属性，推测另一对象也具有这种其他属性的思维方法。通过类比思维法所得出的结论，虽然不一定很可靠、精确，却通常富有创造性，能把我们引入完全陌生的领域。

类比思维也是解决问题的一种常用思维方式，它教我们运用已有知识、经验，将陌生的、不熟悉的问题与已经解决的熟悉问题或其他相似事物进行类比，从而解决问题。在运用类比思维时要寻找事物的相似点，并且对"相似性"保持敏感，从而达到触类旁通的目的。类比思维又包括：直接类比、间接类比、功能类比等，它的本质是举一反三。

掌握类比思维对于咨询师来说非常重要，这也应是咨询师擅长的能力，把曾经做过的企业成功咨询项目经验迁移到正在做的企业咨询项目，正所谓"他山之石，可以攻玉"。

2. 移植思维法

移植思维法是将一些学科或系统已发现的原理、方法、技术有意识地移植到其他学科或系统，以解决新的问题或创造新的理论。移植源于联想，没有联想就没有移植。移植思维不是刻板、机械地搬用，其前提是移植的"供体"和"受体"之间存在着一种共性，能够很好地解决问题，并给他们带来益处。因此，在应用移植思维时，我们需要考虑事物自身的客观规律，考虑我们面对的事物之间是否能相联、是否有相似之处、是否有内在联系。

移植思维又包括直接移植、间接移植、原理移植、方法移植、结构移植等。移植思维的关键在于两点：一是在态度上，我们必须善于观察，勤于琢磨，做一个有心人；二是在操作过程中，我们一定要对移植双方的相似与不同之处进行仔细分析、认真权衡。需要注意的是，移植是为了创造，毫无创造价值的机械移植是我们必须规避的。

3. 逆向思维法

逆向思维法也是咨询师应该掌握的核心思维方式。老子《道德经》云："反者道之动，弱者道之用。"这是老子哲学的主要论点之一，向大家阐述了"物极必反"的辩证法原理，任何事物都有两面性，好到了极点就是坏，坏到了极点就是好，这都是因为"道之动"在起作用。

逆向思维是创新思维中的一个重要类型，它是对司空见惯、似乎已成定论的事物或观点反过来进行思考的一种思维方式。敢于"反其道而思之"，让思维向对立的方向发展，从问题的相反面深入地进行探索，树立新思想，创建新形象。

过去在动物园，通常都是把动物关在笼子里围起来让人观赏，而现在很多野生动物园逆"常"而求"反"，不是把动物关起来让人观赏，而是把游客"关"起来，游客乘车观赏在园内自由活动的动物。这种逆向思维的观赏方式受到很多游客的青睐。

作为咨询师面对形形色色的咨询项目，每个项目都有一堆难题待解决，有时我们不妨进行逆向思考，有可能会创新性地找到解决问题的方法。

4. 第一性原理法

"第一性原理"是目前互联网创业界比较流行的一个词。对于第一性原理的定义，有这么一句话"第一性原理是超越因果律的第一因，且是唯一因，同时第一性原理是抽象的"。意思是说，第一性原理是事物唯一的源头，是抽象的，而且比因果律更高级。这个原理告诉我们，看透事物的本质，把事物分解成最基本的组成，从源头上解决问题。

特斯拉 CEO 埃隆·马斯克是使用第一性原理进行创新的高手，也是他让这个概念流行起来的。在这个思维工具的帮助下，他改变了商业游戏规则，不断颠覆传统，造电动汽车、挖梦幻隧道，还要造火箭将人类送上火星。他运用第一性原理的思考框架是：打破一切知识的藩篱，回到事物本源去思考基础性的问题，在不参照经验的情况下，从物质世界的最本源出发，思考事物的系统。

埃隆·马斯克在开发电动汽车的过程中，一些人说现在的电池组很贵，每千瓦时会耗掉 600 美元，未来价格也不会低，很多权威人士声称电池行业技术发展已经达到了巅峰，也不可能用更低的成本生产出来。埃隆·马斯克却从第一性原理出发，把电池分为各种金属元素以及其他成分，再对生产流程、产地、供应链每一部分进行优化，最终将电池组件成本降低到 80 美元 / 千瓦时。

咨询师要透过现象快速抓住事物的本质，善用第一性原理来思考问题，从源头上解决问题，这样才能达到事半功倍的效果。

5. 简化创新法

往往大道至简，从源头上来看，问题可能并没有那么复杂。比如，爱因斯坦只用一个公式"$E=MC^2$"便提示了质能关系。奥卡姆剃刀原理也告诉我们"如无必要，勿增实体"，如苹果手机的一键操作就是运用了简化设计的原理。

咨询师要具备把复杂问题简单化的能力，通过尝试缩小、减少或简化来快速解决问题。通过简化法有时可以大大优化企业的管理流程、降低运营成本。刘翔当年的八步跨栏技术简化为七步就大大提升了比赛的成绩；工作中通过减少会议的次数和缩短每次会议的时间，可以降低时间成本，从而提高大家的工作效率。

6. TOC 瓶颈突破法

TOC（Theory of Constraints）突破法又称"瓶颈管理法"，由以色列物理学家艾利·高德拉特博士创立。TOC 瓶颈突破理论从科学的思维方法入手，为组织机构的管理提供一套巅峰传统的模式和方案，与精益生产、六西格玛并称全球三大管理理论。TOC 的核心观点为立足企业系统，通过聚焦于瓶颈的改善，达到系统各环节同步、整体改善的目标。TOC 曾经在包括 IBM、通用汽车、宝洁、飞利浦、ABB、波音在内的众多知名企业内部进行过成功实践，为企业带来运营业绩上的大幅改善。

任何系统可以想象成由一连串的环所构成，环与环相扣，这个系统的强度就取决于其最薄弱的一环，而不是最强的一环。相同的道理，我们也可以将企业组织视为一条链条，每一个部门是该链条其中的一环，如果想达到预期的目标，必须从最薄弱的一环，也就是从瓶颈一环下手，才可能得到显著的改善。换句话说，如果这个瓶颈决定一个企业或组织达成目标的速度，那么必须从克服该瓶颈着手，才可以在短时间内显著提高系统的产出。

不同企业在不同的发展阶段，会遇到不同的问题，如果不能很好地解决这些制约企业的瓶颈问题，企业发展会受到影响。而咨询项目的开展就是帮助企业突破瓶颈，快速找到突破点与创新发展点。

8.3.3　规划力：深思熟虑，有效设计解决方案

项目解决方案的输出是咨询项目的核心成果，没有解决方案的咨询就是空谈。只有做好解决方案并辅导实施，才能把项目做到让客户满意。咨询师要有效做好项目解决方案，除了咨询师自身的功底外，还需要注意以下事项。

1. 提供系统解决方案

系统分解开来就是制度、流程、表格、注意事项，方案中的工具、表格都是根据客户的发展要求使用的，并且还要有一定的战略高度。根据公司的实际情况制定不同制度规范，根据规范撰写操作流程，根据流程制度将各种表格工具进行流转安排，一个系统就运行起来了。同时还要标明这些制度、流程、表格运用时的注意事项，以防范风险，减少不必要的损失。

2. 确定解决方案的具体指标与操作方法

咨询项目执行方案的最大难点就是要与客户的发展阶段相匹配，只有适合企业实

际情况的操作方法才有用，只有根据企业实际才能确定执行方案的关键指标，这样才有可操作性，才有可衡量的结果。

3. 注意方案撰写的逻辑性与专业性

首先，咨询师撰写项目解决方案时要注意方案的逻辑性，做到条理清晰、有理有据，让方案具有说服力；其次，撰写的项目解决方案要具有专业性，这样既能体现咨询师的专业水准，又让报告具有高度性，至少你的解决方案比客户自己的要高明。

4. 根据客户反馈不断修改

咨询师给到客户方的项目解决方案不可能一稿通过，往往需要与客户方多次探讨，根据客户的意见不断进行修改。咨询师要有心态上的准备，须知项目解决方案写得再好也都有提升的空间，所以咨询师至少要做好修改三次以上的心理准备。在此过程中，咨询师要耐心、积极、主动地修改，和客户互动找出最佳方法才是上策。

8.4 步步推进，系统辅导

待项目解决方案制定与审核后，便需要推进项目方案的实施，但在实施过程中往往会遇到各种障碍与阻力，需要咨询师运用高超的沟通技巧、博弈技巧与有效的辅导技巧来推进项目解决方案的执行落地。

8.4.1 沟通力：重视沟通，争取多方力量支持

沟通能力是咨询师的核心能力之一，它贯穿整个咨询项目的全过程，包括项目前期沟通、项目中期沟通、项目后期辅导沟通等。在项目解决方案确定后，我们咨询师需要通过有效沟通来说服公司领导者及多方利益相关者，争取多方力量的支持才能促进项目的有效推动。主要难点工作有以下几个方面。

1. 如何通过沟通打动客户公司的高层管理者

咨询师在开展项目时赢得客户公司高层管理者的支持尤为重要，它是决定项目成功的关键。咨询师在与客户公司高层领导沟通时要掌握以下几个技巧：一是要充分体现对高层管理者的尊重，注意跟他们汇报的环境要正式一点，不能太随便，不然咨询师的价值就被降低了。二是要充分了解他们的性格与关注点，要多探讨他们最关心的问题。三是要体现咨询师的专业性，由于高层管理者的水平一般都达到了一定高度，你需要在某些方面比他们还要专业，至少在咨询项目的领域比客户更专业；我们要善于运用数据与系统的方法与高层管理者沟通，以体现你的专业性。四是要注意细节，

通过细节的对比让高层管理者无话可说。

2. 如何联合客户公司的中基层管理者

联合公司中基层管理者对推进项目的开展也有着非常重要的作用，由于公司中基层管理者是个庞大的群体，如果能得到他们的认可，我们的工作将顺利很多。

我们可以运用以下几种方法来联合企业中基层管理者：一是信息传递。通过互换高层管理者的决策信息吸引中基层管理者，因为客户公司中基层管理者能够获得的信息有限，特别是机密的信息。作为咨询师我们可以参与公司最高层的战略决策，所以知道的信息一定会比他们要多。我们根据公司的发展动向，把一些非机密的信息传递给他们，同时帮他们规划，帮助他们提升职位，这样可以赢得他人的信任。二是以心换心。在沟通交流中多表现出我们的真诚，在私下多帮助与支持他们。感恩之心人皆有之，我们对他们好，他们自然也会同样待你。三是给予机会。组织客户公司管理者培训，当他们在你这里学到东西之后，自然会感谢你，从而配合你。

3. 如何提升自己公众表达的能力

咨询师在给客户方领导汇报项目方案时、在公众表达时、在有效说服管理层时，都需要运用到高超的表达技巧，要求表达逻辑严谨、观点有力、说服力强。这就要求咨询师平时多训练自己的公众表达能力，这里笔者给大家介绍四种常用的表达逻辑"套路"。

（1）黄金三点论

黄金三点论也被称为"一二三法则"，它强调的是讲任何话题时都有"一、二、三"的框架，从三个层次分析、从三个方面描述。它是一种非常简捷、方便的表达方式，让对方感觉到表达者既逻辑严谨，又简洁明了。常用表述套路如表 8-3 所示。

表 8-3　黄金三点论常用表述套路

表达结构	表达的"套路"
时间结构	过去、现在、未来；昨天、今天、明天；初期、中期、后期；第一阶段、第二阶段、第三阶段
空间结构	上、中、下；左、中、右；东、南、西、北；对上、对下、平行
人物结构	生产商、经销商、客户；我方、对方、第三方；上级、自己、下级
纵向结构	现象、问题、原因；准备、执行、检讨；表面来说、深入来说、更深一层来说

（2）问题＋原因＋解决方法

这是咨询师常用的一种表达逻辑，可以层层深入地剖析。在项目诊断出问题的基础上，提出原因分析，再提出咨询师的解决方案。下面以案例来说明。

①指出问题：通过项目的前期诊断发现公司在人力资源管理维度有三大问题，一是人员流失率高，二是人力资源管理不规范，三是人才培养严重滞后。

②分析原因：通过深入分析，笔者认为原因主要有四点，一是公司不重视人力资源管理，人力资源部门也没有做好规范管理与系统建设；二是公司的整体薪酬水平偏平，对员工的关怀不够，导致人员流失率高；三是公司平时不注重人才培养，一到用人时才想到人才的重要性；四是公司内耗比较严重，跨部门沟通与协作难。

③提出解决方案：针对以上原因，笔者提供四种积极的应对策略供大家参考，第一，通过咨询辅导项目推进公司人力资源的规范管理与体系建设，完善人力资源相关制度与流程；第二，注重人才的培养，把人才工程作为公司发展的重点工作；第三，进一步完善公司的薪酬福利系统，对员工进行有效的激励与关怀，让员工感受到家的温暖；第四，提升管理者的管理水平，打破跨部门协作的壁垒，提升组织工作效率。

（3）故事 + 观点

"故事 + 观点"的表达技巧和"黄金三点论"一样，也是一个万金油的演讲表达结构，适用于所有演讲、汇报场合。到了需要即兴演讲的时候，如果你发现自己大脑一片空白，或者发觉自己暂时无话可说，那么你可以借鉴这种表达结构，立刻开始讲故事、举例子，帮助自己冷静下来，打开思路。

可以举客户公司发生的例子、也可以讲其他公司的故事，通过故事启发大家思考，让你的表达更深刻、更有趣味。

①故事：这件事让我想起我在另一家公司做咨询时发生的类似的事情，他们是这样做的……

②观点：我认为……

8.4.2 博弈力：冲破阻力，打通方案推进渠道

由于咨询项目解决方案往往具有一定的创新性与改革性，自然会触及部分人的利益，在项目推进落地的过程中，往往会遇到各种各样的阻力。这就需要咨询师连同企业项目对接部门尽量地争取到更多人的支持，冲破阻力，打通项目推进的各种渠道。

1. 充分体现项目的价值

项目的价值可以从多方面来体现，一是咨询诊断的精准度，能有效找到企业存在

的问题与发展症结；二是项目解决方案的针对性与有效性，能让客户心服口服；三是要注意过程的价值。在行动过程中，发现了一些确定的问题，当咨询师已有现成的解决办法，就可以给予及时的正确指导，不但可以让他们认识到自己的不足，还可以塑造咨询师的权威，何乐而不为呢？当然有时候因为不确定或是麻烦、耗费大量精力，影响项目进度，我们可以酌情处理。其实咨询结果的好坏有时无法预料，而咨询过程我们却可以控制，这是一个意识问题而不是能力问题。

同时我们加强与客户的及时沟通，按阶段给予客户不同的项目成果，最好能将项目成果可视化、数据化，让客户看得见、摸得着，这样才更能体现咨询的价值。

有一次我们的咨询项目团队进驻广东某企业进行一个为期一年的综合咨询项目，项目包括战略梳理、精益管理、人力资源及组织优化四大模块。按照咨询的惯例，要想见到一定的成果至少需要 2 到 6 个月的改善期，但公司的老板是一个急性子，不断地询问项目的进展情况，什么时候才能见到效果。

针对这种情况，我们迅速调整了策略，先从容易见到效果的精益管理和组织优化着手，一方面有效降低公司的运营成本与完善公司的基础管理，另一方面聚焦公司的业务流程、全生命周期研发流程的优化，提升研发水平和营销业绩。定期交给客户一些看得见、摸得着、感受得到的成果，比如产品销售量增加、客户投诉率降低、研发周期变短、一线现场 5S 改善、成本降低等。

当客户看到成果之后，就会对我们的咨询顾问充满信心并有效支持项目的开展，而不会再给我们施加压力。这样，咨询顾问就可以静下心来，不受干扰地继续落实其他项目工作，进而从根本上解决问题。最终，一年的项目期结束，客户对项目的成果非常满意。

2. 做好项目利益相关方分析

一个咨询项目的开展与推进可能会涉及公司多个部门，牵涉到众多利益相关者。学会做有效的项目利益关系人分析，对于咨询师在企业中推动项目的进展非常重要。

项目利益相关方包括：项目实施对企业的利益影响、对高层管理的利益影响、对员工利益的影响、对对接单位（部门）的影响及对其他利益相关人的影响，如图 8-8 所示。这种影响有可能是正向的，也有可能是负向的。

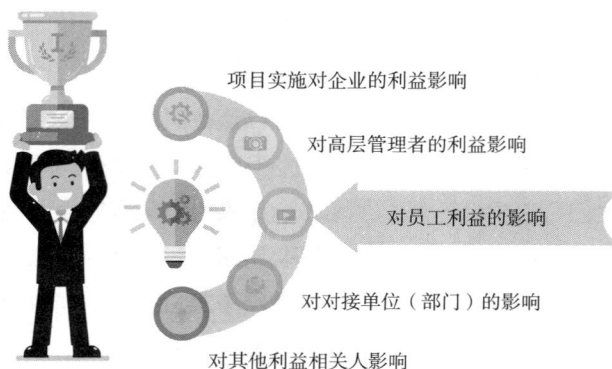

图 8-8　项目利益关联方分析

3. 通过有效博弈，平衡各方的利益关系

在项目推进过程中，咨询师需要平衡各方的利益关系。因为即便你的项目解决方案非常完美，但在推进过程也会遇到多方刁难与阻碍，那么再好的方案也很难落地。我们可以采用以下四种方式来进行推进。

（1）借力打力法

利用客户公司高层的支持与信任，逼迫其他部门做出决策与快速响应，这叫"借力打力法"。所以咨询项目在推进中，争取到公司高层领导，尤其是一把手的支持与信任非常重要，它犹如一把尚方宝剑，为你开辟前进的道路。

（2）假定决策法

我们在推进与实施具体的项目步骤前，要假定做出判断，预想到哪些人会支持，哪些人会反对，哪些人会保持中立，要提前做好对方质疑你时的有效回答，这样才能不被对方打得措手不及。

（3）博弈促进法

有时在项目推进过程中，我们还不得不采取"博弈法"，需要与客户进行有效的辩论，俗话说："当局者迷，旁观者清"，很多时候客户是当局者迷，需要外人的指点与启示，这时可以通过有效的辩论让客户明白道理，从而取得信任。

（4）利益分析法

人天生就是趋利避害的。古人云："两害相权取其轻，两利相权取其重。"人们总是更愿意做对自己有利的事情，而规避那些对自己不利的事情。

笔者曾经在带领一个咨询项目时，遇到一个困难，项目方案总卡在一个关键决策人物那里，沟通多次未果，方案改了好几遍，分析佐证材料一大堆，但他总能挑出问题，甚至有时还专门挑方案里面标点符号的错误，一时搞得大家颇为郁闷。

后来，客户项目团队提供的背景资料帮了我们。原来，这位高管是个空降兵，而他的前任在团队中威信极高，他的当务之急是建立团队对自己的信任。我们的方案对他的团队利益分配有影响，他很难向下沟通和交代。

最后，我们在此基础上建议一个过渡方案，给一个过渡期，问题迎刃而解。倘若不是客户的项目团队提示，我们不知还要在表象问题上做多少无用功，却发现不了真正的问题。

8.4.3　执行力：有效辅导，不折不扣执行到位

在项目解决方案通过客户方审核并取得认同的基础上，下一步重要的工作就是推动执行与辅导落地，大部分的咨询项目在这一步出现了问题，主要挑战有三：一是可能项目方案的推进实施会触及某部分人的利益，遭到他们的阻碍；二是管理者往往急于看到成果，急功近利；三是公司缺乏专业的人员来对接，由于能力不够导致承接不了；四是有时咨询师缺乏有效的辅导与推进计划，导致方案执行打折扣。为此，笔者建议咨询师可以从以下三个方面来推进项目执行与辅导工作：

1. 争取高层领导的支持与理解

管理大师詹姆斯·马奇提出许多组织很容易陷入失败陷阱。何为"失败陷阱"？领导者急切地寻求突围，推进组织变革，而下属团队要领会并在工作中贯彻新政策则需要一个过程，新政策从实施到见效果也需要一段时间。急于求成的领导者在短期内看不到新政策的实施效果，就误认为新政策是决策失误，再次改弦易辙，匆忙推出更新的策略，结果可想而知。当组织长期陷入失败陷阱时，员工便会对政令的频频改变感到厌倦。组织陷入失败陷阱的原因可能有两种：一种是确实因为失败的决策，不得不中途叫停。另一种更可能的情境是决策本身没有错，问题出在团队成员对决策不理解、没有达成共识上。治大国若烹小鲜，动不动就改弦易辙，折腾太多反倒容易贻误战机，内耗过大。

所以，咨询师在推进项目解决方案落地执行时，一定要多争取高层领导的支持，要有一定的耐心，不要才过一段时间没有显著效果就认为项目方案有问题。

2. 保证项目执行的方向与速度

首先，要保证项目解决方案执行时方向的正确性，方向不对努力白费。我们要明

确与细化执行的目标，清晰量化，符合 SMART 原则。

其次，要保障执行的速度。在企业执行力打造中有一个原则叫"速度第一，自我退后"，速度是解决问题的"必杀技"。《孙子兵法》曰："激水之疾，至于漂石者，势也"，极速流动的水能够使石头漂浮起来，这就是速度的力量。金庸武侠小说中也描述了至高的武功秘诀："天下武功唯快不破"，可见速度的伟大力量。在项目解决方案执行推进过程中可能会遇到许多困难，这时需要咨询师与企业项目对接团队在第一时间内分析问题、找出症结制订对策，然后以最快的速度将对策落实，这既是分析问题应有的态度，更是解决问题的高超智慧。

最后，要通过有效的监督来推进项目的执行工作，监督考核、有效反馈是促进执行落地的有效保障。

3. 进行有效辅导，做好承接

笔者发现在做咨询落地时，大多企业的项目对接团队（比如人力资源部）不具备直接承接项目成果的能力，一是专业性及能力不够，二是力量不够，导致项目解决方案在企业推进过程中非常困难。这时咨询师需要快速地对项目对接团队进行辅导培训，手把手地教其使用及如何开展项目承接工作，我们不仅要授之以鱼更要授之以渔。《周易》讲"天地交泰"，是说天气下行，地气上行，阴阳交汇，才会通泰。天地不交，各玩各的，天高高在上，地兀自在下，彼此不交汇，就陷入否态。咨询师要与企业项目对接方形成很好的互动，多交流多互动，一方面咨询师要把项目解决思路、方法、工具与技巧教会项目对接团队，一方面项目对接团队把在执行过程中遇到的困惑、难点反馈给咨询师，由咨询师想办法帮助解决。

第 9 章
九星精营销：九个维度做响品牌

　　品牌的影响是深远而巨大的，如今早已不是"酒香不怕巷子深"的年代，任何行业与产品都应当有品牌与营销的意识，作为职业培训师也不例外，打造个人品牌是职业培训师追求更高发展阶段的一条路径，也是提升市场影响力与自我价值的有力途径，一名职业培训师拥有好的产品与个人品牌才能持续地赢得市场与客户的口碑。

9.1　找准定位，提升讲师个人影响力

品牌的力量是巨大的，也是有价值的。同样一双鞋放到市场上去出售，有品牌与无品牌的价格是完全不一样的。我们今天看到 LV 包的售价竟能高达几十万元，即便如此也阻挡不了女士们抢购的热情。曾经有一位广州的皮包生产商说："我们工厂生产的皮质质量能跟 LV 一样好，却只能卖几百元，但是这么高的性价比也没用，顾客照样愿意花几万元甚至几十万元的大价钱去买 LV"，这就是品牌的力量。

9.1.1　定位力：找准讲师独特个人定位

定位是品牌打造的核心。所谓定位是针对企业、机构或个人对某一对象所采取的调整潜在顾客心智的策略，使之在顾客心中形成比较牢固的画像，简单来说，就是让产品形象在客户心智模式中占据一个位置。杰克·特劳特与艾·里斯合著的《定位》一度成为营销人、广告人、策略人的必读经典，《定位》也被称为"有史以来对美国营销影响最大的观念"。

目前市场上有上万名职业培训师、上万门不同的商业培训课程，如此多的课程，你能叫出名字的课程有多少？为什么这么多课程，你能记住的只有少数几个呢？为什么企业请老师讲课，经常指定某某课程某某老师呢？这是因为"讲师品牌"与"课程品牌"在发挥作用。

作为培训师要打造个人品牌，首先要做的就是找准讲师的独特定位，包括授课领域定位、产品定位、个人标签定位等。

1. 找准定位，打造一个讲师标签

往往有品牌的产品更容易占据客户的心智，甚至客户会把某个品牌与某个行业产品直接画等号。这就是品牌定位的力量，这些品牌已经潜意识地占据了我们的心智模式，且人们大多拥有从众心理，往往认为大家都选择的知名品牌一般比其他小品牌，甚至没有听过的品牌产品质量要好。

作为培训师，我们每个人都应该确定自己的课程品牌和讲师标签，让我们的课程形成一个市场上耳熟能详的品牌。当人们提到你的时候，就会自然想到这个课程。

比如说：

提到余世维老师的名字，大家就会自然想到他的职业经理人课程。

提到李践老师的名字，大家就会自然想到他的行动成功系列课程。

提到李海峰老师的名字，大家就会自然想到 DISC 课程。

提到吴群学老师的名字，大家就会自然想到 163 法则。

提到藏其超老师的名字，大家就会自然想到股权激励课程。

这就是品牌定位的力量，作为职业培训师找准一个标签，可以有效塑造培训师的个人品牌，提升知名度。讲师个人以及产品的标签定位一般要具有三个特性：差异性、关联性、可识别性。

首先，讲师的个人标签一定要有差异性。差异性意味着讲师的个人标签要有唯一性，不能与别的讲师雷同，即便与别的讲师授课内容属于同一主题也要突显你的差异性。比如中国培训师研究院杨天林老师，他主讲"孙子兵法"课程，市面上讲这门课程理论层面的知名教授、专家很多，如何破局，他把自己的标签定义为"孙子兵法应用专家"，授课内容重点讲孙子兵法在企业管理中的应用，很受企业欢迎。

其次，讲师的个人标签定位一定要与讲师的身份、授课内容相关联，这样一提到这个标签，不用解释，客户就能联想到你是讲什么课程的。比如，中国培训师研究院研究员齐乃波老师经常这样自我介绍："写作是首歌，我叫齐乃波。"一听就知道他所讲授课程的领域了。这种打标签的方式非常简单，就是"你的名字＋行业／领域"。例如，知名的自媒体人六神磊磊的标签是"六神磊磊读金庸"、主持人凯叔的昵称是"凯叔讲故事"。

最后，讲师的个人标签应该有高度识别性，很多老师在授课时喜欢用化名，但在给个人品牌取名时培训师多倾向于用本名，像 DISC 双证班的李海峰老师、结构性思考力的李忠秋老师、岗位经验内化的刘议鸿老师，优先让别人记住自己的课程方向。

2. 瞄准方向，找准一个深耕领域

培训师品牌定位，除了找到属于自己个性化的一个标签外，还要专注与聚焦。专注于一个领域或一个行业，你才能不断积累与沉淀。庄子曰："吾生也有涯，而知也无涯，以有涯随无涯，殆已。"人的学习与研究时间是有限的，培训师只有聚焦，才能在深入阅读本领域相关书籍及大量实践的基础上，不断归纳总结、系统提炼，逐步在前人智慧的基础上，形成一套属于自己的理念体系和方法体系。

专注是成为高手的第一"护城河"，三流高手靠努力，二流高手靠技艺，一流高手靠专注。当一个人已经站到了优势位置，只要保持专注节制，就不会输。

作为职业培训师，在寻找你的深耕领域时有四个因素需要考虑：感兴趣——你个人对哪些领域感兴趣？您擅长——你在哪些领域比较擅长？有市场——哪些领域的课题主题更有市场需求？有潜力——未来哪些领域比较有潜力？如图 9-1 所示。

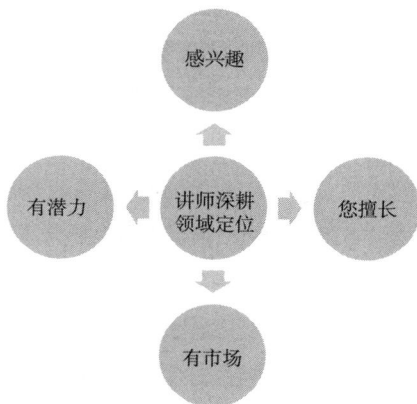

图 9-1 讲师深耕领域定位选择"四要素"

首先，讲师选择深耕的领域应该是你感兴趣的。俗话说"兴趣是最好的老师"，不感兴趣，你便很难在这个领域坚持下去。

其次，这个领域应该是你擅长的。只有擅长你才能在这个领域有竞争力，比如你是做高管出身的，可以选择管理学领域；你是做采购与供应链出身的，你可以选择采购与供应链领域；你比较擅长制作 PPT，你可以选择 PPT 设计教学领域等。

再次，你选择深耕的这个领域目前比较有市场，这样你的授课选题就会有市场刚需，授课量才会大。如果你选择一个非常冷门的领域授课，一年也接不到几天课，作为职业讲师就需要反思了。

最后，你选择深耕的这个领域在未来比较有潜力，比如人工智能、大数据、区块链、新能源、大健康领域等，如果目前这个市场的课量还不够大，你可以将这个领域作为你的备选授课与研究领域。

9.1.2 标识力：做好统一品牌识别系统

特劳特先生在《定位》一书中提到：定位是如何在潜在顾客的心智中实现差异化，它注重心智的工作原理。品牌竞争的终极战场在顾客的心智层面，它是一种文化渗透与差异化定位。

1. 品牌识别系统的价值

营销界把成功的品牌塑造用一个公式来表述：

$$S=P\times D\times AV$$

其中 S 代表"成功的品牌"，P 代表"有效的产品"，D 代表"与众不同的品牌识别系统"，AV 代表"附加价值"，可见品牌识别系统的重要性。品牌识别系统是产品品牌形象化、唤起客户对品牌记忆的重要工具，具体来说它具有四重价值。

一是将形象个性化。万宝路若没有牛仔形象，恐怕难以成为国际品牌，罗杰斯特若没有短吻鳄形象，或许也会失去其领导世界潮流风尚的意义。一个品牌要在社会上具有竞争力，被消费者优先考虑，就需要设计出一个人喜爱且人人接受的品牌形象。

二是促进传播。有标识性的品牌就具有了差异性，更方便传播，容易让人们记住。

三是唤醒品牌记忆。当我们看到一种品牌符号就能让我们对这种品牌产生联接，比如当我们看麦当劳、华为的标识时，自然会想到麦当劳品牌与华为品牌。

四是让产品具有更多附加价值。这样一来，不仅品牌下的产品可以卖钱，其品牌标识也可作为一种商标或版权来进行销售，让品牌具有了更多的附加价值。

2. 讲师如何做好个人品牌的品牌识别系统

我们可以从以下几个方面来设计培训师个人品牌的识别系统。

第一是讲师品牌 Logo 的设计。首先培训师可以为自己的品牌起一个响亮的名字，再请专业设计师帮你设计一个品牌 Logo，这样就有了品牌的"符号"。

第二是宣传资料的标识性设计。讲师对外发送的每一份资料都应有标识性体现，比如课程介绍、讲师介绍、授课 PPT、视频等资料都要在显著的位置能找到该标识，这样可以给别人留下深刻的印象。以授课 PPT 的标识设计为例，培训师授课用 PPT 的色系统一、字体统一、排版风格统一，让学员一看到你的课程就有一种设计感，与其他培训师是有区别的，这种方式是品牌识别系统的"视觉形象"区分。

第三是广告语的标识性设计。用一句最通俗、最容易被别人记住的话作为宣传，不管何时、何种资料都有这么一句广告语，念起来朗朗爽口，也便于宣传，利于推广。

第四是辅助系统。建立一套辅助系统，比如除了标识、宣传语这些之外，再设定一些标志，便于更好的宣传推广。

9.1.3　故事力：讲好讲师个人品牌故事

柏拉图曾提到：谁会讲故事，谁就拥有世界。读完《人类简史》这本书，笔者有一个深深的感悟：讲故事是人类最强的能力。人人喜欢听故事，而不是道理。

1. 好品牌都有好故事

讲好品牌故事，品牌就成功了；而品牌附着产品，当品牌成功了，产品也就火了。我们仔细留意一下，但凡成功的品牌一定有着广为流传的故事，比如香奈尔的故事、LV 的故事、钻石的故事、马云创业的故事。其实这是厂家或品牌运营商在通过"故事"向客户进行文化渗透与情感沟通。

人们之所以对故事情有独钟，是因为人们天生就喜欢画面感，我们从小就是伴随着故事长大的。在企业产品营销、品牌打造中，"讲故事"的方式运用得非常广泛。

王石讲了一个登山的故事，为万科节约了三亿元的广告费。

可口可乐永远讲它创始人当初卖配方的故事，却让大家永远记得它独特的味道。

2. 好的品牌故事四大特点

好的品牌故事往往有四大特点：有亮点，能吸引人听下去；有价值，能给人以启迪；有共情，能让人产生共鸣；有个性，能让人乐意传播。如图 9-2 所示。

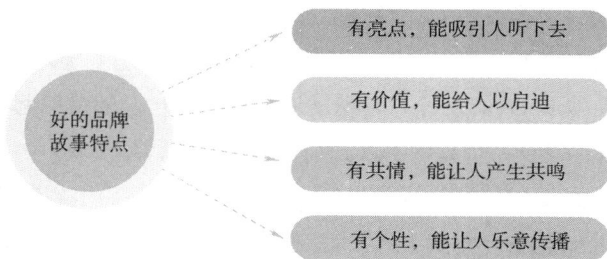

图 9-2　好的品牌故事四大特点

（1）有亮点，能吸引人听下去

好的故事一定有亮点，它不是平铺直入式的记流水账，一般有悬念、有冲突、有反转或有惊喜。著名作家许荣哲把讲故事总结为一个公式：

$$故事 = 目标 + 障碍 + 努力 + 结果 + 意外 + 结局$$

其中的障碍、努力、意外就是故事的亮点，这些能吸引大家继续听下去。

好莱坞的电影情节就是按照这种故事式模式去设计的，他们在电影情节中一定会设计许多的冲突、障碍、悬念和惊喜，让观众保持好奇心与高度注意力。

（2）有价值，能给人以启迪

许多品牌故事的设计都是借故事说明某个道理，表达某种观念，表明某种态度等。通过这些道理、观念能提升品牌故事的温度。

（3）有共情，能让人产生共鸣

共情是品牌与客户内心沟通的高级手段，一个好的产品品牌故事要打动对方，就要找到对方与你的情感共鸣点。

以雕牌洗衣粉广告为例，最深入人心的是 1999 年懂事篇广告。画面开始是唯美的音乐，然后出现一对母子，母亲伏在孩子身边，然后孩子开始自述："最近，妈妈总是唉声叹气，我要给妈妈一个惊喜，妈妈说雕牌洗衣粉只要一点点就可以洗好多衣服，看我洗得多干净。"伴随着自述的画面从母亲不断地寻找工作，切换到孩子在家用雕版洗衣粉洗衣服，然后一个人坐在沙发上等妈妈回来，再切换到妈妈回来后孩子已经睡了，旁边有个小字条，"妈妈，我能帮你干活了。"广告以母亲看后泪水奔涌而出结束，而在结尾部分的字幕和商标，巧妙地借助了高潮部分的理念，将雕版洗衣粉至真至爱的深情牢牢植于消费者心中。这则广告让当时的人们很快找到了情感的诉求，因为 1998 年国企改革"下岗分流"，许多工人开始重新寻找工作，一方面就业压力大，另一方面还要承担养家糊口的重担。

（4）有个性，能让人乐意传播

时下是新生代占据消费主体的时代，他们崇尚个性、自由，他们更愿意接受有个性的产品，传播有个性的品牌。如果一个品牌的广告词设计得有趣有味、独特有个性，能让人们乐意传播，那是推动一个品牌成功的重要途径，而且这种传播是人们主动、免费地帮助宣传。

3. 打造讲师品牌要学会讲三种故事

对于职业培训师来说，讲好个人品牌故事非常有价值，而要讲好个人品牌可以从三个方面来设计，即讲师成长的故事、课程开发的故事、客户见证的故事，如图 9-3 所示。

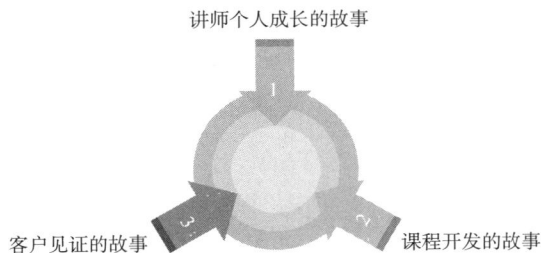

图 9-3　培训师个人品牌打造三种故事

第一类是讲师个人成长的故事。可以是讲师曾经在职场中的奋斗史、转型做讲师的心酸史、学习成长的励志史。其实职业培训师个人就是一个"公司"，讲师本人是"公司"的创始人，成功的创始人往往都是讲故事的高手，比如马云、任正非、王健林等。

第二类是课程开发的故事。包括当初开发这个课程的背景、初心以及开发过程中团队的故事，让你的课程具有"传奇"色彩。

第三类是客户见证的故事。包括企业客户方和学习见证，内容涉及客户对课程的评价、授课风格的评价、课程带来效益的评价，比如"课程返聘率高达 90%""授课风格幽默、授课内容有趣有料""某某课程带给公司 XX 的经济效益"等。

9.2　塑造价值，提升讲师品牌影响力

一般来说品牌的打造有四个维度：一是通过有效的宣传与传播，提升品牌的知名度；二是聚焦品牌价值，提升品牌的美誉度；三是不断创新，拓展品牌的生命周期；四是品牌经营，把品牌作为一种资产来经营，包括品牌权、品牌标识与品牌文化塑造等。

9.2.1　产品力：精心打磨好讲师的课程

好品牌一定是源于好品质，否则即便一时品牌起来了，也不能持续地赢得市场，因此说产品的品质过硬是打造品牌的基础。

产品是一个人与外界沟通的重要载体，透过这些作品去告诉大家我们心里的想法，所在意的，所珍惜的，因此作品就是自己。知名音乐人李宗盛在给 New Balance 拍的宣传片《致匠心》中谈道："专注做点东西，至少对得起光阴与岁月"。李宗盛入行三十年，写了三百首歌。他在《致匠心》那个片子里说自己有能耐住性子的天分。只有心念纯粹的人，才能耐得住现世的繁华与浮躁。李宗盛制琴，是把整个身心都全情投入进去的，世界再嘈杂，因为匠人的纯粹、专注、极致而安静。

职业培训师的产品就是你的培训课程的设计与交付，它们是体现培训师价值的重要载体。客户往往因为你的课程才全面认识你这个人，尤其是爆款课程，比如结构性思维、高效能人士的七个习惯、六顶思考帽、DISC 性格分析、非暴力沟通、九星培训师……如果你能开发出一款爆款课程，那对于你的个人品牌知名度有着非常强的传播作用。

《产品经理方法论》的作者乔克·布苏蒂尔对如何做出好产品做了大量深入的研究。后来，有人结合他的理念，总结出了"刚需、痛点、高频"作为好产品的落脚点，这些落脚点同样适用于培训师的课程开发选题。根据培训市场反馈与长期的实践总结，笔者认为好的商业培训课程应符合五大标准：刚需、痛点、易学、易懂、易用，如图 9-4 所示。

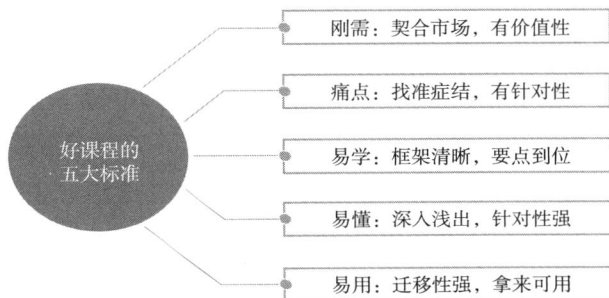

图 9-4　好培训课程的五大标准

1. 刚需：契合市场，有价值性

有些培训师辛辛苦苦开发出一门课程，前期大范围收集素材，数易其稿，花费大量的时间进行课程开发和设计，结果却发现做出来的课程投放市场后无人问津。很重要的一个原因是不契合市场，没有刚需。企业采购的培训课程一定是企业刚需的，大多企业的培训课程是按照年度培训计划来采购的，而培训计划制订与培训课程采购一定需要公司高层领导审核签字，企业是盈利性组织，对于没有价值的培训课题一定会被高层领导砍掉。所以，培训师开发课程选题的首要标准是有市场，企业有刚需。

2. 痛点：找准症结，有针对性

痛则不通，通则不痛。当理想和现实存在差距，需求没有得到满足，就会产生痛感。而差距越大，痛感就越强烈。好的培训课程一定要能找准客户的问题症结，有针对性。

《产品经理方法论》的作者乔克·布苏蒂尔认为，往一个根本不存在的市场里投钱是企业最愚蠢的行为，换句话说，抓着一个"伪需求"拼命做文章是最大的浪费。职业培训师在甄选课题与设计课程内容时，一定要提防那些似是而非的"伪需求"，甚至是培训师自己想象出来的"客户伪需求"。

很多企业做完培训需求调研后发现，有两个需求总是被业务部门负责人年复一年地提起，一是"团队执行力欠缺，亟待加强"，二是"团队沟通意识和协作能力薄弱，必须提升"。这使培训管理者很抓狂，明明去年已经及时提供相应培训了，为什么就是不见有多大改善呢？管理者们天然地认为：执行力不行问题一定出在员工身上。而事实恰恰相反，根本的问题往往不在个体而在组织，不在基层而在高层。公司执行力欠佳，大多是因为公司的战略不清晰、目标管理不到位、缺乏有效的执行文化、制度与流程不完善、管理者不能以身作则以及激励机制有问题等原因造成。试想在这样的情况下，一味地通过培训来强化员工的执行意识其实培训效果并不会太理想。

3. 易学：框架清晰，要点到位

好的课程一定是易学的，表现形式有：课程框架完整、结构清晰、要点提炼到位。成年人的记忆力是不如青少年的，如果培训师设计的课程内容太复杂、课程知识点太多，会增加学员的理解与记忆难度，一方面不利于学员对课程的掌握，另一方面有可能导致学员因学习困难而放弃该课程的学习。

4. 易懂：深入浅出，针对性强

信息爆炸时代，每个人都不缺知识，他们缺的是经过加工处理、看得懂、可感知、便于理解和应用的知识。人们往往喜欢在最短时间内以最高的效率获得最优的学习效果。

因此，好的课程一定是易懂的，具体表现形式有：课程深入浅出讲解、案例契合主题、针对性强、满足学员的需求。这样才能让学员以最短的时间产生最大的学习效果，毕竟企业组织学员来培训其时间成本也是很高的。

5. 易用：迁移性强，拿来可用

易用是好课程的基本要求，表现形式有：课程迁移性强，拿来可用。这就要求课程在设计与组织实施时注重实践演练、课程体验感强、培训形式多样、提供应用场景等。优秀的课程与培训师一定懂得帮助学员训后转化，实现可迁移。在课堂上践行"建构主义"的教学手法，以学员为中心，促进学员的理解与思考。说到底，学习是人们为持续优化自己的心智模式和行为模式而努力的过程，学习的效果最终要体现在学员自己精神结构和行为方式的改变上。因此，学习一定是学员自己的事情，学习意味着改变，无效的学习表现为学员没有产生任何改变。学习之所以无效，原因必在四个环节之一：茫然而不知所措，知之而不信，信之而不为，为之者不终尔。

9.2.2　价值力：用一流的价值赢得影响

产品价值决定产品价格，谁都不愿意为一个没有价值的品牌去买单。那么培训师的价值究竟在哪里？培训师的品牌价值又如何塑造呢？

1. 以客户为导向，关注培训师价值输出

培训师的价值究竟在哪里？这个问题应该值得所有培训师深思。培训师的价值不是自身的价值，其成就高低不在于本身的素养，而在于他们的学员，学员的成就是培训师能力和水平的最好见证。经常听到"某某老师讲得真好"这样的评价，这只能是过程评价，培训师更应关注的是是否为企业提供了真正的价值。也就是说，学员有成就，培训师才有价值。

作为职业培训师首先应养成"以客户为导向"的职业思维意识，须知培训师的价值在于客户的成长，而不在于培训师本身学识与水平的高低。这里所说的"客户"包括培训师授课的企业与学员，只有帮助企业与学员成长、提升绩效，才是职业培训师真正的价值所在。

作为职业培训师养成以"客户为导向"的职业思维须做好以下两个方面。

一是构建以学员为主体的培训理念。是谁创造学习成绩？不是培训师，而是学员。学员才是培训过程中的主体，培训师扮演的角色是教练，是马车夫，是能够载着学员找到学习路径、达成学习目标的"引导者"。这样一来，作为培训师首先要做好课程内容设计、授课理念与授课方式的重新定位。

在培训课程内容设计维度应当是"教学员所需"，而不是"讲老师所长"。在授课理念维度应践行"建构主义"的教学手法，让学员做课堂上的学习主体，老师是帮助学员完成学习构建的引导者与教练员；在授课方式设计维度，要多采用场景演练、实践模拟、案例分析、小组研讨、世界咖啡引导等方式，让学员加强课堂理解与实践迁移。

二是做好以组织绩效提升为导向的培训行为。一般来说，职业培训师的终极客户是企业，学员只是"用户"，毕竟给职业培训师培训产品买单的是企业方。而企业经营是以持续追求合理利润为导向的，培训的本质是一种投资，是一项管理行为。企业在培训上的投入上需要以某种方式体现出回报，这种回报离企业的绩效越近，培训本身的价值就越大，反之就会沦为装饰，可有可无。

作为职业培训师要想通过培训提升组织绩效要做好三个方面的基本工作。

第一，训前聚焦关键任务，明确培训目标。作为培训师要有项目思维，在培训之初，就要与企业方明确此次培训的目标，要明确组织绩效改善的标准，培训目标越明确、越精准，培训的方向才能越聚焦。以绩效达成为目标来设计课程，应把关注点聚焦到学员绩效提升上来，即学员通过培训在工作中能够做到什么及他们的行为要改善到什么程度。

第二，训中场景应用，促进知行合一。在学习过程中，最大的困难在于将知识转化为行为，这其中需要持续、刻意的练习，在实际培训工作场景中的学习也不例外。为了做好学员的学习转化，培训师及督导师需要持续带动学员，促进知识的消化与吸收，跟进培训目标确保培训落地。

第三，训后多方联动，促进绩效提升。培训转化是培训效果落地的关键，也是难点和痛点。作为培训师不要只关注于培训任务的完成，一到授课时间结束就急着走人。而是要帮助企业方带动学员的训后消化吸收与训后转化。比如线上给学员答疑解惑、组织考核与通关，帮助学员组织学习小组相互监督学习转化等。

2. 以价值为导向的培训内容设计

作为培训师的价值输出，其培训课程是一个重要的载体。培训内容的精准性与实用性直接决定培训的效果，从而决定培训师的价值。

中国培训师研究院专家团队在大量培训项目实践经验的基础上，总结了一套以价值为导向的 163 培训内容设计模型，简称"敏捷课程设计 163 模式"，如图 9-5 所示。

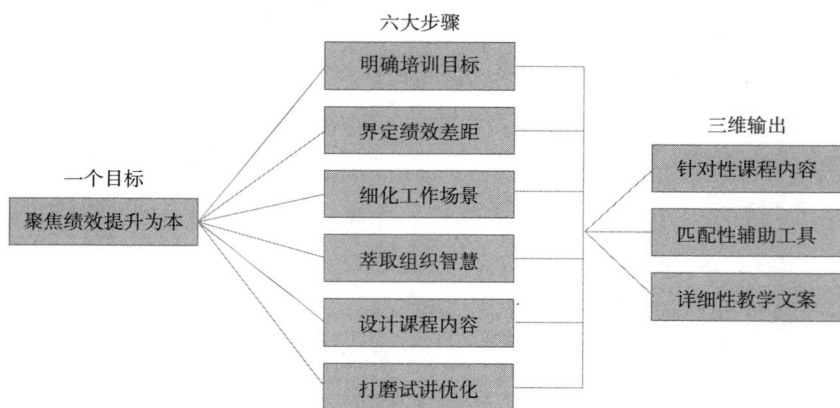

图 9-5　敏捷课程设计 163 模式

（1）一个目标：明确课程开发的目标

课程开发的终极目标是提升学员的绩效，从而推动组织绩效的提升，这是课程开发的宗旨与根本。《论语·学而》曰："君子务本，本立而道生"。在做课程开发时要以终为始，要明确课程开发的出发点是客户的培训需求。

（2）六大步骤：细化课程开发的流程

市面上关于课程开发的理念与模型有多种，比如 ADDIE 标准课程开发模型、SAM 敏捷课程开发模型、ISD 课程开发模型。笔者在这里提出的是"以实现培训目标为导向"的六步敏捷课程开发模型。

第一步，明确培训目标。这一步是课程开发的基础，职业培训师开发课程不能闭门造车，如果不以企业的需求为出发点来设计课程，不仅得不到理想的培训效果，还有可能被客户投诉。

第二步，界定绩效差距。培训的目的是解决学员在绩效方面的问题，所谓"问题"就是理想状态与现实状态之间的差距。培训的用户是学员，只有界定学员的绩效差距才能界定培训的范围。

第三步，细化工作场景。"场景"一词起源于影视业，后来广泛应用于商业模式设计、企业培训领域。为什么在课程开发时要先界定与细化学员的工作场景呢？哥德尔"不完全性定理"中的第一定律告诉我们，任何一个体系能有效运作，一定是内部的逻辑遵循自洽性，而任何一个内部逻辑自洽的体系，一定有自己的边界，出了这个边界，这个逻辑就会立即失效。比如说起水的沸点，大家一般会说是 100 摄氏度，而在世界之巅的珠穆朗玛峰上烧水，只要不到 80 摄氏度，水就被烧"开"了。这是因为山上空气比较稀薄、气压比较低，水的沸点也降低了。在这种情况下，水的沸点是100 摄氏度就不成立了。也就是说不同的学习群体，由于工作场景不同所必需的知识结构与技能操作方法不同，在设计培训课程时一定要进一步细化学习中的工作场景，以提升课程开发的针对性。

第四步，萃取组织经验。对学员帮助最大的一定是企业内部的优秀经验与技能传承，正所谓"高手在组织内部与一线现场"。通过有效的组织经验萃取能快速挖掘出最有价值的培训素材，复制高手成长的"套路"，从而帮助更多的学员实现成长。

第五步，设计课程内容。在前面四步的基础上，开始对收集的素材进行整理，进一步梳理课程的内容框架与逻辑结构，同时还要设计相应的操作工具、表单等配套练习资料。

第六步，打磨试讲优化。精品课程是不断打磨出来的，往往经过培训师设计出来的课程并不是一开始就完美，而是需要经过多次的打磨、试讲、修改。

（3）三维输出：具化课程开发的产出

三维输出是指课程开发的三大产出，一是针对性的课程内容，包括讲师 PPT、学员 PPT；二是匹配性的辅助工具，包括课堂练习用案例、工具、表单及训后转化行动表等；三是详细性教学文案，包括教学计划、宣传文稿、教学活动、推进方案等，其中教学推进文案可以按照课程开发"五线谱"进行梳理。

9.2.3　创新力：不断学习保持持续创新

作为培训师，要想持续赢得市场必须有良好的创新能力，包括不断创新产品的能力、不断创新解决客户问题的能力，这背后需要培训师高度自律性地学习、不断地创新实践与跟各种高手过招。

1. 持续打磨：保持课程的创新活力

任何产品都有其生命周期，要想产品持续有活力就必须持续创新迭代。如今是快速变化与迭代的年代，一个培训师靠一套一成不变的课件连续讲十年的时代已经过去了，职业培训师授课的课程必须持续打磨与迭代，至少要做到一年迭代一次以上。笔者有一个习惯就是每上完一次课程，都会根据此次上课新的感受来修改自己的课件。笔者甚至感觉课程开发和上课的界限越来越模糊，上课即开发课程，开发课程就要不断上课验证。敏捷开发的核心思想是反复迭代，所以说，精品是磨出来的。

"持续改进"这个概念是戴明博士提出来的，他提出每天提高 1% 的号召。每天提高 1% 可是一个了不得的进步。文章不厌百回改，课程何尝不是？把课程打磨成精品的捷径就是不断地上课，从实践中提高，从课堂上挖掘学员真正感兴趣的话题，并汲取鲜活的教学素材，与时俱进，最终打磨成精品。这就是在战争中学习战争，在水里学习游泳。

《礼记·学记》里讲："是故学然后知不足，教然后知困。知不足，然后能自反也；知困，然后能自强也。故曰'教学相长'也。"什么叫作"教然后知困"？所谓知困有两重含义：一是知道学员之困，即学员在工作、生活中的难点与痛点；二是知道讲师自己所困，包括课程设计的不足、讲师知识储备的不足、授课中教学方法的不足等。

2. 坚持学习：提升自我的创新能力

知识是不断更新和发展的，需要不断积累，就像水的源头一样，培训师要不断地学习、运用和探索，才能使自己永葆先进和活力。正如朱熹所说："问渠哪得清如许，为有源头活水来。"

（1）坚持阅读：高质量输入才能高质量输出

费曼教学原理告诉我们：教是最好的学！用输出倒逼输入。要想有高质量的输出，必须先有高质量的输入。而获得高质量输出的最佳途径是阅读，阅读是最廉价最快捷的学习方式。但阅读不是盲目阅读，而是选择好书阅读，选择有效的阅读方式进行阅读，毕竟职业培训师的时间是宝贵的。

在畅销书《如何阅读一本书》里告诉我们，阅读的方式主要有四种：第一种是基础阅读，第二种是检视阅读，第三种是分析阅读，第四种是主题阅读，也是高层次的阅读方式。作为职业培训师，笔者建议多用"主题阅读"。这种方式是职业培训师在开发课程时必须要用到的阅读方式，在最短的时间内完成大量的输入，然后去践行所学，帮助自己快速提升，而不是随着兴趣，由着时间，紧一本慢一本地阅读。主题阅读就是找到一个近期要学习、研究的主题，集中一段时间看相关的好书、好文章，和别人就这个主题进行深度交流，让自己在一段时间不要做分散式的阅读。

（2）坚持以问题为导：学习的起点不是焦虑而是问题

成年人的学习具有极强的目的性，在如今快速变化的时代，我们发现身边出现了很多"伪学习者"，他们经常性在朋友圈晒学习的照片，还标榜自己一年读了100多本书，甚至有人说一年读了300多本书，美其名曰"快速读书法"。笔者不是认为这种学习不好，至少这种学习的精神值得我们提倡。但是，成年人的学习一定是有目的，是以解决问题为导向的，不是自由散漫的随机学习，更不是为了炫耀或解决自己的学习焦虑才开始学习。《论语·宪问》云："古之学者为己，今之学者为人。"意思是说，古代的人是为了自我提升而学习，今天的学习者是为了向别人炫耀、证明自己比别人知道得多而学。这句话很好地印证了如今相当一部分学习者的病态心理。

所以，笔者主张的学习观点是：学习的起点不是焦虑，而是问题。为了提升自我，为了解决问题而学习才是真正的学习。

李小龙当年在《欢乐今宵》上节目，节目组请来了一名太极拳拳师，想考验他能不能推倒对方。拳师也摆好架势等他来推，结果李小龙一拳打在对方脸上。李小龙想表达的是——在实战中，没有人会等你摆好架势，只冲你规定的地方打过来。

学习也是一样，在真实的工作生活，环境和知识变化太快，你不可能像学校里一样，系统学好学完一门知识，然后坐在教室里等着不超过知识点的考试。大部分时间，生活会先给你一个问题，然后我们根据问题，自己找出关键词，开始学习与请教，最后找到解决问题的答案。

（3）坚持与高手过招：向他人学习成长为高手

培训师想快速成为高手的有效方法就是向顶尖高手学习，包括向该领域的知名教授、专家、培训师、工匠等人群学习。而高手之所以能成为高手，除了大量的实践经验积累，更重要的是他们往往具备两个核心技能：高认知水平＋大量好的"套路"。他的认知水平肯定要比一般人强很多。接下来，我们再来看一下"套路"对于高手的重要性。一说到"套路"很多人误认为是贬义词，其实这里所说的"套路"是一个褒义词，它是高手快速解决问题背后的一套思维模式、决策模式与可复制的技巧公式。

在《穷查理宝典》中，查理·芒格提出：在进行投资时，我向来认为，当你看到某样真正喜欢的东西，你必须依照纪律去行动。而这种纪律就是查理·芒格经过长期沉淀总结出来的一套思路模式与决策哲学。为了解释这种哲学，他喜欢用棒球来打比方，他讲了一个棒球运动员泰德·威廉斯的故事。

泰德·威廉斯是过去 70 年来唯一一个单一赛季打出 400 次安打的棒球运动员，在《击球的科学》中，他阐述了他的技巧，他把击打区划分为 77 个棒球那么大的格子，只有当球落在他的"最佳"格子时，他才会挥棒，即便他有可能因此三振出局，因为挥棒去打那些"最差"格子会大大降低成功率。

可见高手在思考问题与具体行动时总有着不同常人的认知方式与行动"套路"，如果我们能虚心向这些领域的顶尖高手学习，经过萃取与有效转化，快速掌握这些"套路"，我们也能成为高手。

9.3 品牌运营，提升讲师渠道影响力

培训师个人品牌打造，除了精准的定位、品牌价值塑造外，还需要有效的品牌运营，提升对渠道的影响力，以持续打造品牌的知名度与美誉度，维持培训个人品牌的良好形象。

9.3.1 传播力：利用多种渠道宣传品牌

如今是信息泛滥与注意力稀缺的时代。对商家来说，抢占客户的注意力就是赢得商机与市场。同理，作为职业培训师要多增加自己的曝光率，以让更多的机构与客户了解你、找到你。职业培训师一方面可以利用个人力量，尤其是自媒体来做好"私域传播"扩大个人影响圈；另一方面可以利用合作机构的力量做好垂直传播与全网传播，

从而做好面向企业客户的精准营销。

1. 利用个人力量做好私域传播

"私域"是品牌拥有可重复、低成本甚至免费触达用户的场域，在 PC 时代，商家无法直接触达自己的消费者，因为用户都是属于平台的，商家只是平台的广告主和商品搬运工。但在移动互联时代，商家可以通过微信、微博、快手、抖音等工具直接触达到消费者，这就形成了"私域流量"。

在互联网时代，职业培训师一方面可以利用个人线下的人际关系网，扩大自己的品牌宣传；另一方面可以利用自媒体，包括公众号与头条号、抖音与快手视频、微博、微信朋友圈及社群等方式不断扩大自己的"私域流量"，借用自媒体来扩大自己的影响力。

对普通人而言，做自媒体是打造个人品牌的有力武器，毕竟开通自媒体的成本很低，只要你有创作内容的能力，你就已经跑赢了 90% 的人，如果你愿意打磨你的内容创作能力，持续提升，那么要不了多久，你的自媒体就可以超过 99% 的人。而职业讲师天生就具有做自媒体的优势，不仅口才好，而且有持续打磨创作内容的能力。但对于有着不同擅长点与兴趣爱好的培训师而言，可以选择的自媒体平台是不一样的。对于喜欢写文章的职业培训师，可以考虑微信公众号、头条号、微博等自媒体平台；对于喜欢做短视频的职业培训师，可以考虑抖音、快手、视频号自媒体平台；对于喜欢录制音频的职业培训师，可以考虑喜马拉雅、荔枝、得到等平台；对于喜欢录制网课的职业培训师，可以考虑网易云课堂、腾讯课堂、一书一课等平台；对于喜欢玩社群的职业培训师，可以考虑个人微信、企业微信、钉钉等平台。

2. 借用机构力量做好垂直传播

大多职业培训师会选择与机构合作，也就是说培训机构作为中介商，把培训师的课程推荐给需要的企业。这种培训师产品与品牌的传播是一种垂直传播，这种方式更精准，毕竟大部分职业培训师的授课对象是面向企业方的。所以，借用机构的力量来做垂直传播有时比借助个人的力量做私域传播效果要好得多，这种方式见效快、直接、可持续。

但这种传播方式，作为培训师要做好三个方面的工作：一是要持续打磨你的产品，因为你的产品就是你的品牌，客户往往先认可你的产品才认可你本人。二是要与机构方做好链接，跟机构搞好关系，以共赢的合作关系共同服务好客户，协助培训机构把市场做大；切忌高高在上看不起培训机构，须知培训机构是我们的"超级销售员"；同时千万要记住不能中途抢培训机构的单或接私活，这是行业比较忌讳的行为。三是要用心服务好客户，把每一次授课服务做好，这样才能赢得客户的口碑，客户才会持续与机构合作购买你的课程，甚至帮你做转介绍。

9.3.2　口碑力：维护好讲师的市场口碑

"品牌口碑"是以口碑形式存在的品牌印象，是品牌动态表现的一种形式，它的具体表现包括人们口头上对品牌的赞颂、众人对品牌的各种议论和评价。

作为一名职业培训师维护好个人品牌的市场口碑非常重要，如果这一步没有做好，有可能导致培训师个人品牌形象极速下降，甚至有可能让职业培训师再也无法在市场上立足。

职业培训师要维护好个人的市场口碑需要从以下五个维度来进行：讲师人品、课程质量、客户见证、机构维护以及负面口碑防范，如图 9-6 所示。

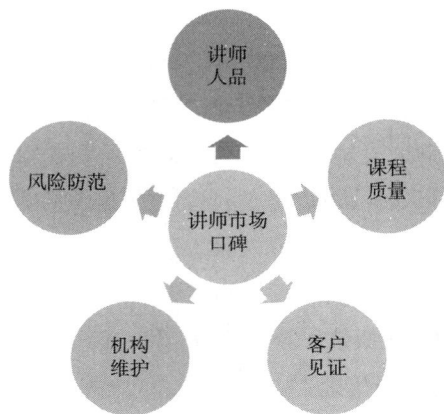

图 9-6　讲师维护个人市场口碑的五个维度

1. 讲师人品：好人品是赢得口碑的基础

作为一名职业培训师，人品是第一位，好人品是培训师行走江湖的撒手锏，也是帮助讲师持续赢得市场口碑的基础。讲师好人品包括：职业道德好、职业素养高、职业行为到位。表现形式有：做事遵守行业规范、工作处事综合素养高、为人谦虚好学、敬业爱业、不傲慢、懂得换位思考与帮助他人等。

一方面要求培训师的职业道德好。意味着培训师首先要遵循行业规矩，符合做人做事的准则与道德，要严于律己，管控好自己的日常行为，无论是日常生活还是职业实践，要始终做到表里如一，符合规范。要求学员做到的，自己先做到，正所谓"其身正不令而行，其身不正虽令不从"。同时，我们要逐步培养自己的敬畏之心，因为只有拥有敬畏之心，才能约束你对外的行为，减少自己傲慢的心态。西方哲学家康德说："有两样东西，我们越经常越持久地加以思索，它们就越使心灵充满日新月异、有加无减的敬仰和敬畏：在我之上的星空和居我心中的道德法则。"另一方面要求培训师的职业素养高，做事专业、敬业、乐业。干一行爱一行，爱一行精一行。保持谦逊好学的习惯，懂得换位思考，帮助他人成长。

2. 课程质量：赢得市场口碑的保障

课程是职业培训师品牌价格塑造的载体与重要体现形式，只有保障课程的质量才能维护好市场口碑；即便培训师的人品再好，如果课程质量不行，我相信客户也不会买单的。这就需要培训师不断打磨与精进自己的课程，同时需要培训师多了解市场、多了解客户，这样才能让你的培训课程有针对性与鲜活力。

3. 客户见证：品牌宣传的有力武器

对于任何营销领域，客户见证都是营销品牌宣传的有力武器。我们培训师平时要做一个有心人，把我们平时在给企业授课时学员的反馈与企业的反馈信息收集起来，作为第三方客户见证，能有效提升培训师的品牌口碑。待下次向其他客户作宣传时，我们可以快速将这些第三方见证资料发给客户，快速提升我们在客户心目中的可信度，从而快速建立信任关系。

4. 机构维护：实现与合作机构的双赢

毕竟大部分培训师是依靠培训机构来推广自己的课程的，培训师如果能做好与培训机构的维护，时不时帮培训机构做些义务的工作，配合其做好市场维护与企业走访谈活动非常有必要。反之，如果机构觉得你不配合他们工作、与你不太好打交道，斤斤计较，可能培训机构就不会再选择与你合作。如今市面上的职业培训师是过剩的，培训机构往往愿意跟人好、课好、服务意识好的职业培训师合作。

5. 风险防范：做好市场负面口碑防范

俗话说：好事不出门，坏事传千里。一个负面信息的传播能抵消一百个正面信息的宣传效果。作为职业培训师有以下五种错误不能犯：一是在课堂上不讲负面性、煽动性的言论，尤其是与政治有关的个人反动言论不能讲。二是不尊重客户或学员，与客户或学员发生直接性冲突，如果出现这种情况，课讲得再好都有可能在讲师评价环节被打低分。三是课程质量与授课效果太差，或者出现其他较大教学事故，都极容易形成负面口碑。四是个人行为不检点，比如在行业里笔者曾经听说某职业培训师上完课后跟企业方接待一行吃饭，结果喝酒醉了在饭桌上见人就骂、又哭又闹，搞得双方都不愉快，最后连课时费都没有结到。五是违反行业内一些禁忌或不成文的一些规矩，比如私下抢培训机构的客户、向客户或学员索要礼物等。

9.3.3　运作力：多个层面运营讲师品牌

品牌运营是以品牌为核心所做的一系列综合性策划，它是一个复杂的系统工程，包括品牌创建、品牌推广与发展、品牌创新等活动。品牌的运营需要从多个层面、多个维度来进行，作为职业培训师要运作好个人的品牌，也要学会从多个层面来进行运营。笔者把它总结为培训师个人品牌运营的"三层次模型"，如图 9-7 所示。

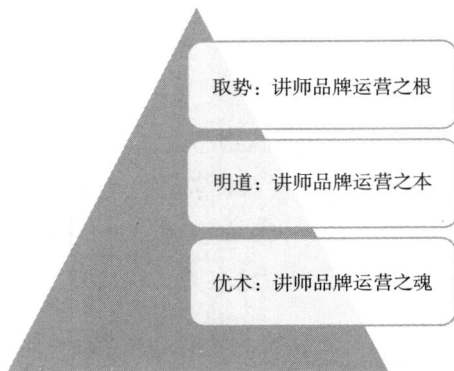

图 9-7　培训师个人品牌运营"三层次模型"

1. 取势：讲师品牌运营之根

"势"是大的发展趋势和各级政策导向，具体来说是市场形势和政府政策。"势"往往无形，却具有方向，顺势而上则事半功倍，逆势而动则事倍功半。《孙子兵法》有云："善战者，求之于势，不责于人"，意思是说善于指挥作战的人，懂得创造并利用有利的态势来取得胜利，而不苛求和责备下属。那么到底什么是"势"呢？

《孙子兵法》又说："转圆石于千仞之山者，势也"，意思是说，石头在千仞之高山上旋转下来，这就是势。"圆石 + 千仞之山"的结构就构成了"势"，要想得"势"，这两个构成要素缺一不可。倘若圆石没有了"千仞之山"的高度，那么"圆石"就缺乏了力量，也就丝毫没有"势"的功能。

作为职业培训师在运营个人品牌时一定要懂得"取势"，洞察行业趋势、了解市场，在此基础上懂得有效的资源整合与借力，实现品牌运营的"高举高打"，扩大品牌运营的"势"。

2. 明道：讲师品牌运营之本

所谓"道"是我们做事的方向、原则、底层规律。桥水基金的创始人瑞·达利欧在他的畅销书《原则》中提到：所有的运转都有赖于深藏其中的原则，也就是一串又一串的因果关系决定了世界的走向。如果你探索出了其中的因果关系——虽然不可能是全部，但最好是绝大部分——那么，你无疑就掌握了打开这个世界宝藏的钥匙。

他提到的这个原则就是事物的"道"，或者说事物的本质规律。

讲师品牌运营，我们首先要弄清两个基本问题：一是为什么要进行讲师个人品牌运营？二是讲师个人品牌运营的目标是什么？

首先，我们要明确讲师个人品牌运营的价值。通过个人品牌运营，可以提升讲师及个人品牌的曝光度，从而提升知名度与美誉度。这期间可能需要运用到适度的品牌包装，但切忌过分夸大、虚假宣传，这样不仅没能起到品牌宣传，还有可能毁掉讲师的名誉。

其次，跟其他运营一样，在开展讲师个人品牌运营工作之前，要确定目标，知道自己为什么要做这件事，并细化每个阶段的分任务。比如在讲师品牌创建初期需要扩大宣传，增加品牌的曝光度；在讲师个人品牌发展期要打造好的口碑，通过好的产品和服务，得到客户的认可；在讲师个人品牌运营成熟期要做好品牌强化与品牌维护，传达品牌的理念、价值等，让客户产生品牌忠诚度与信任度。

3. 优术：讲师品牌运营之魂

"术"是能力，能力是知识、方法、策略和经验的集合体，术是智慧转化为具体的方法。"术"也是可解决实际问题的流程和策略，是可以提高效果和效率的技巧。"优术"即不断提升方法，探索和积累实用的策略，积淀适合于自己的经验，当然还要持续更新所需要的信息技术知识技能。

首先要了解讲师品牌运营的综合技巧。包括讲师品牌定位与品牌取名技巧、多渠道品牌推广技巧、自媒体品牌推广技巧、品牌价值塑造技巧等。作为职业培训师往往大多具备的是专业思维，而缺乏运营思维，拉不下脸自己去做推广，想做好讲师个人品牌运营这些技巧都是需要进行有效学习的。

其次要去不断实践与总结复盘。也许你看到别的讲师在做个人品牌运营时很成功，于是你模仿他的方式去做推广，却发现效果不好，这是因为每个讲师的优势、风格与所处的行业及环境是不一样的。其他讲师成功的个人品牌运营方式可能不适合你，这就需要我们在实践的基础上去不断总结复盘。其实，讲师个人品牌的打造是一个长期的工程，需要不断地沉淀与积累；大凡成功者基本上都是坚持长期主义，而非急功近利地追求短期的目标，正如著名投资人张磊在《价值》一书提到：流水不争先，争的是滔滔不绝。

参考文献

[1] 吴群学 . 管理就这几招 [M]. 2 版 . 北京：中国财富出版社，2013.

[2] 吴群学 . 总裁密码：三维法则与九段总裁智慧操盘实战策略 [M]. 北京：中国财富出版社，2012.

[3] 管奇，吴默冬，杜方林 . 高效管理法则：从业务精英到管理高手 [M]. 北京：中国铁道出版社有限公司，2022.

[4] 管奇，吴默冬 . 共情领导力：最好的管理是相互成就 [M]. 北京：中国铁道出版社有限公司，2020.

[5] 秋叶 . 个人品牌 7 堂课 [M]. 人民邮电出版社，2020.

[6] 小胡子老师陈练 . 三步成师：培训师十项实战技能修炼 [M]. 北京：机械工业出版社，2022.

[7] 曹恒山，傅一声 . 转型培训师：金牌讲师的 12 堂必修课 [M]. 北京：电子工业出版社，2022.

[8] 廖信琳 .TTT 培训师精进三部曲（上）：深度改善现场培训效果 [M]. 北京：企业管理出版社，2017.

[9] 廖信琳 .TTT 培训师精进三部曲（下）：职业功力沉淀与修为提升 [M]. 北京：企业管理出版社，2017.

[10] 艾利克森，普尔 . 刻意练习：如何从新手到大师 [M]. 王正林，译 . 北京：机械工业出版社，2016.

[11] 袁茹锦 . 化书成课：培训师快速打造爆款课的秘诀 [M]. 北京：清华大学出版社，2020.

[12] 波洛克，杰斐逊 . 培训师的三堂必修课：学习方式、教学设计、工具和清单 [M]. 刘美凤，译 . 北京：电子工业出版社，2017.

[13] 段烨 . 培训师的差异化策略 [M]. 北京：北京联合出版公司，2014.

[14] 段烨，杨雪 . 建构主义 7D 精品课程开发 [M]. 北京：北京联合出版公司，2021.

[15] 邱伟 .FAST 高效课程开发：培训者成长实践手册 [M]. 北京：电子工业出版社，2015.

[16] 奥克利 . 学习之道 [M]. 教育无边界字幕组，译 . 北京：机械工业出版社，2016.

附　录

本书主要内容用"吴群学163法则"总结如下：

第1章　一星会规范：起步突破三道关口

提升一项能力：会规范

修炼六大行为：

（1）明晰讲师职业认知

（2）清晰讲师角色定位

（3）规范着装与授课礼仪

（4）规范讲师行为风范

（5）规范讲师语言发声

（6）规范讲师语音训练

突破三大关口：

（1）培训认知关口突破

（2）培训风范关口突破

（3）培训语音关口突破

第2章　二星会呈现：优化提升三个呈现

提升一项能力：会呈现

修炼六大行为：

（1）化解上台紧张情绪

（2）自我授课风格塑造

（3）授课肢体语言呈现

（4）课堂互动技巧掌握

（5）课堂互动技巧练习

（6）提问解答能力修炼

聚焦三大呈现：

（1）讲师授课台风呈现

（2）讲师课堂互动呈现

（3）讲师提问解答呈现

第3章　三星会掌控：课堂控场三大法宝

提升一项能力：会掌控

修炼六项行为：

（1）打造优秀培训场域

（2）建立课堂规则与纪律

（3）经营学员学习注意力

（4）掌握有效控场"三板斧"

（5）掌握课堂异常处理技巧

（6）掌握课程完美收官技巧

掌握课堂控场三大法宝：

（1）课堂控场的"月光宝盒"

（2）课堂控场的"三板斧"

（3）课堂控场的"金手指"

第4章　四星能设计：精妙构思成课程

提升一项能力：能设计

掌握六大技巧：

（1）充分调研精准课程主题

（2）了解需求精准课程目标

（3）结构设计梳理课程逻辑

（4）聚焦目标设计课程内容

（5）围绕主题强化教学要点

（6）围绕内容细化教学活动

做好三大设计：

（1）聚焦目标精准主题设计

（2）围绕主题精细结构设计

（3）围绕结构精妙内容设计

第5章　五星能萃取：深度萃取成经验

提升一项能力： 能萃取

掌握六大要领：

（1）了解萃取的价值

（2）掌握萃取的原理

（3）掌握萃取的步骤

（4）掌握萃取的方法

（5）掌握典型案例开发

（6）了解萃取经验应用

做好三项工作：

（1）了解萃取目标定主题

（2）选择萃取场景萃经验

（3）提炼经验优化为成果

第6章　六星能制作：精美制作化成果

提升一项能力： 能制作

掌握六项技巧：

（1）PPT 页面构思技巧

（2）PPT 素材搜集技巧

（3）PPT 智能排版技巧

（4）课件三件套输出技巧

（5）视频微课脚本技巧

（6）视频微课制作技巧

产出三大成果：

（1）精美课件 PPT 产出

（2）精美视频微课产出

（3）配套辅导资料产出

第7章　七星精督导：九个动作做好督导

提升一项能力： 精督导

做好六大工作：

（1）明确督导目标与计划

（2）推进培训项目训前督导

（3）把控流程实施过程督导

（4）有效带教推进答疑解惑

（5）持续推进学习监督辅导

（6）训后引导学员学以致用

做好三维保障：

（1）训前督导明确学习方向

（2）训中督导推进课程成效

（3）训后督导促进落地转化

第8章　八星精咨询：九项能力做好咨询

聚焦一大维度： 精咨询

掌握六大要点：

（1）有效洽谈签订项目合同

（2）快速学习了解项目状况

（3）深入调研挖掘项目问题

（4）找准症结快速分析痛点

（5）突破瓶颈有效解决难题

（6）深思熟虑设计解决方案

三维推进落地：

（1）重视沟通争取多方支持

（2）冲破阻力推进方案落地

（3）有效辅导保障执行到位

第 9 章　九星精营销：九个维度做响品牌

聚焦一大维度： 精营销

掌握六大要点：

（1）找准讲师独特个人定位

（2）做好统一品牌识别系统

（3）讲好讲师个人品牌故事

（4）精心打磨好讲师的课程

（5）用一流的价值赢得影响

（6）不断学习保持持续创新

三维讲师运营：

（1）利用多种渠道宣传品牌

（2）维护好讲师的市场口碑

（3）多个层面运营讲师品牌

读 者 意 见 反 馈 表

亲爱的读者：

感谢您对中国铁道出版社有限公司的支持，您的建议是我们不断改进工作的信息来源，您的需求是我们不断开拓创新的基础。为了更好地服务读者，出版更多的精品图书，希望您能在百忙之中抽出时间填写这份意见反馈表发给我们。随书纸制表格请在填好后剪下寄到：北京市西城区右安门西街8号中国铁道出版社有限公司大众出版中心 王宏 收（邮编：100054）。此外，读者也可以直接通过电子邮件把意见反馈给我们，E-mail地址是：17037112@qq.com。我们将选出意见中肯的热心读者，赠送本社的其他图书作为奖励。同时，我们将充分考虑您的意见和建议，并尽可能地给您满意的答复。谢谢！

- -

所购书名：_____

个人资料：

姓名：_____ 性别：_____ 年龄：_____ 文化程度：_____
职业：_____ 电话：_____ E-mail：_____
通信地址：_____ 邮编：_____

- -

您是如何得知本书的：

□书店宣传 □网络宣传 □展会促销 □出版社图书目录 □老师指定 □杂志、报纸等的介绍 □别人推荐
□其他（请指明）_____

您从何处得到本书的：

□书店 □邮购 □商场、超市等卖场 □图书销售的网站 □培训学校 □其他

影响您购买本书的因素（可多选）：

□内容实用 □价格合理 □装帧设计精美 □带多媒体教学光盘 □优惠促销 □书评广告 □出版社知名度
□作者名气 □工作、生活和学习的需要 □其他

您对本书封面设计的满意程度：

□很满意 □比较满意 □一般 □不满意 □改进建议

您对本书的总体满意程度：

从文字的角度 □很满意 □比较满意 □一般 □不满意
从技术的角度 □很满意 □比较满意 □一般 □不满意

您希望书中图的比例是多少：

□少量的图片辅以大量的文字 □图文比例相当 □大量的图片辅以少量的文字

您希望本书的定价是多少：

本书最令您满意的是：

1.
2.

您在使用本书时遇到哪些困难：

1.
2.

您希望本书在哪些方面进行改进：

1.
2.

您需要购买哪些方面的图书？对我社现有图书有什么好的建议？

您更喜欢阅读哪些类型和层次的书籍（可多选）？

□入门类 □精通类 □综合类 □问答类 □图解类 □查询手册类

您在学习的过程中有什么困难？

您的其他要求：

163ETT导师训练营（第一期）

163ETT导师训练营（第二期）

163ETT导师训练营（第三期）

163ETT导师训练营（第四期）

第二届三师节金手指奖暨163ETT导师训练营（第五期）

163ETT导师训练营（第六期）

163ETT导师训练营（第七期）

163ETT导师训练营（第八期）

163ETT导师训练营（第九期）

163ETT导师训练营（第十期）

中國培訓師研究院
CHINA INSTITUTE OF TRAINERS

163ETT导师训练营（第十一期）

163ETT导师训练营（第十二期）

163ETT导师训练营（第十三期）

163ETT导师训练营（第十四期）

163ETT导师训练营（第十五期）

第三届三师节金手指奖暨
163ETT导师训练营（第十六期）

163ETT导师训练营（第十七期）

163ETT导师训练营（第十八期）

163ETT导师训练营（第十九期）

163ETT导师训练营（第二十期）

163ETT导师训练营（第二十一期）

163ETT导师训练营（第二十二期）

163ETT导师训练营（第二十三期）

163ETT导师训练营（第二十五期）

第四届三师节金手指奖暨163ETT导师训练营（第二十六期）

163ETT导师训练营（第二十四期）

163ETT导师训练营（第二十七期）

163ETT导师训练营（第二十八期）

163ETT导师训练营（第二十九期）

163ETT导师训练营（第三十期）

163ETT导师训练营（第三十一期）

163ETT导师训练营（第三十二期）

163ETT导师训练营（第三十三期）

163ETT导师训练营（第三十四期）

163ETT导师训练营（第三十五期）

163ETT导师训练营（第三十六期）

163ETT导师训练营（第三十七期）

163ETT导师训练营（第三十八期）

163ETT导师训练营（第三十九期）

163ETT导师训练营（第四十期）

第五届三师节金手指奖